有限注意力、情绪与舆论
中国证券市场媒体传播机制研究

刘瑾鸿 / 著

**LIMITED ATTENTION, EMOTION,
AND PUBLIC OPINION**
A STUDY ON THE MEDIA COMMUNICATION MECHANISM
IN CHINA'S STOCK MARKET

人民日报出版社
北 京

图书在版编目（CIP）数据

有限注意力、情绪与舆论：中国证券市场媒体传播
机制研究 / 刘瑾鸿著. -- 北京：人民日报出版社，
2024. 12. -- ISBN 978-7-5115-8605-6

Ⅰ. F832.51

中国国家版本馆CIP数据核字第2024JN8861号

书　　名：有限注意力、情绪与舆论——中国证券市场媒体传播机制研究
YOUXIAN ZHUYILI、QINGXU YU YULUN——ZHONGGUO ZHENGQUAN
SHICHANG MEITI CHUANBO JIZHI YANJIU

著　　者：刘瑾鸿

出 版 人：刘华新
责任编辑：梁雪云
特约编辑：林　薇
封面设计：主语设计

出版发行：人民日报出版社
社　　址：北京金台西路2号
邮政编码：100733
发行热线：（010）65369527　65369846　65369509　65369512
邮购热线：（010）65369530
编辑热线：（010）65369526
网　　址：www.peopledailypress.com
经　　销：新华书店
印　　刷：三河市中晟雅豪印务有限公司
法律顾问：北京科宇律师事务所010-83632312

开　　本：710mm × 1000mm　1/16
字　　数：211千字
印　　张：15.5
版次印次：2025年1月第1版　2025年1月第1次印刷
书　　号：ISBN 978-7-5115-8605-6
定　　价：58.00元

目 录

绪　论

　　人类的财富建立在社会共识基础之上。有关财富的研究是金融学的地盘，有关共识的研究，传播学者当仁不让。本书总体分为上篇和下篇两个部分，上、下篇各有五个章节。全书共十个章节。

　　上篇内容是探讨和厘清财富与共识之间的关系。

　　交换是人的天性，物质和精神的交流皆如此，它根植于人类的群体属性。货币是交换的中介。按照哈罗德·伊尼斯所说，货币是"利益的语言"。人类不断追求交换活动的效率，这个过程中，货币脱离了物质外壳逐步虚拟化、信息化。当货币脱离了金属硬通货之后，货币的运行依赖发币主体的信用。各国政府在超发货币解决财政困难和维护信用之间寻求平衡。货币即信息，其终极的表现形式即存在于互联网上的各种虚拟货币。人类尝试借助技术和市场的力量发行匿名的、对抗通胀的数字货币，由于缺乏政府背书，这种货币背后的网络群体共识较为脆弱，波动巨大。政府发行法定的数字货币依赖整体社会共识。中国的数字法币领先世界，箭在弦上。

　　货币只是资本的来源之一，土地、房屋、知识产权也可以成为资本。亚当·斯密认为资本始于人类社会分工。社会分工的深化、生产率的提高和投入生产的资本总额成正比。马克思指出资本的虚拟性，认为资本是独立于实物之外的，是与物质资产并行的、从人类思维中产生的虚拟物。本课题有关资本即媒介的观点由此得到启发。资本是资本主义活力的源泉。资本也是技术的强效催化剂，推动经济的增长。扩张性是资本的本质。资本在经济系统中具有发动机的作用，与资本的虚拟性密切相关。资本作为"具有形而上学色彩"的象征符号超越了具体的物质性资产具有表述和理解功能，更容易被组合、分割和调动，甚至可以跨越国界在全球范围内形成网络。虚拟的资本作为媒介极大地促进了商业交易的效率，从而创造出更多的财富。另外，马克思也指出了资本所具有的贪婪和不择手段。在当今中国，无序的资本会"盗窃"他人财产并威胁国家安全。

金融与人类文明共同起源。人类最早的文字就是金融合约，数学的复利计算最早出现在金融合同里。金融的本质是一种社会技术，它的用途是人类在满足无限欲望时力图克服和解决资源有限性问题。人类设计出了复杂的金融工具如货币、债券、信贷、股票、保险和期货等来管理有关时间和风险。在更深的层次上，金融是一种思想体系。不同于西方，中国最早的文字是商朝占卜的卦辞。在中国历史上所出现的金融思想和金融工具不同于古代西亚及地中海。相比在欧洲诞生了人类最早的国债、股份制公司和证券市场，中国古代证券金融是缺失的，借贷金融发展缓慢，而货币金融全世界领先——唐代的飞钱、宋朝的交子，还有在元朝时出现了人类历史上最早的法定纸钞。中国始终以政治作为分配社会资源的主导力量，古代中国政府最早从管仲开始热衷于把金融作为"治国之术"。中央集权国家利用统一的货币进行全国物资管理和军事资源调度。中国与西方国家金融技术的不同偏向昭示了两种不同文明和国家命运。

人类的注意力是有限的。人类对注意力的投入和分配有着本能偏好，如人类对刺激性的信息会优先关注，对负面信息的感知会比正面信息更强烈。故事性信息还对人类有难以抵抗的吸引力，人类不善于处理数据和统计信息，需要额外动用理性资源。在证券市场中，投资者会出现种种偏差，如易得性偏差、风险厌恶、光环效应等。财经媒体为迎合投资者的注意力偏好，时时提供短期的市场波动信息，巧妙包装各种经济叙事，这些都会深刻影响经济的未来趋势。互联网时代改变了资本市场的注意力结构，人工智能技术的使用缩短了传播流程，加快了传播速度，加剧了注意力的不平衡。社交媒体集聚了散户群体的注意力，兼具乌合之众和群体智慧的特征。

人类的情绪具有扭曲事实的力量，在后真相时代更加突出。投资者情绪在证券市场中会左右市场的趋势，决定上市公司的价值。在证券市场中研究情绪的优势在于情绪所导致的后果都有量化的、完整的数据。人类最微妙的和最狂暴的情绪在市场中都有清晰的记录。投资者的情绪具有完整性，社会氛围和心理同样会影响到证券市场，情绪是证券市场与社会连接的重要媒介。通过对情绪的观察从而对未来做出预测似乎是不可能完成的任务。以前，大众媒体是观测市场情绪的窗口，现在是社交媒体。各种情绪指数和语言文本工具被设计制造出来，运用在社交平台去达成这个目标，其有效性都无法被持续地证明。人类情绪的不可捉摸似乎是证券市场难以被预测的最重要的原因。

下篇是有关中国证券市场舆论引导的研究。

《人民日报》见证并清晰地记录了在改革开放之后国债第一次大规模地进入中国社会。《人民日报》对国债的报道是中国媒体证券报道的起点。本课题收集了从1981年到1996年《人民日报》有关国债的报道文本，探究在国债发行社会动员过程中代表国家意志的舆论引导历时性嬗变。随着国债发行从行政派购到市场化手段的推进，《人民日报》有关国债报道也从"支援国家建设"和"买得越多越爱国"的政治话语和道德框架转变为增加财富的利益劝服模式。《人民日报》的国债报道中还出现了中国社会最早的投资者媒体形象，媒体对发行市场和流通市场的投资者有不同的偏好。

中国证券市场在建设之初处在特殊的舆论环境中，确定了对外宣传而不对内宣传的传播方针。西方媒体对萌芽中的中国证券市场抱有热切的期望。本课题收集了《华尔街日报》从1984年到1990年有关中国证券市场的报道进行研究，发现围绕中国证券交易所的建立，《华尔街日报》对相关的企业和个人——从经济学家厉以宁到最早的中国股市个人投资者杨怀定都有详尽而全面的覆盖。他者的眺望从另外的角度完成了对历史的还原和补充。

政策调控和市场内生性力量的博弈构成了证券市场发展的一条主要线索。作为管理和控制手段的舆论和作为社会协商通道的舆论在证券市场中都有所展现。前者在政策市的框架下，媒体对证券市场进行舆论引导是政策的另一只有形之手。1996年和1999年两个《人民日报》的社论是这方面的典型案例。市场和投资者也通过媒体紧盯政策信号，猜测政策意图，顺从政策意志或者对冲政策风险。在媒体内外，市场有关政策的谣言，对政策的误读也在所难免。另外，中国证券市场历史上发生过多次在媒体空间中公开的、激烈的论战，这些论战也影响了证券市场的发展轨迹。有关国有股减持论战中，市场的持续下跌迫使政府修改了国有股减持的条例。

2014年让新闻业为之震动的21世纪网"新闻敲诈"案与证券市场密切相关。21世纪网经过精心选择媒体样式和设计畸形采编流程，针对中国证券市场IPO（Initial Public Offer）核准制中的制度漏洞进行套利。探究21世纪网新闻敲诈案发生的原因，除了该媒体从业人员职业道德和媒体自律的缺失，还应该反思的是证券市场的发行制度和媒介制度的缺陷。证券信息披露指定媒体制度造成了既不依赖发行，也不依赖广告，彻底"躺平"的媒体。这同样是媒体的异化。异化的媒体最终成为整个市场的风险源头之一。

证券市场作为当代外来的、强制性的制度嵌入，中国传统文化并没有内生出与这种市场制度相配套的文化谱系。植根于农业和耕作的以儒家文明为底色的中国传统文化不缺乏有关信用和信任的非正式约束，只是在社会人群的适用性上与西方基督教文化的普适性有所不同。中国证券市场不仅处在制度变迁中，同时也处在文化变迁当中。虚拟交易对信用、对社会信任、对社会共识的要求高于物质产品的交易。中国证券市场中的交易活动体现了东方和西方、传统和现代的思想交流和文化碰撞，这些既是投资文化中的应有之要义，也是时代赋予新闻传播学的新课题。

第一章　货币即信息

哈罗德·伊尼斯在《传播的偏向》中说"人脑伟大的两种发明是文字和货币——这是思想的共同语言和自身利益的共同语言"。[①] 就如同文字是思想的中介一样，货币是人们利益交换的中介。在《理解媒介：论人的延伸》中，马歇尔·麦克卢汉表达了相同的观点，他从媒介的角度谈到货币："和语言这种劳动和经验的储藏所一样，货币也可以被当作转换器和传输器。"[②] 麦克卢汉认为货币与文字具有相同的社会功能，"货币是远距离作用的机制，在空间和时间上都是如此。"[③] "它使人获取最近的原料和商品的能力延伸到足以把握远方的原料和商品的功能。"[④] 他坦坦荡荡地为"拜金"正名。"'金钱万能'，因为金钱是象征，是转让凭证，是桥梁，货币是一种隐喻、一种迁移、一种桥梁。"[⑤] 货币即媒介，媒介即信息。"既然一切媒介都是人的延伸，是我们的部分机能向各种物质材料的转换，所以对任何一种媒介的研究都有助于对所

---

① 哈罗德·伊尼斯：《传播的偏向》，何道宽译，中国传媒大学出版社2013年版，第19页。
② 马歇尔·麦克卢汉：《理解媒介：论人的延伸》，何道宽译，译林出版社2011年版，第162页。
③ 马歇尔·麦克卢汉：《理解媒介：论人的延伸》，何道宽译，译林出版社2011年版，第163页。
④ 马歇尔·麦克卢汉：《理解媒介：论人的延伸》，何道宽译，译林出版社2011年版，第159页。
⑤ 马歇尔·麦克卢汉：《理解媒介：论人的延伸》，何道宽译，译林出版社2011年版，第186页。

有其他媒介的研究。"①这是媒介环境学中贯穿"泛媒介论"的逻辑。

一、货币的起源

货币和文字两者的起源密切相关。它们都是随着人类早期城市的兴起而出现的。从史料和考古文物证据来看，位于两河流域的美索不达米亚平原产生了人类最早的城市、最早的合同、最早的货币、最早的文字和最早的法律。这一切同时出现源于早期人类聚居群体管理经济事务的需要。货币和文字是人类运用符号来描述世界和人类的沟通工具，它们都代表着人类早期的社会化程度。文字有助于货币扎根。麦克卢汉提到在"无文字的社会非常缺乏心理资源去创造和维持统计信息的庞大结构，这种结构我们称之为市场和物价"。②货币的使用跟人类的思维方式相关。人类的大脑要进化出象征思维能力，才会接受取代了交换对象的象征物——货币。文字塑造了同质化的社会心理和思维模式，也就决定了货币演进的方向。

麦克卢汉跟随亚里士多德和亚当·斯密的观点，认为货币起源于人类物物交换中的商品。"货币在无文字的文化中肇始于商品，比如斐济岛上的鲸鱼牙齿、复活节岛上的老鼠。这些商品后来被视为精巧器物和奢侈用品，于是就成为一种中介的手段或实物贸易中的交换品。"③但货币源于物物交换理论缺乏时间、细节和考古的证据。商业历史的现代研究尤其是来自古巴比伦的考古发现让学者们重新认识到，人类历史上并没有出现过所谓的物物交换经济。物物交换是人们用不想要的东西直接换取想要的东西，要达成这样的交易，

①　马歇尔·麦克卢汉：《理解媒介：论人的延伸》，何道宽译，译林出版社2011年版，第166页。

②　马歇尔·麦克卢汉：《理解媒介：论人的延伸》，何道宽译，译林出版社2011年版，第159页。

③　马歇尔·麦克卢汉：《理解媒介：论人的延伸》，何道宽译，译林出版社2011年版，第163页。

就必须符合"需求的双重巧合"：每一个人想要的东西必须是他人所有且愿意进行交换的东西。例如一个木匠可能需要铁匠的东西，但是他们各自需求的时间未必一致，他们各自需求量不对等，还有他们无从知道自己手中商品和对方持有物品的价值等。"需求的双重巧合"是非常困难的。人类群体偶尔为之是可行的，但它不可能成为稳定的经济形态。历史记录和考古发现都不能提供纯粹又简单的物物交换实例，更别说货币是在物物交换中产生的。对北美印第安人部落社会的考察发现，这里存在物物交换，但在物物交换场景中，交易双方几乎是剑拔弩张，彼此敌对关系紧张。这从一个侧面证明了货币出现的基础是人群的共识和相互信任，在无法达成信任的情况下交易双方才会使用物物交换。

物物交换的状况进一步证明了货币诞生的重大意义。货币的出现完美解决了人类交换的难题。麦克卢汉说："甚至到了今天，货币依然是将农夫的劳动转换成理发师、医生、工程师或管子工劳动的一种语言。"[1]人类把劳动兑换成货币，再用货币购买商品，避免了劳动和商品之间的直接交换。

人类学家大卫·格雷伯认为货币最早起源于债务[2]，货币的出现方便人们进行债务转移。人类在记录债务、交易和财富转移的过程中诞生了最早的货币。考古出土的文物表明，美索不达米亚平原上最早居住的苏美尔人，他们的经济系统是一个以债务为基础的网络。学者们在苏美尔人[3]的泥板中发现了

---

[1] 马歇尔·麦克卢汉：《理解媒介：论人的延伸》，何道宽译，译林出版社2011年版，第164页。

[2] 大卫·格雷伯：《债——第一个5000年》，孙碳、董子云译，中信出版社2012年版，第45页。

[3] 苏美尔人建立了苏美尔文明，是整个美索不达米亚文明中最早的缔造者，世界已知最早的文明之一。苏美尔文明主要位于美索不达米亚的南部，始于公元前40世纪，约公元前20世纪末终止，被阿摩利人建立的古巴比伦王朝所取代。苏美尔人发明了人类最早的象形文字——楔形文字，用三角形尖头的芦苇秆刻写在泥板上。楔形文字被公认为世界上最早的文字记录，也被称为泥板文书。

世界上最早、记录最完善的古代货币体系。

人类现存最早的文字来自苏美尔人在公元前3400年到公元前3000年记载在泥板上的楔形符号。苏美尔人最初用黏土来记录交易，后来用芦苇在黏土板上雕刻让书写变得更加高效。被认定最古老的泥板其出土地点是美索不达米亚古城乌鲁克①。这段文字的内容无关风雅，不是诗歌，也不是箴言警句或者法律条文，而是一份类似于仓库保管记录的信息。乌鲁克是产生人类最早的会计和商业合同的地方，当然还有文字。这份泥板上的文字按照现代人的理解，其内容为"在37个月间，总共收到29086单位的大麦。由库辛签核"。②这则古老的文字包含数字且与财产相关。学者们通过研究同时代的其他泥板，发现大多数泥板上的记录都与商业贸易有关。对于这样的文字起源，学者们这样理解：在当时书写条件非常不利的情况下，写下文字非常困难。这些最早的文字用来记录的都是不利于人类大脑记忆且又最重要的信息——有关财富和交易的记录。

在公元前3000年左右，苏美尔人开始将1谢克尔银作为货币单位。国家用相应数量的谢克尔银规定了其他事物的价值，包括商品、劳动和法律处罚。例如，1谢克尔银相当于12塞拉（sila）的油、15塞拉的猪油、300塞拉的草木灰、600塞拉的盐、600塞拉的大麦等。1塞拉体积约为1升。一个月的劳动价值是1谢克尔银，而租赁一辆牛车（包括牛和车夫）一整天需花费1/3谢克尔银。③如果一个人咬掉另一个人的鼻子，罚金为60谢克尔银。戳瞎别人的一只眼睛的代价同样是60谢克尔银，咬断一只手指是40谢克尔银。④苏美尔经济是由寺

---

① 乌鲁克城位于今天的伊拉克境内。

② 尤瓦尔·赫拉利：《人类简史——从动物到上帝》，林俊宏译，中信出版社2014年版，第121页。

③ Maria Eugenia Aubet.Commerce and Colonization in the Ancient Near East[M].Cambridge: Cambridge University Press, 2013: 147.

④ James B. Pritchard.The Ancient Near East: An Anthology of Texts and Pictrues[M]. Princeton: Princeton University Press, 2010: 332.

庙和王宫进行运作主导，工资、租金和税收等均以谢克尔银计算和支付。

在这里的谢克尔银近似于货币的衡量尺度。苏美尔人采用的是受管制的计划经济，谢克尔银的主要用途是作为记账手段。银没有广泛流通，而是被小心地保存在仓库里。如果有人要付款给王宫，也没有必要使用银块，而是使用以谢克尔银标记价值的大麦、羊毛或其他物品。除王宫之外的大多数市场交易以信贷的形式完成，例如酒钱可以等到丰收时用一定数量的大麦支付。大型债务以楔形文字记录，然后投入陶土信封，盖上债务方印章。债权人将保存该信封，等到债务偿还之日再打开。债务可以偿还给黏土板的持有者，而不是某个确定的人。该黏土板也可以被出售给他人，从而将债权转让给他人。在这里，货币不是某一种实物，而是信用与清算构成的体系。

苏美尔人的社会既不依赖物物交换，也不依赖实物货币，用以交换的谢克尔银只是被国家认可的、以信用为基础的、以记账方式存在的虚拟货币。虚拟谢克尔银才是真正的货币，这种虚拟银就好比是当今社会看不见、摸不着的电子货币。楔形文字正是这种虚拟银的表达形式。世界其他文明中的货币也存在类似的情况。在埃及，最早的货币也是作为记账手段存在的。这里的价值以德本（deben）表示，而德本最初被用于衡量谷物。谷物都被储存在国有中央银行的仓库里，这些仓库发挥银行的职能，帮助偿还债务，支付税收。

与美索不达米亚文明不同，中国的文字系统并不是由记账和会计记录发展而来的。中国已知的最早文字是刻在牛肩胛骨和龟壳上的占卜文字。张光直认为中国古代文明，政治是首要的推动力。各种资源分配由政治决定，而不是由生产力决定。中国古代的城市不是市场中心，而是政治心脏。政治功能是城市的首要功能。统治者获得权力的来源是独占天地人神的沟通手段，还有对外战争。[1]中国文字的起源跟政治更相关，而不是贸易。

---

[1]　张光直：《美术、神话与祭祀》，生活·读书·新知三联书店2013年版。

中国货币有着不同于西方的历史渊源。出土于河南安阳的殷墟妇好墓证明在商文明时期（前1600—前1045年）中国就已经产生了货币系统。妇好墓中出土了超过7000个贝壳，这些贝壳①被以后的文献证明并非是装饰品而是作为流通货币存在的。贝币不仅用来支付制造青铜的费用，也用来给士兵支付报酬。妇好墓中囤积的贝壳也许是来世妇好用来打仗的战争资金。贝壳不具有内在价值，而作为价值符号充当商品交换的媒介。商朝人已经开始将这些不具有内在价值的贝壳货币当作财富的最终储存形式。贝壳货币殉葬品的出现反映了商人在当时较为先进的货币观念。在安阳附近的其他商朝坟墓中挖掘出了青铜仿制的贝壳，很显然，商人的王室和贵族命令工匠铸造了很多青铜贝壳用来陪葬。这些铸造的贝壳没有孔，无法用在服饰上进行装饰。考古学家认为这些青铜贝壳在商朝被当成货币使用。

中国汉字是以象形和表意为基础的造字系统，"贝"的偏旁出现在很多表示财富、珍宝和商业活动的汉字中，这也强有力地证明贝壳是中国古代的货币。在甲骨文中，"贝"作为单字和作为偏旁就已经出现了。例如"责"，表示刺取贝壳中的肉，甲骨文中的"买"也有贝字旁，表示用网取贝。甲骨文中的"贮"字，意思是把贝存积起来。到了先秦时期，文字中就有了更多与"贝"相关的汉字，这些字都明确显示出贝的货币职能，还有与财富的关系，如财、贫、贾、贪等。有一些字在繁体字中能更清楚地看出与"贝"的关系，例如，"得"，本字只有右半部分，上面是"贝"下面是"手"，意思是拿到了财富；"贯"，上下部分都是"贝"，是一根绳子把两个贝穿在了一起，本义指

---

① 贝壳被当作货币使用具有合理性。货币的三个功能为储藏、计量和支付，其储藏功能要求货币不易损坏，计量功能要求货币的质量和大小容易以标准单位辨认，支付手段要求货币便于携带。贝壳符合这些要求。贝壳可以保存上千年，具有一致的大小，容易识别，便于携带。除此之外，贝壳还具备最关键的优势——不易获得。在安阳发现的贝壳主要是来自离安阳非常远的印度洋，而黄河流域的贝壳又十分稀缺，这意味着货币供给是相对固定的。这也使得贝壳所象征的财富免于通货膨胀的侵蚀而得到了保护。

的是穿钱的绳子；"朋"，是两串贝，一串5个，本义是钱的单位，古代一串钱可能就指10个贝壳。从汉字的形制和结构中，贝壳被作为支付中介之后才成为和财富密切相关的实物。"将代表贝币的符号融入中国语言文字之中，这正意味着将金融嵌入未来中国的思想体系之中。"①

二、货币是信用的延伸

人类并不满足于自然货币，从铸币开始，人类的支付从自然货币过渡到了人造货币。人类最早的金属硬币出现在公元前6世纪的吕底亚（Lydia）和伊奥尼亚（Ionia）②，历史学家希罗多德所著的《历史》对此有所记载。历史学家认为，硬币的出现不是为了满足市场需求，而是出于军事需要。③希腊人是狂热的战士，当时希腊对内、对外的战争频仍。希腊的第一部文学著作《伊利亚特》就描绘了这样的时代图景。希腊统治者在动员军队方面开支巨大，他们运用铸币作为新的流通手段。希腊的金属硬币过于珍贵，不适用于购买面包等日常小型交易，主要用于发放士兵的津贴、支付军队的供应商、收税。金属铸币本身具有价值，其标准化的重量和便于携带的特点提高了交易的效率。

凭借对货币的加工和制造，统治者获得更多权力并加大对社会的干预。货币的信用由社会信用开始转变成国家信用。货币上的印记如文字、头像、图案和花纹等标示着主权，是铸币能在特定流通范围内充当货币的保证；铸币的面值和其内在的金属价值作为货币的一体两面始终存在矛盾关系。铸币

---

① 威廉·戈兹曼：《千年金融史——金融如何塑造文明，从5000年前到21世纪》，张亚光、熊金武译，中信出版社2013年版，第112页。

② 在今天的土耳其境内。

③ Michael H. Crawford. Money and Exchange in the Roman World[J]. Journal of Roman Studies, 1970(60): 40-48.

的面值高于其市场价值的利益被称为铸币税。统治者们逐渐认识到铸币税作为税收以外的收入，其好处妙不可言。铸币税比之真正的税收，其实施具有"拔鹅毛鹅又不会叫"的效果。当统治者过于贪婪，试图推动法定"劣币"在市场中流通，致使信用丧失，货币体系崩塌，从而引发经济危机和社会动荡。

麦克卢汉认为媒介是人体的延伸，沿着同样的思路，货币是信用的延伸。人类社会的联结和扩大伴随着货币信用的延伸。货币的使用基于人类群体的共识和信任。不需要借助血缘和地缘，借助信任，货币非人格化的特征联结了陌生人的世界。为了更加快捷地促成交易，让交易延伸到更大的范围，货币自身逐步失去了重量，也更方便携带，易于支付。货币变迁的方向是以低成本的方式扩展信用。在这种动力的推动下，货币逐步脱离物理的、实物的负载，与媒介一样日益"迁移到科学和自动化"[1]里。

纸币代替金属货币是人类金融史上的重大飞跃。纸币本身毫无价值，一张薄薄的纸上表示出的数字100元或者50元就代表了相应的购买力——它是人类支付手段虚拟化的开始。麦克卢汉谈到纸币时说："建立在印刷技术基础上的纸币"，"它借助的手段是印刷文字，是金属货币向纸币的变化"。[2]货币学家卡比尔·塞加尔认为："中国人在几百年的时间里改进了造纸的工艺，中国人发明了墨，中国人还发明了雕版印刷和活字印刷。如此一来，用来制造纸币的一切都齐全了。"[3]就如同货币天然是金银，纸币天然是印刷品。世界上最早的纸币是出现在中国北宋时期四川成都的"交子"，这跟中国是造纸和印刷

---

① 威廉·戈兹曼：《千年金融史——金融如何塑造文明，从5000年前到21世纪》，张亚光、熊金武译，中信出版社2013年版，第164页。

② 马歇尔·麦克卢汉：《理解媒介：论人的延伸》，何道宽译，译林出版社2011年版，第161页。

③ 卡比尔·塞加尔：《货币简史——从花粉到美元，货币的下一站》，栾力夫译，中信出版社2016年版，第152页。

技术的发源地直接相关。[①]

中国在宋朝时期，四川地区经济繁荣，民间贸易活跃。宋朝政府规定在四川地区只能使用铁钱进行交易。单枚铁钱购买力低且分量很重，笨重的铁币成为贸易的负担和障碍。四川地区山险路陡，行道崎岖，运输交通极为不便。纸币在四川地区出现跟这种地理条件有很大关系。与苏美尔人的货币一样，宋代交子在最初出现时也表现为债务，最初的交子其实是一种存款凭证。北宋初年，四川成都出现了为商人经营现金进行保管的"交子铺户"。存款人把现金交付给铺户，铺户把存款数额填写在用楮纸制作的纸卷上，再交还存款人并收取一定保管费。这种临时填写存款金额的楮纸券[②]便谓之交子。由于铺户恪守信用，随到随取，交子逐渐赢得了很高的信誉。商人之间也越来越多地直接用交子来支付货款。后来交子铺户开始印刷有统一面额和格式的交子，作为一种新的流通手段向市场发行。这使得交子逐渐具备了信用货币的特性，成为真正的纸币。

宋仁宗天圣元年（1023年），政府设益州交子务，由京朝官一二人担任监官主持交子发行，并"置抄纸院，以革伪造之弊"，严格其印制过程。这便是我国最早由政府正式发行的纸币——"官交子"。[③]它比英国英格兰银行1694年发行纸币要早600多年，是世界上发行最早的法币。

---

① 中国最早的雕版印刷术出现于唐朝。在唐代也出现了飞钱。唐代的飞钱类似于今天的银行汇票。《新唐书·食货志》这样表述："……商贾至京师、委钱诸道进奏院及诸军、诸使、富家，经轻装趋四方，合券乃取之，号飞钱。"从货币的角度来说，飞钱没有参与市场流通，不是货币。有观点认为宋代的交子脱胎于飞钱。《宋史·食货志》对飞钱与交子、会子等的承继发展关系，描述为："会子、交子之法，盖有取于唐之飞钱。"
② 在宋朝，为了保证纸币的耐用，印制交子的纸张全部使用楮树（构树）皮制造，因此交子也被叫作"楮币"或"楮券"。
③ 《宋史·食货下三》记载："真宗时，张咏镇蜀，患蜀人铁钱重，不便贸易，设质剂之法，一交一缗，以三年为一界而换之。六十五年为二十二界，谓之交子，富民十六户主之。后富民赀稍衰，不能偿所负，争讼不息。转运使薛田、张若谷请置益州交子务，以榷其出入，私造者禁之。仁宗从其议。界以百二十五万六千三百四十缗为额。"

麦克卢汉把纸币脱离了自身价值后所获得的优势与电报发明对信息传递所产生的意义相提并论。"只有等到电报问世以后，信息才从石头和莎草纸之类的实物中分离出来，就像货币早些时候从兽皮、金银锭、金属中分离出来，并最终表现为纸币的形式一样。"[①]纸币在交易中具有显而易见的好处——便捷。比之金属货币和金属铸币，纸币更容易携带，也更容易使用，这大大降低了交易的成本，从而得到广泛的推广。也正是因为这一点，当今世界主流经济体都采用纸币。麦克卢汉有关纸币的洞见在经济学家看来就是常识："纸币作为专门货币以后，脱离了它古老的储存劳动的职能，承担了同样古老而基本的货币职能——作为传输器和加速器，使任何劳动转化为任何劳动的职能"。[②]纸币失去了自身价值仅仅作为交易的中介而存在，它在交易中所起到的价值衡量作用完全依靠信用。有趣的是，麦克卢汉同时提到了货币和文字，这两者最终都完成了信息化和虚拟化，它们的价值都体现为依赖信用。

纸币的出现标志着人类信用货币的开启。麦克卢汉又说："正如文字使言语失去魔力，印刷术又使言语进一步失去魔力一样，当货币取代了黄金时，黄金的迷人气息就不复存在了。"[③]可惜的是，人类的信用并非像金石一样牢不可破。纸币的魔鬼诱惑难以抗拒。当货币发行者发现一张纸只要印上数字就可以增加财富，这种魔力往往使得货币发行者难以自持。经济学家大卫·李嘉图（David Ricardo）说："没有拥有发行纸币的无限权力却不滥用权力的国家或银行。"[④]几乎在世界上的每一个地区，纸币都曾经展示过它巨大的潜力和破坏力。

---

① 马歇尔·麦克卢汉：《理解媒介：论人的延伸》，何道宽译，译林出版社2011年版，第162页。

② 马歇尔·麦克卢汉：《理解媒介：论人的延伸》，何道宽译，译林出版社2011年版，第111页。

③ 马歇尔·麦克卢汉：《理解媒介：论人的延伸》，何道宽译，译林出版社2011年版，第159页。

④ 大卫·李嘉图：《政治经济学及赋税原理》，华夏出版社2005年版，第205页。

从中国历史来看，自北宋交子以后，南宋的会子、元朝的中通元宝交钞和明朝的大明宝钞都是政府发行的法定纸币，结果无一例外均以失败告终。在元代初期，政府甚至建立了以银为本位的单一纸币发行和流通制度，这在世界同时期的历史上非常罕见。当时，忽必烈下令设立"钞券提举司"严刑峻法，禁止民间私自买卖金银。政府确立了以丝和银为准备金来维持纸币信用的方法，允许民间以银向政府储备库换钞或以钞向政府兑银，确立所有钞券均可完税纳粮，明令白银和铜钱退出流通。这种严格而标准的货币政策使得中通元宝交钞被广泛使用。据马可·波罗的游记记载，凡是属于大汗的疆域都有纸币流通："发行的所有纸钞好像都具有像纯金或纯银一样庄严的权威……所有人都乐意接受。纸钞在大可汗的境内通用，不管是谁都可以用纸钞进行货物的买卖交易，就好像纸钞和纯金的铸币没有什么两样。"

纸币在发行之初都遵循金银本位，即纸币以储存的贵金属作为后盾，纸币只是相当于贵金属货币的代金券，这等同于贵金属为纸币提供了准备金，保证了其内在价值，但是这种准备金保证往往不能持续。宋、元、明三朝最终都不能维系纸币在发行之初所订立的严格制度。发行纸钞可以获取运营资金，当政府财政遇到困难时，这种立竿见影、唾手可得的解决方案几乎是必然的选择。面对战争中巨额的军费开支，宋朝和元朝政府都不约而同地滥发纸币以度过财政危机。元朝后期由于滥发纸币，引起物价飞涨。同时期黄河改道泛滥，天灾人祸，古人称"开河变钞祸根源"，可见滥发纸币与元朝灭亡有很大关系。明朝初期大明宝钞不定发行限额，也没准备金，很快引发通货膨胀。虽然明朝政府禁止民间用金银交易，但民间使用白银和铜钱进行交易的情况没有停止过。从明中叶嘉靖年后，宝钞已不能通行。明朝隆庆年间政府正式承认了白银的货币地位。中国古代的纸币至此完结。

当今各国政府发行的法币比历史上任何时候都更强大。由于"法定货（纸）币既不具备实用功能，又不具备生产功能，本身是毫无用处的物体构成"[1]，脱离了金本位的货币似乎只要政府一声令下就能凭空出现。货币发行方可以根据自己的需要，操纵和调节货币的供应量。当纸币丧失其值得信赖的价值，引发经济危机造成社会动荡时，人们就呼唤金本位的货币体系，认为只有这样才能恢复对货币的信心。麦克卢汉对此不以为然，他说："建立在印刷技术基础上的货币，产生了新型快速的信贷尺度，这些尺度与金属货币和商品货币的惰性物质属性是完全不可调和的。然而，人们却一心一意要这一新型的快速货币像迟钝的金属货币一样运转。"[2]

在货币金本位体制中，即使是世界上最有权力的政治家也无法人为制造出黄金和白银——这让经济免去通货膨胀之忧，但随着人类经济规模不断增长，自然世界里储量有限的金属毕竟满足不了人类永不停息的交易需求。1971年8月，美国政府放弃了原来把美元跟黄金挂钩的布雷顿森林体系，时任总统尼克松说这是为了保护美元作为世界货币稳定性支柱的地位。这标志着人类纸币这艘大船砍断了与贵金属"锚"之间的最后绳索，脱离物理世界驶向了虚拟世界的无尽远方。

三、互联网时代的数字货币

货币具有三种功能：价值储存、计量单位和支付手段。在这些功能中，货币的支付手段不断被强化，在人类的经济系统中被持续迭代。在追求快捷与低成本交易的驱动下，人类社会的商业支付手段从早期的商品货币到金银铜铁等金属，再从金属硬币到纸币再到信用卡，从在线支付再到数字货币，人类商品交易的地域、规模、效率都得到极大提升，人类整个经济系统也因

---

[1]　Narayana R. Kocherlakota. Money is Memory[R]. Staff Report 218, Federal Reserve Bank of Minneapolis, 1996.

[2]　马歇尔·麦克卢汉：《理解媒介：论人的延伸》，何道宽译，译林出版社2011年版，第169页。

此有了一次又一次的延伸和飞跃。

信用卡代表着人类货币信息化。麦克卢汉认为信用卡的优势在于"信息无所不包"。"自动化也就是电子媒介，它所代表的与其说是体力劳动，不如说是程序化知识。因为劳动被纯粹的信息运动所代替，作为储存劳动的货币与信贷和信用卡的信息形态融合起来。""这一走向无所不包信息的趋势，是信用卡所表现出来的形象。"[①]一次交易成功完成，买卖双方并没有任何货币层面实物的转移，而只是账户中数字的变化。信用卡是货币在电波世界里的物质性载体，而到了互联网世界中，连卡片这种物质性载体都可以省略。如果麦克卢汉有机会看见当今社会尤其是在中国遍地开花的"零现金支付"，线上线下二维码支付，甚至在超市里连手机都可以跳过，刷脸就能完成结账，他一定会惊叹"一个稳步走向使商业交换成为信息运动的过程"[②]最终会演化成这样的社会形态。

网络支付相比于信用卡支付，在物质外壳剥离的同时，更是在信息层面的全面升级、升维。其一，网络支付方式相比信用卡，所谓的"无所不包信息"更能"一网打尽"，支付宝和微信支付拥有"国民级"的客户群体，超过了全部信用卡公司的客户总和。信用卡支付仅仅能报告商户的名称、消费者和用户姓名，以及交易的时间、地点和内容，而网络支付报告用户信息是全方位的。微信支付嫁接在社交平台基础之上，对用户所有的社会关系了如指掌。支付宝除了与"万能的"淘宝和天猫电商消费平台相连接，还能通向蚂蚁财富这样的投资平台，它覆盖人们的消费甚至投资活动。除了发货地点、收货地址、消费金额等这些基础性信息，它还能勾画出用户的经济收入、消费能力和消费偏好的精准画像。阿里已经对外宣称它不再是一家电商，而是

[①]　马歇尔·麦克卢汉：《理解媒介：论人的延伸》，何道宽译，译林出版社2011年版，第58页。

[②]　马歇尔·麦克卢汉：《理解媒介：论人的延伸》，何道宽译，译林出版社2011年版，第160页。

一家大数据公司。其二，"信息流加快"趋势在网络支付平台上更提速。用户在收银台刷卡时等着POS机吱吱呀呀地打印商户的收款凭据、签字，这样的付款过程在如今网络支付大行其道的时代里让人心生焦躁，不胜其烦。在线时手机上手指一点，即付即走。在线支付就是信息的流动。货币尽情飞行在虚拟的空间。付费、转账、下单、股票、基金、保险，货币流动的速度在加快，经济系统更加高速地运转。

当比特币出现的时候，人们惊讶于这种与物理世界隔绝、基于互联网算法的货币就是一串网络终端的字符串而已，敲击键盘就能让货币出现或者消失。如果用麦克卢汉的逻辑说"货币即信息"只是隐喻的修辞，那么比特币[①]出现使货币真正成为信息。数字货币是对网络支付方式的再次升级、升维。2020年被认为是数字货币元年。中国人民银行行长易刚表示，央行2014年就已经开始研究数字货币（Digital Currency Electronic Payment），目前已经取得了积极进展。人民银行目标是把数字人民币和电子支付工具结合起来，将推出一揽子计划，替代一部分现金。[②] DCEP与目前电子支付的相同之处在于它们都只能在互联网中使用，不同之处在于DCEP不需要任何实体的银行账户，"不需要账户就能够实现价值转移"。DCEP是"具有价值特征的数字支付工

---

① 比特币在2009年被一个叫中本聪的计算机程序员创造出来并在网络世界中得到迅速普及。和法定货币相比，比特币没有一个集中的发行方，而是由网络节点的计算生成，谁都有可能参与制造比特币，而且可以在全世界流通，可以在任意一台接入互联网的电脑上买卖，不管身处何方，任何人都可以挖掘、购买、出售或收取比特币，并且在交易过程中外人无法辨认用户身份信息。尽管比特币的设计初衷是避免国家法定货币所造成的通货膨胀，但是比特币自己在运行的过程中也有很多问题。第一，币值不稳定。比特币的价格从最初的几美分到2021年3月超过了6万美元。为了对抗通货膨胀而被创造的货币自身不断通胀。第二，挖矿能耗惊人。比特币系统工作的能耗几乎超过英国全国的能耗。2021年6月21日，中国人民银行有关部门就银行和支付机构为虚拟货币交易炒作提供服务问题，约谈了多家银行和支付机构，禁止使用机构服务开展虚拟货币交易。

② 杨承霖：《"央行数字货币"破茧还有多久？》，《经济参考报》2019年12月19日，第3版。

具"，是纸钞的数字化全面替代。"十四五"规划和2035年远景目标纲要提出，稳妥推进数字人民币研发。2021年7月，央行发布了《中国数字人民币的研发进展白皮书》指出，数字人民币累计交易金额约345亿元。据财新网报道，包括美联储、欧洲央行、俄罗斯央行在内的各国央行都在考虑适应形势需要，发行适合在数字世界使用的数字货币。[①]

小 结

媒介环境学派的"泛媒介论"受到质疑。有很多学者批评麦克卢汉所谓的"媒介"太宽泛。人类用作交换、沟通、流动的事物都被麦克卢汉视为媒介。语言、文字、报纸、电视是媒介，货币、信用卡也是媒介。麦克卢汉向我们展示了将社会连接在一起的"经络图"：这些"奇经八脉"体现了人体的不同延伸，有"肌肤的延伸""手脚的延伸"抑或是"中枢神经系统的延伸"。当面对这样的图谱时，这些"经""脉"之间的关系以及它们与社会变迁之间的相关性就会自然而然地成为被思考的主题。不同的媒介之间不是平行独立的线索，探索它们之间的关系正是麦氏独特价值所在。

货币和文字是人类的社会制度，而非国家制度。跟其他媒介一样，货币的本质根源于人类的社会性。"货币是一种团体的表象，其制度性地位依赖于社会。"[②]反过来，它还能加强人类共同体的社会性。"正如词语和语言一样，货币是公共积累的工作、技能和经验的仓库"，"作为一种宏大的社会暗喻、桥梁或转换器，货币与文字一样，能加速交换过程，加强社区内部的相互依存"。

货币是经济世界的文字。正如文字可以变为报纸、广播和电视中的内容

---

① 胡耀、王力为：《央行数字货币全球提速》，财新网，2020年11月20日。

② 马歇尔·麦克卢汉：《理解媒介：论人的延伸》，何道宽译，译林出版社2011年版，第166页。

一样，货币成为银行、外汇、股票、期货、保险等现代商业和金融系统的最底层基因代码。就如同媒介总是在寻求突破边界，货币也有追求统一的趋势。在追求财富的动力驱使下，无须借助欺骗和劝服，货币就可以"训练全社会的人，使之养成习惯将自己的愿望转换成统计数字"，进而会习得更高级的"享乐主义的微积分"。[①]基于数学的原则，货币通过把所有事物都换算成数字将整个世界简化为一种共同、独立的思想体系。货币有一种"同化"的倾向，表现为跟它接触过的所有事物都可以被货币化和数字化。

货币的作用是双向的，一方面，它使政治组织在空间上大大拓展，使其控制范围大大增加；另一方面，货币是"地位中性""身份中性"且非人格化的"通货"，不与具体的人进行捆绑，它最初冲破了特权和社会阶层的界限，带来人的自由空间。西美尔对货币给予人类的巨大解放有着积极的评价："一方面，通过在同样条件下将最遥不可及的事物联系在一起，趋向于夷平、平均化，产生包容性越来越广泛的社会阶层。另一方面，却趋向于强调最具个体性的东西，趋向于人的独立性和他们发展的自主性。货币经济同时支撑两个不同的方向，它一方面使一种非常一般性的到处都同样有效的利益媒介、联系媒介和理解手段成为可能，另一方面又能够为个性留有最大限度的余地，使个体化和自由化成为可能。"[②]

货币是人类社会最大的互信系统。货币的出现源于人群共同的信念：我们可以信任彼此。"甚至到了今天，货币依然是将农夫的劳动转换成理发师、医生、工程师或管子工劳动的一种语言。作为一种宏大的社会暗喻、桥梁或转换器，货币与文字一样，能加速交换过程，加强社区内部的相互依存。"[③]

---

① 马歇尔·麦克卢汉：《理解媒介：论人的延伸》，何道宽译，译林出版社2011年版，第159页。

② 西美尔：《金钱、性别与现代生活风格》，顾仁明译，学林出版社2000年版，第6页。

③ 马歇尔·麦克卢汉：《理解媒介：论人的延伸》，何道宽译，译林出版社2011年版，第155页。

像共同阅读的内容将人们凝聚在一起——印刷读物成就民族意识和民族记忆，持有相同的货币同样是人们联合的力量，同样能带来区别于他者有关"我们"的认同感。这些正是社会成为可能、社会凝聚的核心要件。

货币的演进与内容媒介于互联网殊途同归。货币借助互联网丢弃了一切物理特性，仅仅显示为一组电脑的字符串，它依托更加高级的抽象和数学存在。未来在互联网中，信息与货币共振。货币和"后真相"时代的事实一样都更加依赖信任，财富更加依赖共同体的共识。当人们的财富变成账户里的一串数字之后，除了对系统的信任，还有什么能让人们平静地接受这一切呢？

第二章　资本即媒介

　　媒介环境学派有着泛化的媒介观，将整个社会视为建立在各种媒介基础上的网络。马歇尔·麦克卢汉所界定的媒介有语言、文字，也有建筑、道路，哈罗德·伊尼斯所谈到的媒介有石碑和莎草纸。媒介的本质属性在于转换、联结和延伸，"对任何一种媒介的研究都有助于对所有其他媒介的研究"，媒介不仅是信息，媒介更是一种视角和思维方式。泛媒介论带来的启发是媒介的视角可以被运用到更广阔的社会领域。

　　秘鲁经济学家赫尔南多·德·索托将资本视为媒介。人类的物质世界存在着各种各样不同的潜能，其中有很多是肉眼无法看到的，只有建立起某些必要的表述手段，才能将这种物质世界的潜能提取出来，"例如，时间真实存在，但需要通过钟表或各种历法进行表述才能够被有效地利用"。[①]阿拉伯数字、化学方程式、乐谱、二分音符和四分音符、计算机的程序语言等都可以揭示现实世界的关键特征。索托认为，资本可以揭示出隐藏在人类积累的资产中的潜能并让这种潜能生长出新的（剩余）价值。资本代表的是"一种新的表述形式"对物质世界的管理。资本是有关正规所有权的表述形式，它具有媒介的基本功能——"在一种概念化的空间里，将现实世界进行组织和归纳"。索托认为，资本是经济符号，资本还是网络。资本"使我们彼此理解，建立联系，将我们对资产的认知集中起来，以此提高生产力"[②]。

---

①　赫尔南多·德·索托：《资本的秘密》，于海生译，华夏出版社2017年版，第7页。
②　赫尔南多·德·索托：《资本的秘密》，于海生译，华夏出版社2017年版，第174页。

一、资本①的秘密

资本（capital），这个词在中世纪的拉丁语中最初是指牛或其他家畜。家畜在当时是财富的来源，从这些家畜中人们可以得到附加值，包括牛奶、皮革、羊毛、肉和燃料。最关键的是家畜会繁殖，从而得到更多幼崽。因此，资本就逐渐具有双重含义：它代表可以直接获取物质资源的资产如房屋、家畜等，同时也表示其具有产生附加值的潜能。亚当·斯密将资本定义为"为了生产而积累的资产储备"。马克思认为资本的本质有两点：第一，它本身必须有价值；第二，它必须产生剩余价值。资本可以是货币：谋求增值的货币被认为是资本。在货币资本之外，土地、厂房、机器等资产也可以称为实物资本。它们是用货币进行计价和交易的。

亚当·斯密认为资本是与劳动分工同时出现的。亚当·斯密最早发现劳动分工会极大地提高劳动生产率，"这种由于劳动分工而使同一数量的人所能完成的工作数量得到巨大增长，是由于三种不同的情况：第一，每一个工人熟练程度的提高；第二，节约了从一种工作转向另一种工作造成的时间损失；第三，由于发明了很多的机器，便利和简单化了劳动，使一个人能干许多人的活"。②在此基础之上，亚当·斯密提出因为分工需要使用许多特殊的设备与机械，都需要以资本来购取。资本的累积必须在分工之前进行，分工越细，工具的需要越多，资本越显得重要。分工的扩张、生产效率提高跟资本的总

---

① 资本、股票、证券，对这三个概念做一个简单的区分，以利于后面的论述。《证券法》中的证券指资本证券，也就是说它是证明投资者对收益有请求权利的有价证券。本文中所使用证券的概念也固定在这个内涵上。证券是资本的一种表现形式。将证券进行细分，可分为股票和债券。证券类资本本身没有价值，却能够产生某种形式的剩余价值，因此马克思称之为虚拟资本。现代经济学对股票的定义是股份有限公司在筹集资本时向出资人发行的股份凭证，代表其持有者（即股东）对股份公司的所有权。股票的实质是投资者对公司收益和资产的索取权。

② 亚当·斯密：《国富论》，唐日松等译，华夏出版社2005年版，第128页。

额成正比。

在经济分工情况下，人们在自利基础上的交换行为提高社会生产效率，是社会积累财富的源泉，而资本的积累为经济分工、细化创造了条件。索托更进一步明确提出资本与社会分工相互促进，"资本主义活力的源泉不是互联网，也不是快餐特许经营连锁店，而是资本。只有资本才能够提供充分而必要的手段来支持扩大化市场中的专业化分工，以及资产的生产与交换"①。

马克思对资本的严厉批判给世界留下了深刻的印象。"一旦有适当的利润，资本就胆大起来。如果有百分之十的利润，它就保证被到处使用；有百分之二十的利润，它就活跃起来；有百分之五十的利润，它就铤而走险；为了百分之一百的利润，它就敢践踏一切人间法律；有百分之三百的利润，它就敢犯任何罪行，甚至冒绞首的危险。如果动乱和纷争能带来利润，它就会鼓励动乱和纷争。走私和贩卖奴隶就是证明。"②这段话出现在《资本论》的引注中而为世人所知，是马克思对同时代学者论述的引用。马克思的另一个金句尽人皆知，"资本来到世间，从头到脚，每个毛孔都滴着血和肮脏的东西"③。

马克思对资本的肯定、积极评价被世人所忽略。亚当·斯密曾经描述了资本所具有的"魔力"，"在每一个国家，行业的数量，不仅随着控制行业的资本的增加而增加，而且随着行业数量的增加，这些行业会带来更多的工作机会"④。在《资本论》中，马克思更深入和清晰地描述了资本对经济增长和国民财富的巨大推动力。他说："资产阶级在它不到一百年的阶级统治中所创造的生产力，比过去一切世代创造的全部生产力还要多，还要大。自然力的征服，机器的采用，化学在工业和农业中的应用，轮船的行驶，铁路的通

---

① 赫尔南多·德·索托：《资本的秘密》，于海生译，华夏出版社2017年版，第67页。

② Dunning, Tristan. Trades' Unions and Strikes: Their Philosophy and Intention, 1860: 35-36.

③ 马克思：《资本论》第一卷，中央编译局马克思恩格斯列宁斯大林编译部，人民出版社1975年版，第829页。

④ 亚当·斯密：《国富论》，唐日松等译，华夏出版社2005年版，第128页。

行，电报的使用，整个大陆的开垦，河川的通航，仿佛用法术从地下呼唤出来的大量人口——过去哪一个世纪料想到在社会劳动里蕴藏有这样的生产力呢？"[①] "假如必须等待积累去使某些单个资本增长到能够修建铁路的程度，那么恐怕直到今天世界上还没有铁路，但是，集中通过股份公司转瞬之间就把这件事完成了。"[②]

1. 资本的虚拟性

马克思在《资本论》中提到了资本的虚拟性。马克思认为货币的虚拟化就是资本出现的前提。资本不是简单地与资源的自然特性相联系。"就其本身的特性而言，与其说货币和商品是资本，不如说它们是创造和维护资本的手段，它们需要转化为资本。"[③]货币的"转化"体现为货币实现了某种"运动"，这种"运动"指货币"从流通中产生并且以货币形式独立的价值又进入流通，变成商品，但是又从商品形式回到它的货币形式，同时它的价值又增加了"[④]。

马克思进一步解释，"资本是一种独立的实体……货币和商品仅仅是资本的表现形式，因此，资本也可以离开它们而独立存在"[⑤]。资本是与物质资产并行的经济生态，其实质是一种独立存在的人类思维的产物。"资本显然是关系，而且只能是关系。资本不是物，而是一定的、社会的、属于一定历史社

---

① 马克思：《资本论》第一卷，中央编译局马克思恩格斯列宁斯大林编译部，人民出版社1975年版，第378页。

② 马克思：《资本论》第一卷，中央编译局马克思恩格斯列宁斯大林编译部，人民出版社1975年版，第688页。

③ 马克思：《资本论》第一卷，中央编译局马克思恩格斯列宁斯大林编译部，人民出版社1975年版，第688页。

④ 马克思：《经济学手册》《马克思恩格斯全集》第四十七卷，人民出版社1979年版，第56页。

⑤ 马克思：《经济学手册》《马克思恩格斯全集》第四十七卷，人民出版社1979年版，第5—6页。

会形态的生产关系。"① 马克思认为资本是独立于实物之外的、人类思维中产生的虚拟物。法国经济学家让·巴蒂斯特·塞耶对此通俗的解释是："从本质上来说，资本从来都没有物质的实体和形态，因为它不是产生资本的那种物质，而是那种物质产生的价值，而价值是无形的，没有任何实体的特征。"

马克思提出了虚拟资本的概念，即"资本的单纯形式——货币，它以A额支出，经过一定时间，除了这种时间上的间隔；不借助于任何别的媒介，再以A+ΔA额流回，不过是现实资本运动没有概念的形式"②。"现实资本运动没有概念的形式"具体来说是指不参与现实生产过程而获得价值增值的资本，即债券和股票。"银行家资本的最大部分纯粹是虚拟的""银行家保险箱内的这些证券，即使是对收益的可靠支取凭证（例如国债），或者是现实资本的所有权证书（例如股票），它们所代表的资本的货币价值也完全是虚拟的。"③在马克思的时代，资本市场的规模远不如当今社会这么庞大，展现出多层次、多品种的复杂面貌，但是马克思已经预见到："作为纸质副本，这些证券只是幻想的，它们的价值额的涨落，和它们有权代表的现实资本的价值变动完全无关。"④

2. 资本的内涵——经济符号

马克思在《资本论》中提到资本是"具有形而上学色彩的抽象符号"，赫尔南多·德·索托则将"抽象符号"具体化了，他提出了资本是与所有权表述相关的符号体系。索托对资本作为符号体系的表述更加明确和系统。更重

---

① 马克思：《资本论》第三卷，中央编译局马克思恩格斯列宁斯大林编译部，人民出版社1975年版，第920页。

② 马克思：《资本论》，中央编译局马克思恩格斯列宁斯大林编译部，人民出版社1975年版，第391页。

③ 马克思：《资本论》，中央编译局马克思恩格斯列宁斯大林编译部，人民出版社1975年版，第459页。

④ 马克思：《资本论》，中央编译局马克思恩格斯列宁斯大林编译部，人民出版社1975年版，第883页。

要的是，索托还发现了资本之所以能为经济发展提供强劲的动力与资本作为符号的表现形式高度相关。资本作为符号代表资产的特性更容易被比较、被组合，还有更关键的是它更容易被传递。资本所具有的这些优势能给商业活动带来效率的提高和成本的降低，使有关资产的交易更方便、以更快的速度进行，从而能产生出更多的价值，最后的结果是促进经济增长。这正是所谓资本的秘密。

索托深入地揭示了资产转化成资本，即转变为符号体系，背后的社会机制。就如同水电站能将水能转化为电能一样，将资产的潜能固定下来使之产生剩余价值也必须通过一种机制。被社会法律认可的所有权机制表述正是这样一个将资产转化成资本的"水电站"。"每一块土地、每一座建筑、每一台设备、每一件库存，都在所有权文件中得到过表述。……得益于这种表述，财产可以作为贷款抵押物使用。在美国，开办新型企业的一个最重要的资金来源，就是企业家房产的抵押贷款，这些财产能够作为资产所有人的信誉证明，它们是用来偿还债务、缴纳税款的保障，是建立可靠而普遍的公共管理设施的基础，也是发行有价证券的基础。这些有价证券还可以在二级市场上销售和再贴现——通过这一系列过程，西方国家最终能够为资产注入活力，并使它们成为通用的资本。"[1]

对于资本是有关资产所有权的表述，索托特别强调的有两点：第一，资本的外在形式是与所有权机制相联系的一种表述形式，这种表述形式以符号的形式存在。"资本通过文字形式的表述而产生，这些表述形式包括：所有权凭证、有价证券、协议和合同以及其他类似的记录，表述的对象是围绕资产在经济和社会中具有价值的特性，而不是资产在外观上最引人注目的方面。通过这种方式，资产的潜在价值第一次得到了描述和记录。"[2] "一种正规所有

---

[1] 赫尔南多·德·索托：《资本的秘密》，于海生译，华夏出版社2017年版，第7页。

[2] 赫尔南多·德·索托：《资本的秘密》，于海生译，华夏出版社2017年版，第67页。

权表述——譬如一张所有权凭证——并非像一张照片一样，只是将房屋复制下来。它是我们关于这处房屋的概念性表述，确切地说，它表述的是资产产生潜在价值的隐性特性，而非房屋本身的物理特性。它是我们人类赋予这所房屋的，具有经济和社会意义的特性（比如，它是我们可以通过扣押权、抵押权、通行权以及其他契约方式，为房屋赋予多种用途的能力）。"[1]资本体现为从实物到符号，从具体到抽象的跨越，它的这种表述超越了资产的物质属性而包含着对资产经济价值的基本判断，由此可以作为交易、转让和买卖时定价的依据和基础，从而创造剩余价值。

第二，资本是一种制度性的规定，以政治、法律在内的社会保障为前提。"正规财产所有权的确立，反映在一种不可或缺的政治、经济和法律进程当中，在这一进程中，人们可以获得一种必需的手段，将注意力集中到他们能够提取资本的个人资产上。正规所有权也不只是发放所有权凭证、对资产进行登记和绘图的过程，它是一种思维工具，它可以恰如其分地对财产进行表述，让人们致力经营财产产生剩余价值，正因为如此，正规所有权必须可以为人人所获得：它能够将每一个人纳入一种社会契约中，使他们彼此合作，提高社会生产力。"[2]索托的这个发现可以解释没有完善的政治和法律保障，穷人拥有的资产也是僵化的"死资本"，无法进入获取财富的捷径。

总结来说，资本就如同音乐的音符，化学的元素周期表，物理的能量概念一样，是经济领域的符号体系。资本对经济的动力效能与政治、法律制度对这种符号的保护成正比。

3. 资本作为媒介的优势

资本作为经济的动力系统正是源于资本作为"经济符号体系"具有了媒介的特点和优势。

---

[1] 赫尔南多·德·索托：《资本的秘密》，于海生译，华夏出版社2017年版，第37页。
[2] 赫尔南多·德·索托：《资本的秘密》，于海生译，华夏出版社2017年版，第183页。

首先，资本作为"符号体系"具有表述和理解功能。符号能够超越感官的局限性，将资产各不相同的物理属性浓缩成简单实质的内容，从而便于人们获取和掌握关于资产潜能方面的所有信息，也能传达人们有关资产信息的思考。概念空间是人们由客观现实世界进入的主观虚拟世界，资本这个有关资产的抽象概念也具有同样的功能。在索托看来，资本超越了资产的差异性，更容易为人们的意识所把握。如果不经过这种表述体系的转化，千差万别的资产，商业活动者把握起来较有难度，沟通和交流不能顺利进行，这就阻碍了人们之间的交换行为，也迟滞了财富的创造。

资本的价值能跨越时空，超越千差万别的具体表象为人们的思维所把握。在这个基础上，人们才能对这种价值进行评估，并且据此来进行买卖交易。"几千年以来——直到今天仍旧如此——人们总是需要把猪赶到市场上交易，而且每次只能按照猪的数量逐头地交易。而在西方国家，交易者只要把他们对猪的所有权表述带到市场上即可。例如，在芝加哥的商品交易市场上，交易者完全可以通过所有权表述，来实现交易行为。"①

其次，符号很容易被组合、分割和调动，创造出新的价值来。实物资产要实现这一点就有难度，一部机器如果被分割就会失去其应有的价值，位于两个不同城市的土地、房屋也不可能被组合。所有权能够通过恰当的形式，来表述资产的特性，使我们将资产重新组合，使之变得更有价值。

在这个基础上，符号比物质更有利于被集中，在规范的管理下形成系统的网络。在这个网络中，商业活动者通过比较权衡，可以更好地确定资产的价值。"将所有权表述'搜集'在一起，这在发达国家的历史上，代表着一个革命性时刻的来临。那些用以管理和控制国民积累的财富的所有信息和规章，经由恰如其分的整合和规划，变成了一种知识体系。……所有的农场、定居点，都通过原始薄记、特殊符号或口头证词的形式，将资产的信息和管理资

---

① 赫尔南多·德·索托：《资本的秘密》，于海生译，华夏出版社2017年版，第54页。

产的规则记录下来。……我们今天已经很清楚，大量的事实，不意味着大量的知识，为了使知识发挥作用，发达国家需要将所有权的分散、孤立的数据，融入到一种系统性、综合性的制度中。"①索托甚至运用梅特卡夫定律②来说明资本形成网络之后所具有的巨大效用。每一个新加入的资本都会实现网络价值的指数级增长。

最后，资本的所有权表述具有传达功能。马歇尔·麦克卢汉将火车、汽车、飞机视同为媒介增加了物质的流动性，而索托认为资本表现为"一套完善的所有权制度是一种媒介，它使我们彼此理解，建立联系，将我们对资产的认知集中起来，以此提高生产力"③。借助这样一种媒介形式，"真正意义上的突破，在于它极大地改善了资产和资产潜能的交流性。……将资产在更广泛的范围内进行转化和交流"。④资产转化为表述体系后更重要、更关键的突破是符号可以更快地被传递——符号传递的速度远远快于资产传递的速度，前者的理论最快速度为光速，而后者的理论最快速度为交通工具飞机或者高速火车的速度。这个变化对于商业贸易的意义是非凡的——"所有权的这一能力，是经济增长的主要原因。因为经济增长的核心，就是以低价值的投入获得高价值的产出"⑤。

索托也清楚地意识到资本作为媒介是一把"双刃剑"。天使和魔鬼，资本的两张面孔会交替出现。"对于完善的所有权制度的推崇，不应该使我们无视

---

① 赫尔南多·德·索托：《资本的秘密》，于海生译，华夏出版社2017年版，第57页。
② 梅特卡夫定律（Metcalfe's law）是一个关于网络价值和网络技术发展的定律，以计算机网络先驱、3Com公司的创始人罗伯特·梅特卡夫的姓氏命名。梅特卡夫定律的内容是：一个网络的价值等于该网络内的节点数的平方，而且该网络的价值与联网用户数的平方成正比。该定律指出，一个网络的用户越多，那么整个网络和该网络内的每台计算机的价值也就越大。
③ 赫尔南多·德·索托：《资本的秘密》，于海生译，华夏出版社2017年版，第167页。
④ 赫尔南多·德·索托：《资本的秘密》，于海生译，华夏出版社2017年版，第43页。
⑤ 赫尔南多·德·索托：《资本的秘密》，于海生译，华夏出版社2017年版，第169页。

一个事实——就像马克思指出的那样——这些制度，也能够用来盗窃他人财产。"①资本的虚拟性正是在人类经济运转体系中同时兼具强大的驱动力和破坏力的根源——资本是发动机，也可能是核爆炸。

二、资本市场与信息技术

人类历史上的壮举——地理大发现开启了人类全新的时代，也是现代证券市场和现代大众传媒的起点。证券市场的出现反映了社会资本代替私人资本以满足经济对规模性资金的需求。现代大众媒体最早在欧洲的出现满足了社会对规模化、大批量的信息需求。证券市场发展曲线与信息技术的突破变革如影随形，和传媒行业的行进节奏同步，这种历史轨迹为资本即媒介这一论断提供了强有力的现实证据。

1.股份制、证券交易所与报纸

现代报刊是大众传媒最早出现的媒介形式。中国很早就发明了造纸术和印刷术，为人类文明做出不可磨灭的贡献。大约公元1世纪末，中国出现了蔡伦纸。公元8世纪末，造纸术经由当时的阿拉伯帝国传入了欧洲。"后来，它就以西班牙为中心逐渐向欧洲各地扩散。到14、15世纪，中国发明的纸张，终于取代沿用近千年的羊皮纸"。②纸张普及的意义在于它为印刷活动的开展提供了必不可少的条件。尽管在中国的唐朝即公元6世纪出现雕版印刷。到宋朝时，中国出现了毕昇发明的胶泥活字印刷术，但由于缺乏社会需要，中国这些印刷术主要是用来印佛经和宗教内容，没有将其用于新闻传播，真正对欧洲和西方历史产生重大影响的是15世纪40年代德国工匠古腾堡（Johannes

---

① 赫尔南多·德·索托：《资本的秘密》，于海生译，华夏出版社2017年版，第78页。
② 项翔：《近代西欧印刷媒介研究——从古腾堡到启蒙运动》，华东师范大学出版社2001年版，第22—23页。

Gutenberg）发明的金属活字印刷术。古腾堡印刷术对新闻事业的影响是："专为印刷而设计、并且只有通过印刷才可能制成的印刷品，特别是报纸和期刊，最早仅限于西方"。[①]

陈力丹认为现代报刊在欧洲出现是以五个条件为前提：（1）地理大发现后，欧洲的商业和工业从地中海贸易转向全球贸易，由此产生了对信息的规模化要求。（2）欧洲地理上进行贸易的关卡减少，形成连成一片的文明地区，传递信息的障碍也随之减少。（3）六个主要的欧洲民族经过文艺复兴运动，自然形成了各自的标准语言和文字，奠定了规模化新闻传播的语言文字基础。（4）古腾堡印刷术的发明，提供了规模新闻传播的物质技术条件。（5）文艺复兴后，文化从僧侣、贵族的垄断下向社会下层流动，为规模化新闻提供了社会受众群体。陈力丹认为："这五个条件，相互依存，缺一不可。没有第一个大背景条件，其他条件都不可能造成新闻传播的规模化；而其他四个条件，缺少任何一项，都可能使新闻传播的规模化难以为继。"[②]

地理大发现是现代报刊诞生的背景条件，这也是证券市场出现的历史契机。从事远洋冒险需要大量资金，这超出了当时私人资本甚至是国王、贵族们的财务能力。据说西班牙女王伊莎贝拉为了资助哥伦布的远航甚至卖掉了自己的珠宝。在筹集资金的过程中，荷兰、英国等国家发明了新的融资方式：将航海公司所需要的巨额资金分成小额，由股东进行认购。股东们利益共担，也分散了风险，万一航海探险失败，每个投资者损失有限，也不会倾家荡产。最初航海公司只限一次行程，每次远航归来，按股份分配所有的利润并连股本一起发还。后来随着贸易活动的频繁和规模扩大，股东们原来投入的股份变成永久股权。以后，股份就有了流通和交易的需要。以证券交易所为标志的证券市场也就应运而生。

---

① 马克斯·韦伯：《文明的历史脚步》，黄宪起等译，上海三联书店1988年版，第121页。

② 陈力丹：《世界新闻传播史》，上海交通大学出版社2002年版，第27页。

新的融资方式为欧洲远洋贸易公司提供源源不断的资金支持，这使得原来以地中海为中心的区域贸易转向全球贸易，"当大批商人转向全球贸易时，简单的手抄新闻显然不够了。市场经济向全球的拓展，要求规模化的新闻传播"①。"伴随着西班牙、葡萄牙、荷兰商人向全球的扩张，印刷术和最初简单的新闻公报式的新闻纸传到了全世界。"②1980年版的《大不列颠百科全书》里写道："被当作第一批真正的报纸（the first true newspaper）而看待的出版物，出现于1605—1610年。它有博杂的报道内容，同时还能规律地定期出版。其中最早的一份报纸是荷兰的《新闻报》（Nieuwe Tijdinghen）。该报由亚伯拉罕·费尔赫芬（Abraham Verhoeven）在安特卫普于1605年出版。"③现存最早的英文报纸是1620年出版的一份"科兰特"（coranto），是由荷兰印刷商Pieter Van Den Keere在阿姆斯特丹创办的。④

根据美国印刷史学家David Zaret的研究，在最初印刷术出现之后，"印刷将商业完全置于刊印产品的中心。与抄写产品经济不同的是，刊印产品经济越来越多地涉及计算、冒险及其他市场行为，印刷者必须粗略估计所印文本的需求量并以此调整生产"⑤。当时的印刷业充分面向市场，最早的一批报刊是印刷商或出版商为满足人们对经济信息的需求而创造出来的。股票的交易和买卖是当时人们经济活动的一部分，就如同人们的商品买卖活动一样，买家和卖家都在相互寻找。与此同时，人们希望获得更多的信息，来评判股票的价值，从而有利于自己的交易。有关股票的交易和动向成为当时印刷品的重要内容。

---

① 陈力丹：《世界新闻传播史》，上海交通大学出版社2002年版，第11—12页。

② 陈力丹：《世界新闻传播史》，上海交通大学出版社2002年版，第8—10页。

③ The New Encyclopedia Britannica[M]. 15th ed. Volume 26, 1986, p474.

④ 李彬：《全球新闻传播史》，清华大学出版社2005年版，第73页。

⑤ David Zaret. Origins of Democratic Culture: Printing, Petitions, and the Public Sphere in Early-Modern England[M]. Princeton: Princeton University Press, 1999, p95.

世界上最早的证券交易所和世界上最早的报刊同时出现在17世纪的荷兰。证券市场和大众传媒在历史的坐标轴上同一个时点的相遇并非偶然。证券市场和现代报刊分别反映了在地理大发现和全球贸易扩张这一时代共同的主题下欧洲社会所产生的融资需求和信息需求。报纸是最早的大规模、中心化大众传播，它的信息流从一点到多点，与股票市场融资活动所产生的资金流组成了方向相反而又连接的一对闭环。

罗素认为"17世纪时的荷兰是唯一有思想自由的国度，它的重要性不可胜述"。荷兰在17世纪初摆脱了西班牙统治后建立起人类历史上第一个资产阶级共和国。当时荷兰有"海上马车夫"之称，它拥有全世界规模最大的商船队，吨位数是欧洲的1/4。从历史记载来看，荷兰的对外贸易非常发达，而国力强盛也使得舆论环境较为宽松。荷兰东印度公司是在阿姆斯特丹上市的第一家公司。这家公司在鼎盛时期拥有超过150艘商船、40艘战舰、5万名员工与1万名雇佣兵的军队，股息高达40%。在认购股份的高潮时，光阿姆斯特丹一地就认购了一半的股份。可以想象，这样一个"航母型"规模企业对当时荷兰整个国家的经济都关系重大，与投资人的利益息息相关，自然也成为当时报刊关注的焦点。

当然，报纸不只加持股票市场的效率和价值，它还参与制造泡沫。阿姆斯特丹证券交易所诞生之后时间不长就迎来了荷兰郁金香投机热[①]，这是人类

---

① 17世纪初期，郁金香从土耳其被引入荷兰，荷兰人对这种植物产生了疯狂的兴趣。1634年，郁金香的抢购狂潮愈演愈烈。人们购买郁金香已经不再是为了内在价值和观赏，而是期望其价格能够无限上涨并因此获利。"在1635年，一种名叫'childer'的郁金香单株卖到了1615弗罗林，这个价格可以买14头公牛，可以买4辆豪华马车，可以买14000磅奶酪。"这种疯狂，持续了一年多的时间。除郁金香外的荷兰其他正常贸易和制造业受到忽视。荷兰的出口额开始下滑。1637年，泡沫破裂——荷兰出现了郁金香抛售狂潮。人们开始意识到，自己拥有的是花的球茎，而不是真正的财产。有经济学家估计，某个品种的郁金香球茎价格曾经在很短的时间内飙升26倍，却在一周内下降了95%，很多人在这场非理性的投资中倾家荡产。

历史上最早的金融投机泡沫。诺贝尔奖经济学家罗伯特·J.希勒认为"荷兰郁金香投机热"达到疯狂的程度，跟当时荷兰的报纸报道有关。"与当时其他国家不同的是，荷兰的报纸不仅刊登外国新闻，还可以刊登国内新闻。……许多在郁金香热结束后出版的其他小册子同样也保存至今，这些现存的小册子证明了当时印刷媒体发展程度之高，能够使郁金香热的情况如实地广泛传播。"①有关郁金香热的现存主要信息来源是当时荷兰国内印刷的小册子。1637年，一个出处不详的文件记载了两个投资者之间的对话，对话显示了当时投机情形。这些流传下来的小册子很好地说明了借助当时的印刷报纸，郁金香投机信息得到广泛传播。由此，希勒教授认为："投机泡沫的历史大约始于报纸出现之时。"②

2. 证券市场电子化/虚拟化

华尔街谚语说，市场的边界不超过信息所能到达的范围。股票市场的拓展要依靠信息的传播效率和传播范围。证券市场在发展的最早阶段，各种证券均为实物证券③。证券和股票交易依靠人工喊价撮合交易、手工记录的原始方式。买卖双方的讨价还价、证券的交割一般都需要交易者之间面对面地进行。1792年3月，在一棵梧桐树下，美国21个经纪商和3家经纪公司签订了著名的《梧桐树协议》(*The Buttonwood Agreement*)，这个协议主要目的是禁止场外交易，确保市场内的秩序。这一事件标志着美国证券交易市场出现了，而这就是纽约证券交易所（New York Exchange）的前身。④当时除纽约之外，

---

① 罗伯特·J.希勒：《非理性繁荣》，中国人民大学出版社2004年版，第92页。
② 罗伯特·J.希勒：《非理性繁荣》，中国人民大学出版社2004年版，第114页。
③ 20世纪80年代以前，证券都采用书面凭证的形式，即实物券形式。
④ 1817年，纽约证券和交易管理处成立，标志着纽约证券交易所的正式诞生。到目前为止，纽约证券交易所仍然是美国全国性的证券交易所中规模最大、最具代表性的证券交易所，也是世界上规模最大、组织最健全、设备最完善、管理最严密，对世界经济有着重大影响的证券交易所。

在美国其他地方如波士顿、费城等还存在很多大小不同的地方性股票市场。由于信息传递缓慢，这些市场各自独立，所能涵盖的区域非常小，相互之间影响也很小。

"在19世纪30年代，费城和华尔街之间铺设了一条旗语线。每隔6英里或8英里就安排一个人在楼顶或者山丘上，手中拿着大旗和望远镜。第一个人站在华尔街商人交易所（即纽约股票交易所所在地）的最高处，通过旗语向哈德逊河对岸新泽西市的人报告纽约股票交易所的开盘价格，大约30分钟后，开盘价格可以传到费城。"①当时在美国，纽约证券交易所是规模最大的证券市场，其他市场受纽约的影响但并不完全被纽约的价格所主导，因为当纽约的价格信息到达这些城市的时候，这些价格不是最新的，至少是30分钟前的。铁路出现后，市场之间用铁路来传递信息，速度比以前有了进步。当电报出现之后，这一切都得到了彻底的改变。

美国是一个金融帝国，也是传媒帝国，这两个事业的起点都是电子信息技术的诞生。从某种意义上来说，电报在19世纪50年代被发明出来，确保了纽约成为美国的金融中心进而成为全球金融中心。电报可以在几秒钟之内把纽约的价格传送到费城和其他的任何地方，完全不受天气的影响。全天24小时都可以传送。美国其他城市的金融市场立刻瓦解。"金钱总是有集聚的趋势，股票、债券、黄金很快就集中到了那些金融活动盛行的地方。流动的财富总量越大，这种特性表现得越明显。"纽约证券市场的辐射力借助电报这个新技术迅速扩展到美国全境甚至海外。"当这个金融中心（纽约）从牛市跌到熊市，它也会给这片土地上的每个州、每座城市和每个村庄带来巨大的混乱和冲击。"②

---

① 约翰·S.戈登：《伟大的博弈 华尔街金融帝国的崛起》，祁斌译，中信出版社2005年版，第74页。

② 约翰·S.戈登：《伟大的博弈 华尔街金融帝国的崛起》，祁斌译，中信出版社2005年版，第76页。

市场的范围随着信息技术的使用而不断扩大。"1929年的市场大崩溃中，纽约股票交易所创下了1600万股的日交易量纪录。……可是今天，每天9点30分市场开盘，9点30分01秒时，纽交所的交易量就超过了1600万股。1929年只有2%的美国人拥有股票，今天有超过50%的美国人拥有股票或共同基金。所以，在这个国家，过去几十年中发生的最大变化——更多人成为资本家。"[1]

由于强烈的利益驱动，证券行业是信息技术最热情的追随者。20世纪中期，当计算机技术问世后，没有一个行业像证券业这样迅速而广泛地应用计算机。"1965年，纽约证券交易所将自动报价与电子显示屏连接，使得所有在交易大厅里交易的人能够第一次同时看到股价。"[2]电脑技术在证券业广泛应用的一个直接变化是无纸化证券即电子证券出现，电子证券是将投资者所持有股票的情况输入电子计算机，以电子计算机所贮存的有关信息作为股权或债权的法律凭证。自20世纪70年代以后，各个国家的证券交易所引进了电子交易系统，实现了证券交易过程的自动化，电子证券很快取代了纸面有价证券。原来的纸质证券仅仅作为收藏品出现在人们的视野当中。在1994年，上海证券交易所建立了全国性的电子交易系统，它通过卫星传输技术向各地的证券营业部实时传送交易行情和各种公告消息。深圳证券交易所紧跟其后，也很快建立了这样的系统。截至2024年6月的统计数据表明，我国A股证券投资者数达到2亿人，成为全球投资者人数最多的国家。与此同时，中国上市公司数量已达5000家，位居全球第三，仅次于印度和美国。

如今，各国证券交易所内部大厅都是由一排排钢架和电缆支撑起无数的电视屏幕、显示器组成。这些仪器将全球所有的证券市场和主要的经纪公司连接在一起。各国的证券市场上依赖计算机强大的信息传递和处理功能，证

---

① 约翰·S.戈登：《伟大的博弈 华尔街金融帝国的崛起》，祁斌译，中信出版社2005年版，第329页。

② 约翰·S.戈登：《伟大的博弈 华尔街金融帝国的崛起》，祁斌译，中信出版社2005年版，第327页。

券市场"虚拟化"了。

证券市场就其本质而言，是指所有在这个市场上交易的人、机构以及他们之间的关系。证券的买卖交易结果不产生实物的流动，买卖双方交换的是契约——有关未来能获取收益所有权的契约，这种契约是看不见摸不着的，只是所有权凭证的信息。也就是说，证券交易的结果体现为信息的变动，体现为投资者账户中持仓品种和数量的变化。证券市场实现匹配买卖双方、链接价格和时间的功能就要依赖信息的流动。信息能够到达的地方才有交易发生。最初在通信技术不发达的情况下，信息的传递非常迟缓。人们为了占得投资先机，只能贴近交易发生的第一空间，也就是交易场所。当计算机将证券的买卖意愿高效率地撮合在一起时，市场就不再与某个具体的建筑或场所相联系，不再具有空间地理上的意义，而成为一套能够集中人们交易信息的网络。

互联网技术的出现对于证券市场具有更重大的意义。借助互联网信息，传递资本的交易和转移很容易跨越国家和地区的边界，这意味着全世界的证券市场在理论上已经能联为一体。证券市场的边界再一次得到大大的延伸。"技术正在迅速把股票交易变成一个无缝的全球性市场，全天24小时开放。"信息借助电子设备可以同时到达全球每一个投资者的显示屏上。在世界各个市场之间，资金流动的速度就如同信息传递的速度，这种变化对世界各个国家的证券市场来说，其意义是非凡的。在未来，投资者无论身处何时何地，只要身边备有一个联网的电脑，在交易时间内，投资者上网浏览大盘和个股的行情变化，还可以通过互联网下单进行股票的买卖交易，买卖不同市场、不同国家的股票，资金可以在各个账户中轻松调动。

小　结

当今时代，资本在不断推动社会分工的细化和深化。证券市场作为催化剂激发新兴行业从萌芽到蓬勃，这是社会的创新之源。2019年，科创板正式开板，截至2023年11月科创板上市公司数量已经达到2565家，总市值达6.26万亿元，科创板汇聚了代表中国高新技术产业和战略性新兴产业细分行业龙头的企业。

法国社会学家涂尔干关注在社会分工成为社会事实后所出现的社会隔膜和关系割裂。在社会分工成为普遍性社会现象之后，社会联结由职业、工作、家庭都特别相似所产生的机械团结（Mechanical Solidarity）转化为现代社会的有机团结（Organic Solidarity）。有机团结是建立在个人差异性基础之上的一种社会联结方式。分工的出现和深化，导致个人之间的差异性不断扩大，同时也使社会成员之间的相互依赖性越来越强。在有机团结的社会中，社会成员的个性化、个人自由和彼此之间的相互依赖是使社会成为可能的不同面向。劳动分工越发展，人的个性化发展空间越大，就越需要紧密的联结以实现社会的整合。

资本代表着现代社会的有机联结。马克思早就认识到资本的意义不仅在于经济领域，它还有力地打破了地域壁垒和精神枷锁，实现了更广阔的普遍联结。"资本具有伟大的文明作用，它摧毁一切阻碍生产力发展，扩大需要，使生产多样化，利用和交换自然力量，精神力量的限制。"[1]资本将普遍交换各种不同气候条件下的产品和各种不同国家的产品，既要克服民族界限和民族偏见，又要克服自然神化现象，克服流传下来的在一定界限内闭关自守满足于现有需要和重复旧生活方式的状况。"[2]

资本的交易和流动带有非人格化的特征，比起礼物交换、子女养老、宗族互助、村社救济等传统血缘和地缘群体的互惠互助，资本是在陌生人之间

---

[1] 《马克思恩格斯全集》第四十六卷（上），中央编译局马克思恩格斯列宁斯大林编译部，人民出版社2006年版，第393页。

[2] 《马克思恩格斯全集》第四十六卷（上），中央编译局马克思恩格斯列宁斯大林编译部，人民出版社2006年版，第332—333页。

进行价值交换。保险公司可以将个体的风险转移到更广泛的人群甚至整个社会。在资本市场中，人们不需要共同的宗教信仰和文化规范，只需要对市场的共识信任、完善的商业契约合同和有效率的执行机制。陌生人之间利益共享、风险共担基础上的联结能够聚集更多的经济力量和资源。金融契约不断创新，对社会中不同政治地位、不同社会阶层、不同职业身份、不同利益群体的诉求进行协调平衡。"证券市场并非单纯的融资场所，而是一种综合性的资源配置机制，以证券化的股权为中介，对包括资金、技术、人力资本在内的社会资源进行配置。"[1]罗伯特·希勒认为金融的民主化可以实现社会成员利用金融手段进行风险管理，从而降低损失，带来更好的社会。

上市公司是资本媒介的核心和实物载体，连接了方方面面的利益相关者（Stakeholder）。这其中包括公司的员工、客户、经销商，产业链条上下游的企业，为之服务的会计师事务所、律师事务所。随着股份公司的规模不断增长，其卷入的相关利益方也日益延伸到各个社会阶层。客户、员工和投资者是其中最重要的利益群体，又以客户群体人数最多。当今的互联网巨头Google和Facebook在全世界拥有超过20亿个用户。腾讯和阿里在中国也拥有国民级用户。腾讯公司公布的数据显示，截至2020年第三季度，微信以及WeChat全球的活跃用户达12.1亿。

公司全球化是经济全球化的缩影。在全球经济一体化的当今时代，各个国家和地区的不同经济体都融入到一种复杂的全球化文明当中。最早出现的荷兰东印度公司就超越了国家的界线。荷兰东印度公司的可转让股份是其竞争对手英国东印度公司股本的10倍，在当时同类公司中规模最大、数量最多，是整个欧洲投资者都可以交易的金融资产。从1602年3月出现到1795年倒闭，荷兰东印度公司一直在阿姆斯特丹证券交易所中占有重要地位。跨国企业是在全球范围内进行资源配置，从埃克森·美孚、通用电气、强生、中石油到

---

① 罗伯特·J.希勒：《非理性繁荣》，中国人民大学出版社2004年版，第92页。

新兴的阿里巴巴、京东等公司不仅将产品和服务输送到全世界各地，更是在全世界范围内拥有不同国家的股东。人类共同体的命运伴随着金融市场的律动，资本在分工不断细化的当今社会成为黏合剂和有机团结的纽带。

当然，资本的连接并不意味着友好、平等和公正。消费者、生产者和投资者之间的关系是一荣俱荣，一损俱损。当金融市场崩溃时，投资者就会减少投入企业的资金，生产者和消费者都会因此受到影响。另外，他们之间也可能是此消彼长。资本为了实现扩张目的，一方面为消费者制造虚假需求，诱使他们过度消费，让消费者充当销售商品的市场；另一方面，资本压榨工人剩余价值，以投入无止境的再生产。以平价、优质、多样化商品而深受各国消费者欢迎的零售巨擘沃尔玛（Walmart）和好市多（Costco）就曾经受到媒体批评。这两家零售企业为了股东的利益，压低员工保险和福利，通过雇用临时工代替长期工的做法节省人工成本从而提高财务利润。法国经济学家托马斯·皮凯蒂（Thomas Piketty）在其著作《21世纪资本论》中分析大量经济数据之后尖锐指出，在过去的300年里，在整个世界的范围内，资本的投资回报率高于经济增长率，也高于普通劳动工人的收入增长率，这是贫富差距不断扩大的现实原因。此外，在历次国际金融危机中，贪婪而疯狂的资本都是始作俑者。当危机发生时，金融霸权都试图在世界范围内转嫁危机，国家之间围绕着金融利益发生冲突和摩擦也成为贸易战和经济战的一部分。

第三章　金融的偏向

　　1946年，哈罗德·伊尼斯完成了经济史著作《现代国家的政治经济》。此后他连续出版了三部有关传播学的著作《传播的偏向》、《帝国与传播》与《变化中的时间观念》，由此奠定了他媒介环境学先驱的地位。有很多人对哈罗德·伊尼斯从经济史到传播学的跨学科转向感到迷惑。在伊尼斯的研究生涯中，有一条主线是非常清晰的，这就是将权力结构及其关系置于其研究的中心位置。在进入媒介研究时，不同于麦克卢汉关注媒介如何影响受众心理与社会感知，伊尼斯的研究围绕媒介如何影响权力运行和社会运转。哈罗德·伊尼斯从不同偏向的媒介技术切入，谈到社会结构、文化变迁、权力扩张。"传播媒介的性质往往在文明中产生一种偏向，这种偏向或有利于时间观念，或有利于空间观念。"[1]伊尼斯认为一切文明都是靠对空间领域和时间维度的控制而存在。不同传播技术各有其传播偏向，这些偏向决定了社会组织的形式，也决定了文明兴起和衰亡。

　　与伊尼斯把传播作为历史运转的轴心有着相同的思路，威廉·戈兹曼从金融技术的角度来解释人类文明的进程。"金融在过去的5000年里一直是人类社会发展不可或缺的组成部分。金融对城市文明的诞生、古典帝国的兴起以及对世界的探索都发挥了关键的作用。"金融大分流是在工业革命之前影响了东西方社会不同历史走向。威廉·戈兹曼认为一个复杂的金融系统可以在完全不同的基石上发展起来，中国历史上所出现的金融思想和金融工具不同于

---

① 　哈罗德·伊尼斯：《传播的偏向》，何道宽译，中国传媒大学出版社2013年版，第45页。

古代西亚及地中海。"中国的早期金融创新包括铸币、纸币、汇票，各种各样的纸质证券。中国以自己独有的方式应对了文明社会在时间和空间上面临的各种复杂经济问题的挑战。"[①]相比，在欧洲诞生了人类最早的国债、股份制公司和证券市场，中国古代证券金融是缺失的，借贷金融发展缓慢，唯独货币金融全世界领先——唐代的飞钱、宋朝的交子，还有在元朝时出现了人类历史上最早的法定纸钞。从管仲开始的古代中国政府更热衷于把金融作为"治国之术"。中央集权国家利用统一的货币进行全国物资管理和调度军事资源。中国和西方国家金融技术的不同偏向昭示两种不同的文明和国家的命运。

一、作为社会技术的金融[②]

金融的起源与人类文明同步。"金融的本质是做事的技术"，如果将金融史看作一部有关技术的故事，它的主题就是人类在满足无限欲望时力图解决资源有限性的瓶颈所做的各种努力。文字被发明出来是为了记录金融合约，可以说文字就是最早的金融工具。这种手段随着时代和技术的进步而逐渐演化，从最初陶片上的文字、有刻痕的木棍和木块，之后变成密封的羊皮纸、印刷的纸张，以及今天的电子文档、互联网时代的数据库等。在记录手段之外，人类创造出了复杂如货币、债券、信贷、股票、保险和期货等金融工具，极大地提升了人们抵御风险和高效配置资源的能力。在当今世界，投资银行家还在每时每刻地感受到灵感的启发而设计出新的金融工具推向市场，这些金融工具在市场中要被恰当地分析、评价、交易和保存，这其中的一部分就

[①] 威廉·戈兹曼：《千年金融史——金融如何塑造文明，从5000年前到21世纪》，张亚光、熊金武译，中信出版社2017年版，第8页。

[②] 陈志武对金融的定义是所有涉及价值或者收入在不同时间、不同空间之间进行配置的交易都是金融。金融学就是研究跨时间、跨空间的价值交换为什么出现、如何发生、怎样发生等。本研究采纳这个定义。

成为金融工程师和投资者所永久使用的手段和产品。

金融让不同的人群发现利益一致性并促成人类之间协同合作，它在利益共享、风险分担的基础上追求资源集中和能量积蓄从而完成历史的重大事件，如地理冒险和远航，筹备对外族战争，还有经济增长等。从这个意义上看金融是促进社会和平、共享的技术，它与时俱进，在人类社会更新迭代的融资需求中持续而广泛地深入连接社会。

1. 金融创新是思想革命

威廉·戈兹曼认为金融有两个维度：金融的硬件和软件。硬件是指金融架构，它包括在如今的金融学课堂上所传授的一切内容，公司、银行、货币、期货、债券、股票还有相关的法律制度等。从这个角度来说，金融是"一个涵盖计数、记录、算法和诸如微积分、概率论等高级数学方法的分析系统"[1]。这也是多数人对金融的认识和理解。而"在更深的层次上，金融是一种思想体系，一种形成和解决有关金钱、时间和价值等复杂问题的方式。从本质上来说，这就是金融的软件"[2]。金融行业的发展与人类的思维状态保持同步更新，两者彼此砥砺迭代。金融的演进是人类思维能力升级迭代的历程，金融史也是人类思想观念史的一部分。对于商业世界来说，金融是一台神奇的时间机器，它让财富在时间的轴线上移动、组合。金融可以将未来的价值折现到现在，如消费信贷可以让借贷者奇迹般地"召唤"出一件自己不曾拥有的房产、汽车或者一次豪华旅行。对于国家来说，发行公债代表了未来的资源转移到现在，将众人手中的资源集中起来用于军事和工程。对于投资者来说，金融也可以将价值转换到未来，如股票投资将资金投给企业的经营者和生产

---

① 威廉·戈兹曼：《千年金融史——金融如何塑造文明，从5000年前到21世纪》，张亚光、熊金武译，中信出版社2017年版，第19页。

② 威廉·戈兹曼：《千年金融史——金融如何塑造文明，从5000年前到21世纪》，张亚光、熊金武译，中信出版社2017年版，第19页。

者，通过延迟自己的消费满足以期获得未来更多的价值。这种金钱与时间之间的概念化和量化联系是金融思想的重要内容。

麦克卢汉认为货币和价格最早出现在人类社会中是人类思维发展进化的结果，人类要具有象征和抽象的思维能力才能接受货币作为交易的中介。"无文字的社会非常缺乏心理资源去创造和维持统计信息的庞大结构，这种结构我们称之为市场和物价。"沿着这个方向，麦克卢汉还认为西方的拼音文字更有助于商品交易和市场扩展。"对西方人来说，读写文化长期以来就意味着管道、水龙头、街道、装配线和库存目录。也许读写文化最有说服力的表现，是我们统一的价格体系，这一体系扩散到遥远的市场，加速了商品的周转。"[①]从人类理性和知识的发展历程看，解决有关货币的需求是数学科目的最高级问题，人类数学中有关负数和0的概念，还有会计学中复式簿记（double-entry bookkeeping）法都源自对负债和资产的描述。

在中世纪的欧洲，为时间定价这种金融思想曾经是教会和商业世界最冲突的部分。商人眼中的时间与教堂眼中的时间发生了冲突。教会认为时间是属于上帝的，放贷意味着对时间的偷窃。

宗教教会对债务的敌意可上溯到亚里士多德。亚里士多德认为债务的罪恶不是它给借款人造成的痛苦，而在于金融挑战了上帝创造生命的过程。"高利贷从货币本身谋取利益，而不是通过货币的自然用途获利。货币本来是用于交换的，不是用来增加利息的。意味着以钱生钱的高利贷一词，之所以会被用在钱的增殖上，是因为其产物与母体相似。在所有致富方式中，高利贷是最违背自然的。"贷款（loan）一词与生命（life）一词看起来接近，在中世纪的欧洲宗教教会看来，用钱生钱——一种无生命的东西，却能繁衍生息，这是人类创造的超越神权的怪物。金融被视作违背自然的异端，是违背神谕

---

① 马歇尔·麦克卢汉：《理解媒介：论人的延伸》，何道宽译，译林出版社2011年版，第59页。

的技术。在教会看来，金融导致堕落，会将人引入歧途。

12世纪威尼斯公债是人类有史以来首次由政府发行的公债，它导致了一场欧洲的哲学讨论和道德危机。1172年，为了应对拜占庭帝国的威胁，威尼斯开始募款用于购买舰船进行战争准备。威尼斯政府创新了融资方式——发行公债。威尼斯政府强迫每位市民按照祖传遗产数额向政府提供贷款，威尼斯政府以税收收入作为保证承诺在本金全部偿还之前每年支付5%的利息。这次战争的结果是事实上它根本没有发生——威尼斯不战而败。威尼斯由120艘船组成的船队浩浩荡荡出发，停泊在小亚细亚的海岸。拜占庭皇帝佯装愿意谈判来拖延时间。在谈判一再被拖延的过程中，正准备突袭对方的威尼斯士兵中出现了瘟疫。瘟疫迫使威尼斯海军撤兵。总督带着残病的队伍回到威尼斯，不仅带回了坏消息还带回了瘟疫。他被愤怒的暴民杀死。当时羸弱的威尼斯共和国已经无力偿还对公众贷款的本金，但支付利息被永久地保留了下来。

1262年，威尼斯的债务在新《债券法》中被固定了下来，这跟当时教会的教义发生了直接冲突。天主教会的禁令把作为国家债权人的威尼斯投资者置于道德上模糊不清的境地。神学界为此展开了激烈争论，在讨论当中，人们设想时间的方式由于债务的出现发生了很大的变化。紧接着，欧洲其他城邦国家继续使用这种金融创新，佛罗伦萨、热那亚和米兰等采取了类似债务融资方式来为政府的军事活动融资。具有讽刺意味的是，从13世纪到18世纪罗马天主教的高利贷法一直反对收取利息，而这个时期恰恰是欧洲金融活动和金融创新最活跃的时期。伊斯兰教的古兰经也禁止放债，而用于计算复利的数学正是在这种情况下从中东流传到欧洲的。世俗的商业活动最终扭转了人类对于时间的认知，这种认知的改变和提升突破了神权的禁锢，把人类的时间从神手中解放出来，这也成为文艺复兴从神到人思想解放的一部分。

人类在应对和解决金融问题的过程中不断迭代知识技能，由此完善和丰富了文明。人类最早的文字是用来记录债务和契约的，人类最早的法律出现在雅典黄金时代就是为了平息有关金融的诉讼。人们为了准确计算复杂条件下金融产品的价值，在数学技能上不断精进。威尼斯和佛罗伦萨发行的公债基金从1309年到1502年的年度价格序列数据，是至今能找到的最早证券价格时间序列数据。财富在时间序列转移价值产生了不确定性。不确定性意味着风险。当面对未知的未来，人们借助概率来评估未来的风险。概率论可以被看作对未知事物进行有序处理的方法。人类利用概率工具处理统计数据，将最复杂的情形转化为数学问题。欧洲很早使用概率论来为投资者的终身年金定价。

金融史学家认为中国历史上也有过关于概率论的思想和实例。宋代著名的女词人李清照撰写过一本关于数学的小册子，记述了她发明的抛掷三枚骰子的游戏"打马"，并列举了导致每一种游戏结果的所有不同组合，但她没能继续下一步：用频率求概率。中国的专业赌徒是知道如何计算自己的赢面，但这种知识没有转化成更高级的数学或者理性的论述。16世纪，利玛窦（Jesuit Matten Ricci）等传教士开始把数学经典翻译成中文，但遗憾的是中国缺乏使用这些数学计算的金融场景：没有金融市场和金融工具社会性匮乏，数学学科也就失去了"增长"和普及的动力。在欧洲，人们由于自身利益的需求要面对永续年金之类的金融产品估值问题，从而极大地促进了概率论方法、会计技术和贴现业务的发展，而这种理论和技术反过来又推动了金融工具和金融市场的进一步发展。

历史上一种全新的金融组织架构——公司，也是欧洲对世界的贡献之一。出现时间最早的股份公司可以追溯到罗马共和国时期。1407年，意大利城邦热那亚在公共财政方面采用一种全新的方式。这座城市的主要债权人创立了一个独立的金融机构用于承担热那亚所有的未偿付债务并控制着城市主要收入来源。这家机构具备了最早公司的雏形，由股本分割出来可以买卖的股票被视为最早的金融资产，股东的角色首次出现在人类历史中。股权强有力地将市民的利益同整个城市的公共利益联系起来，这种利益的一致性甚至超过了威尼斯人的政府军事公债。股东们参与了热那亚城的财政管理，他们还能在财政运行高效时分享经济收益。

有关公司和股权的金融概念不断被现实的需求推动、创新。位于法国南部图卢兹加龙河畔的巴扎克勒公司，是人类历史上第一个现代意义上的公众公司，它也成为金融史上一个重要的里程碑。巴扎克勒公司最早的主营业务是经营磨坊，在一次水灾中，洪水毁坏了磨坊。巴扎克勒公司需要新的资金来修缮磨坊，它于是创新出了向新股东增资扩股的方法以应对危机——这种方法就逐渐演变为现代金融市场上的增发融资。巴扎克勒公司从1372年成立历经800年之久，存续到19世纪末，它最终改制成了一家上市股份有限公司，变成了如今图卢兹电力公司的一部分。法国这家磨坊公司的"长寿"可归功于欧洲被广泛接受和尊重的契约财产权，市民们严守契约让这家公司历经战争和政权更迭而得以保留，存活下来直至现在。

股份、股份制和证券市场在地理大发现和海外殖民时代作为新的融资手段和制度被设计出来，其目的是筹集远洋贸易所需的巨额资金。股东们认购小笔资金成为远洋公司的所有者，股东由于共同的利益被聚集在一起。英国的东印度公司创立于1600年，荷兰东印度公司创立于1602年，作为人类历史上最早的股份公司，这两家公司都享有"国民公司"的待遇。它们获得本国政府颁发的特许状，拥有对海外殖民地的特许经营权，它们拥有军队，还可以收税、铸造货币、缔结盟约等。这两家公司的股票也为本国国民所广泛拥有。当时用于海外探险的投资要锁定很长时间，为了补偿投资者长期资本投入所带来的风险，投资人所持有的股份被规定只承担有限责任并可以自由交易，这种改变具有重要意义。为了给荷兰东印度公司的股票提供流动性和交易，阿姆斯特丹的证券市场应运而生，这个重大的金融创新带来了人类历史上最早的证券交易所和全新的社会分工和行业——证券业。金融的历史正是在金融市场和人类对融资关系认知的持续碰撞互动中不断演化。

2. 资本主义民主之根

金融史学者詹姆斯·麦克唐纳德（James Macdonald）在他的著作《民主的金融之根》（*A Free Nation Deep in Debt: Financial Roots of Democracy*）中描述了这样一个历史现象。如果把1600年时期的国家分为两种类型，第一种类型的国家是藏富于国，如中国的明朝国库里存有白银100多万两，印度是6000多万两，而土耳其帝国的藏金是1600多万块。这些国家大多是中央集权的国家。第二种类型是负债累累的城邦国家，如英国、西班牙、法国、荷兰、意大利等，这些国家为了战争和海外探险总是不断地在借债、发债。在接下来的400年中，两种类型的国家命运发生了逆转，到了20世纪，那些负债累累的国家基本上变成了民主发达国家，而那些曾经"库藏万金"的国家都变成了发展中国家。[①]

詹姆斯·麦克唐纳德认为在古代，战争的压力让政府必须筹措资源以备不时之需。统治者最怕国家出现危机、社会动乱而国库没钱财政入不敷出。应对这种危机的手段无非有两种，一是事先多存钱，二是战时加重税以筹集军费。由于权力缺乏制衡和监督，这些国库里被积攒的社会财富总会被少数利益团体所把持并出现贪污腐败。重税会导致民不聊生，高压之下引发社会动荡。当公共融资（public borrowing）即发债的技术出现在中世纪的意大利城邦国家时，权力的天平开始发生倾斜。发债比之税收具有优越之处：税收是在政府和公民之间"切蛋糕"，当权力缺乏约束时政府总会欲壑难填，产生过重的税负，国民所得到的份额越来越小，最后民穷财尽，流寇四起，朝代更替；发债是用政府的未来税入做抵押，要在将来把蛋糕做大之后再进行分配。与全民性的、强制性的税收不同，发债是局部性和契约化的，避免了征税对于全体居民所产生的冲击。意大利城邦国家通过债务将私人财富转变

---

① James Macdonald. A Free Nation Deep in Debt: Financial Roots of Democracy[M]. Priceton: Priceton University Press, 2006.

成财政和军事力量，以征服更多的附属国，控制更多的殖民地。市民借债给政府也意味着与统治集团共命运，不得不支持他们，债务债权关系扩大了权力的社会基础，这个过程降低了国内市场的保护成本，也巩固了政权的稳定性。

意大利城邦国家的政府通过发债创造了在税收之外的收益。这并非是政府财政强大的表现，而恰恰是弱小的政府迫于军事压力和政治危机之下的权宜之计。当时意大利的城邦国家无力收税，征税周期太长也无法满足迫在眉睫的战争需求。马克思说："公共信用制度，即国债制度，在中世纪的热那亚和威尼斯就已产生，到工场手工业时期流行于整个欧洲。殖民制度以及它的海外贸易和商业战争是公共信用制度的温室。"[1]

国债以契约明确政府和居民的债权债务关系。在融资完成之后，一个具有流动性的国债二级市场就出现了。1262年，威尼斯政府把众多短期债合到一起，变成了一只意大利文名为"Mons"的长期债券基金持有。这只基金的份额证券化后被取名为"Prestili"分售给了投资者。Prestili算是现代资产证券化、债券和股票市场甚至公共基金的起点。最初Prestili只有威尼斯人可以买卖。到14世纪中期，外国人也可购买这些债权基金股份。这只基金还可以在市场上随便转手交易。国家信用从虚拟的概念转化为可以循环使用的活水，围绕着政府债券的流动和交易，投资者开启了非常复杂的对风险与收益评估和计量的模式，产生了多种多样的金融技术，民间的投资市场得以出现并活跃。"公债成了原始积累的手段之一，它像挥动魔杖一样，使不生产的货币具有了生殖力，这样就使它转化为资本。"[2]当民间的投资回报率超过国债的利率时，整个社会的财富是增长的。这意味着政府在未来可以获得更大的税基，

---

① 马克思：《资本论》第三十四卷（上），中央编译局马克思恩格斯列宁斯大林编译部，人民出版社2006年版，第245页。

② 马克思：《资本论》第三十四卷（上），中央编译局马克思恩格斯列宁斯大林编译部，人民出版社1975年版，第275页。

政府和市民实现双赢。

马克思指出资本主义革命和资本主义制度的形成，不是生产力革命，而是以深刻的金融革命为标志的。国债在政治上具有制度性意义，对欧洲现代国家的塑造和世界战略格局具有重大影响。债券把威尼斯人变成了国家的债权人，创造了政府和市民之间的债务人和债权人的崭新关系。所谓资产阶级，就是由那些"借钱给欧洲的国王们打仗的"私人发展而来。在借债之后，一套法律制度被创立来维护债权债务契约的执行。"借债使政府可以抵补额外的开支，而纳税人又不会立即感到负担，但借债最终还是要求提高税收。"①西方最早的财政制度，从根本上说就是一个收割纳税人以偿债的制度，甚至西方的议会制度也是在罗马的包税制度和意大利的公债制度推动下出现和演进的。最初的议会代表就是由政府的借款人和税务人组成。欧洲的契约社会和法制社会也就这样慢慢形成了。马克思所说的金融革命最初体现为公债制度和国家财税制度。这两个制度在推进欧洲民主化进程的同时也提升了欧洲国家的经济能力，还有对外扩张能力。

在1600年左右，靠国债发展的西欧发展出越来越活跃和繁荣的债券市场，其筹措资金的效率越来越高，其标志就是利率不断降低，以英国为例，它的国债平均利率从6.3%左右降至4%左右。与此同时，英国等国家在大西洋、印度洋的贸易给国债带来日益上升的投资回报。金融市场的价格发现功能展现出民众对政府偿债能力的信心指数。不同政府的信用在市场上体现为对风险的指标——债务利率的差异。詹姆斯·麦克唐纳德在研究中发现"那些具有代议制的国家比专制政府（those with autocratic governments）发债的成本更低"。议会是国家的永设机构，其信用自然好过那些朝令夕改甚至自身朝不保夕的国王。英国国债的利率是法国国债的一半，英国可以用更低的成本融集

---

① 马克思：《资本论》第三十四卷（上），中央编译局马克思恩格斯列宁斯大林编译部，人民出版社1975年版，第290页。

资金来进行军事殖民扩张和争夺，这为英国在英法战争中取胜，也为英国在全球建立日不落帝国的霸权提供了雄厚的经济基础。

二、金融大分流

威廉·戈兹曼认为中国历史上并不缺乏金融思想和金融工具，中国对金融史的重要性是被低估的。"中国的早期金融创新包括铸币、纸币、汇票，各种各样的纸质证券。中国以自己独有的方式应对了文明社会在时间和空间上面临的各种复杂经济问题的挑战。"[①]他对比中国和古代西亚及地中海文明的早期金融发展，得出的结论是复杂的金融系统可以在完全不同的基石上发展起来。

1. 轴心时代

德国思想家卡尔·雅斯贝尔斯在《历史的起源与目标》一书中，第一次把公元前500年前后同时出现在中国、希腊和印度等地区的人类文化突破现象时期称为轴心时代。轴心时代的代表性人物分别是孔子（前551—前479年）、毕达哥拉斯（前570—前495年）和释迦摩尼（前563—前483年）。这是"人类历史上第一个将理性探索的原则应用到解答人的存在这类重要问题上的时期"。"我们把这一时期称为'轴心'时代，非凡的事件在这一时期层出不穷，在中国出现了孔子和老子，哲学百家争鸣……在印度，这是奥义书（the Upanishads）和释迦摩尼时代，与中国一样，所有哲学流派，包括怀疑论、唯物论、诡辩派和虚无主义，都是在这个时代成形的。"[②]

对于轴心时代这一现象不少历史学者都试图进行梳理，但到目前为止还

---

① 威廉·戈兹曼：《千年金融史——金融如何塑造文明，从5000年前到21世纪》，张亚光、熊金武译，中信出版社2017年版，第8页。

② 卡尔·雅斯贝尔斯：《智慧之路》，柯锦华、范进译，中国国际广播出版社1988年版，第76页。

没有令人信服的解释。人类学家注意到轴心时代中的先贤们所出现的时间和地点恰好与人类历史上最早出现金属硬币的时间和地点相同。金属铸币是用金银等贵金属铸造而成，本身具有价值，其标准化的重量和便于携带的特点提高了交易的效率。历史学家希罗多德所著的《历史》记载：公元前6世纪在希腊的小城邦吕底亚和伊奥尼亚[①]开始使用金属硬币。历史学家认为，这个时期出现的硬币不是为了满足市场需求，而是出于军事需要。[②]希腊人是狂热的战士，当时希腊对内、对外的战争频仍。希腊的第一部文学著作《伊利亚特》就描绘了这样的时代图景。希腊统治者在动员军队方面开支巨大，他们运用铸币作为新的流通手段。由于这些金属硬币过于珍贵，不适合用于购买面包等日常小型交易，主要用于发放士兵的津贴、支付给军队的供应商，还有收税。

中国出现铸币的时间与印度和希腊大致相同，在春秋战国时期，代表性的铸币有青铜币、布币、刀币和环钱。与地中海沿岸情况不同的是，中国的铸币并非金银，而基本上是小额的铜钱。这些钱通常有一个小孔，便于串起来。由于这样的铸币价值低，大额的交易通常需要大量的铸钱。历史学家对此的解释是，相比于西方的军队，春秋战国时代的军队虽然人数不少，却算不上职业化，报酬也不丰厚。从这个时候开始，中国历代统治者都小心地确保这种情况维持下去，以避免军队成为独立的权力基础。这显示出中国古代的硬币有着不同于西方的发展道路。

世界上最早出现铸币的地方诞生了人类的先哲和圣人，这些地方是人类早期宗教和哲学创新的中心：中国黄河流域、北印度恒河流域和爱琴海沿岸。这些区域当时相互独立，却处于同样的社会状况：城邦小国林立，战争不断，

---

① 在今天的土耳其境内。

② Michael H. Crawford. Money and Exchange in the Roman World[J]. Journal of Roman Studies, 1970, 60(1): 40-48.

军事力量被强化。

在这一时期，中国还出现了古代社会最早的公债。周朝最后一个天子周赧王姬延听从楚国使臣的建议以天子的名义诏令六国共同伐秦。周赧王还拼凑了一支6000人的部队，但周王朝国库空虚，周赧王向民人订立字据承诺归还。最终联合伐秦的军事计划泡汤，周赧王借的钱全部花完，周赧王只好筑起一座高台，后人称此台为"避债台"，这就是债台高筑成语的由来。这也是目前发现中国有资料记载最早的公债①。有学者提出不同意见，认为周赧王的债务是君王的私债，离现代意义上的公债有所不同。

中国最早有关货币和金融思想的论述出现在春秋战国时期。《管子②》一书是稷下法家推崇管仲之作的集结。管仲很早就认识到货币与商品之间的关系，"币重则万物轻，币轻则万物重"，这甚至是人类最早的有关货币通胀的论述。管子对当时齐国君王齐桓公建议说："以珠玉为上币，以黄金为中币，以刀布为下币。三币握之则非有补于暖也，食之则非有补于饱也，先王以守财物，以御民事，而平天下也。"这是2700多年前雄才大略的国家管理者管仲对货币的认识和定位。货币不能当吃，也不能抵穿，却能起到管理国家，抵御外敌，平定天下的作用，即"以守财物，以御民事，而平天下"。

管仲将金融视为中央统筹国家经济的手段。他最早认识到金融是比战争更厉害的武器并且成功付诸实践。管仲是货币战、金融战的鼻祖，他在帮助齐桓公成就霸业的过程中，熟练地使用了贸易战和金融打击的方式，摧垮了附近的鲁国、梁国、莱国、衡山国、莒国，还有楚国。这在《管子》中有

① 原文见东汉·班固《汉书·诸侯王表序》："有逃责（债）之台。"唐·颜师古注："服虔曰：周赧王负责（债），无以归之，主迫责急，乃逃于此台，后人因以名之。"
② 管仲（约前723—前645年），中国古代著名的经济学家、哲学家、政治家、军事家。齐桓公元年（前685年），管仲担任国相，并被尊称为"仲父"。管仲任职期间，对内大兴改革，富国强兵，对外尊王攘夷，九合诸侯，一匡天下，辅佐齐桓公成为春秋五霸之首。《管子》是稷下学派的论文集，记录了管仲的施政措施及一两百年间稷下学派的学说与思想，反映了齐国较长时期的政治与思想。

记载^①。

公元前221年，秦统一六国后，"书同文，车同轨"，对货币和文字都进行了统一。"秦兼天下，币为二等：黄金以溢为名，为上币；铜钱质如周钱，文曰'半两'，重如其文。"^②秦朝所推行的货币形制——秦半两钱外圆内方的设计也延续了千年。秦朝对货币的统一奠定了由国家来控制货币、全国只有唯一货币体系的原则。自秦以后，统一的货币成为中国历代王朝统一的主要标志，也成为维系大规模共同体的政治和经济工具。

不同于西方金融是在民间商业贸易的场景中孵化，中国古代政府始终将金融工具掌握在手中，把金融视为治国之术。在中国古代历史中，货币金融世界领先，元朝时甚至出现了人类历史上最早的纸质法币。有学者认为，这种模式对大一统和中央集权的权力机制起到了很好的助力作用，但它极大地抑制了民间的金融创新和金融活动。证券金融形式，它体现利益一致性，在平等和分享基础上实现社会资源集中，但在中国古代始终没有出现。

---

① 具体内容见《管子·轻重戊第八十四》。桓公曰："鲁梁之于齐也，千毂也，蜂螫也，齿之有唇也。今吾欲下鲁梁，何行而可？"管子对曰："鲁梁之民俗为绨。公服绨，令左右服之，民从而眼之。公因令齐勿敢为，必仰于鲁梁，则是鲁梁释其农事而作绨矣。"桓公曰："诺。"即为服于泰山之阳，十日而服之。管子告鲁梁之贾人曰："子为我致绨千匹，赐子金三百斤；什至而金三千斤。"则是鲁梁不赋于民，财用足也。鲁梁之君闻之，则教其民为绨。十三月，而管子令人之鲁梁，鲁梁郭中之民道路扬尘，十步不相见，绁缫而踵相随，车毂齰，骑连伍而行。管子曰："鲁梁可下矣。"公曰："奈何？"管子对曰："公宜服帛，率民去绨。闭关，毋与鲁梁通使。"公曰："诺。"后十月，管子令人之鲁梁，鲁梁之民饿馁相及，应声之正无以给上。鲁梁之君即令其民去绨修农。谷不可以三月而得，鲁梁之人籴十百，齐籴十钱。二十四月，鲁梁之民归齐者十分之六；三年，鲁梁之君请服。

② 见《汉书·食货志》，《汉书·食货志》取材于《史记》中的《平准书》，分为上下两卷，上卷讨论农业经济状况，下卷即货币和商业情况。

2. 从李约瑟之谜到金融大分流

1954年，英国学者李约瑟（Joseph Needham，1900—1995年）出版了《中国科学技术史》（*Science and Civilization in China*）第一卷，轰动了西方汉学界。这本书引用大量翔实资料证明中国文明在世界科学技术史中的地位。《中国科学技术史》共出版18卷，成为一部世界研究中国科技史最完备、最深刻、最具特色的里程碑式的著作。李约瑟几乎凭借一己之力引发了对以西方为主文明史的重新思考。

在《中国科学技术史》中，李约瑟关注到10世纪前后的宋代中国是当时最先进、最文明的国家。中国四大发明中有三项都是在宋代完成的——活字印刷术、指南针、火药。指南针被用于航海，印刷术得到重大改良，火药用于军事。从经济增长看，10至15世纪，中国位居第一，GDP占世界总额的三分之一。1078年，即宋神宗元丰元年，中国钢铁产量为7.5万—15万吨，与此对比的是1720年工业革命前夕，英国钢铁产量为1.7万—2万吨。中国在宋代几乎具备了18世纪英国工业革命发生时所必需的经济条件，李约瑟由此发问："尽管中国古代对人类科技发展做出了很多重要贡献，但为什么科学和工业革命没有在近代的中国发生？"[①]以后这一发问被定义为李约瑟之谜（Needham Question）。

李约瑟试图去寻找答案。他从科学方法的角度解释，认为中国没有具备适合科学成长的自然观——中国的科举制度扼杀了人们对自然规律探索的兴趣，思想被束缚在古代典籍上。此外，中国人太讲究实用，很多发现停留在经验阶段。还有，中国人不善于进行数字管理。李约瑟得出结论："如果中国人有欧美的具体环境，而不是处于一个广大的、北面被沙漠切断，西面是寒冷的雪山，南面是丛林，东面是宽广的海洋的这样一个地区，那情况将会完全不同。那将是中国人，而不是欧洲人发明科学技术和资本主义。历史上伟

---

① 李约瑟：《中国科学技术史》，科学出版社、上海古籍出版社1990年版，第282页。

大人物的名字将是中国人的名字，而不是伽利略、牛顿和哈维等人的名字。"[1]
李约瑟甚至说，如果那样，将是欧洲人学习中国的象形文字，以便学习科学技术，而不是中国人学习西方的按字母顺序排列的语言。

有很多学者试图对李约瑟之谜做出回应。2000年美国学者彭慕兰[2]在其著作《大分流——欧洲、中国及现代世界经济的发展》（*The Great Divergence China, Europe, and the Making of the Modern World Economy* [3]）中表达了与李约瑟较为相近的观点。彭慕兰认为1800年以前世界是多元的，没有一个经济中心，西方没有任何明显的、独有的内生优势。19世纪，欧洲工业化充分发展以后，才出现支配世界的"西欧中心"。概而言之，正是欧洲的工业革命导致东西方历史大分流。

与李约瑟相同，彭慕兰也从地理环境的角度对英国和中国的历史走向做出了解释。彭慕兰认为出现大分流的主要原因，一是美洲新大陆的开发，二是英国和中国两个国家煤矿的地理位置及地质状况。英国煤矿临近经济繁荣地区，运输费用低廉，煤被大量使用。而19世纪的中国，分布于山西的煤矿距江南和岭南这些经济核心区较远。此外，英国煤矿矿井含水大，开采时需不断排水，促使了蒸汽机的发明。山西煤矿地下非常干燥，经常遇到的问题是煤层自燃，需要通风技术解决这一问题。中国的煤矿即使有大发展，这种通风技术也产生不出像蒸汽机这样工业革命式的机器。彭慕兰认为，工业革命在英国的出现只是西欧的幸运，是历史机遇给西欧的恩惠。

金融史学家威廉·戈兹曼对于解决李约瑟之谜提出了新的视角。他认为，"这些解释都忽视了金融在技术发展中的重要作用"，金融方面的因素值得认

---

[1]　李约瑟：《中国科学技术史》，科学出版社、上海古籍出版社1990年版，第282页。

[2]　彭慕兰（Kenneth Pomeranz）著名历史学家，汉学家。曾任美国加利福尼亚大学尔湾分校历史系主任、历史和东亚语言文学教授，加州大学系统世界史研究组主任。现任美国芝加哥大学历史系教授。

[3]　这本书曾获2000年美国历史学会东亚研究最高奖——费正清奖和世界历史学会年度奖。

真思考。威廉·戈兹曼认为，中国和西方历史的分岔早在工业革命之前就发生了，中西方在金融发展上的差距早于技术进步上的差距。欧洲的资本市场如商业银行和有组织的证券交易所早在工业革命出现200年前就已经存在了。相反，同时期的中国缺乏制度化和组织化的方式将个人投资者的资本和有技术优势的企业联结起来，没有融资市场也就无法激活和启动一场工业革命。

诺贝尔经济学奖获得者、英国经济学家约翰·希克斯曾经详细考察了金融对工业革命的刺激作用，并得出一个结论："在英国，如果没有金融革命，就没有工业革命。""工业革命不得不等候金融革命。"（约翰·希克斯，1969）约翰·希克斯认为工业革命兴起的新产业，如机械制造、冶金、铁路等都是资金密集型行业。这些行业的原料成本、研发成本、人力成本、厂房成本、设备成本等开支十分巨大，且对廉价资本的规模要求超过了以前的时代。约翰·希克斯指出，工业革命时期出现的技术大多在工业革命之前就已经出现了。然而，创新技术并没有导致经济持续增长，也未引发工业革命，因为这些创新技术缺乏金融手段融资进行支持，没有大规模和持续融资，这些技术就不能从小作坊走向大规模的产业化工业。从这个意义上，工业革命不是技术创新的后果，或至少不是其直接后果，而是金融革命促成的结果。当债市完善并成熟，当英格兰银行的出现标志着现代货币体系在英国形成，还有股份制公司制度的出现，这些金融创新使得力图进行大规模生产的创业者能够联系到一大批愿意为未来稳定现金流付出资金的投资者。工业革命要等到金融革命出现并提供充分的资金才能实现[①]。以后这一现象被定义为"金融引导"（Financial Led），即金融改革带来经济高速成长。

威廉·戈兹曼更进一步提出，有没有发明出政府债券，这是东西方金融分流的一个显著标志。换言之，发行公债是欧洲国家崛起的一个起点。再次

---

① 姜海川：《从世界强国的崛起看金融革命对经济的引领作用》，《中国金融》2006年第9期。

回望1174年的意大利威尼斯这个城邦小国向市民借债，从社会后果看，威尼斯公债在金融史上的意义堪比古腾堡印刷术在传播史上的意义。威尼斯公债作为最早的金融创新所造成的社会影响，不仅具有金融意义，还有更重要的政治和文化意义。如马克思所说的，所谓国债，即国家的让渡。赢弱的城邦政府威尼斯无力向市民征税，只得采取一种向市民让渡税收权益和发钞权以向未来融资的方法为战争筹款。公债制度发展而形成的信用体系逐步扩张到欧洲乃至整个世界，尽管这种信用的延伸和扩张伴随着苦难和挣扎，但它仍然是改变历史的事件。从这个起点出发，欧洲走向了民主议会制度，走向了文艺复兴，走向了工业革命，走向了现代文明。

三、金融的偏向与社会选择

一方面，马克思承认技术对于欧洲社会改变巨大，"手推磨产生的是封建主的社会，蒸汽磨产生的是资本家的社会。"另一方面马克思也认为：合理的经济制度对于推动科技创新具有重要的作用。马克思观察发现，在18世纪，自然科学和技术发明在欧洲的很多国家都发展得差不多，但只有英国才实现了对科学进步的资本主义应用，这就有赖于当时英国比较先进的经济机制。

伊尼斯认为自己受马克思主义的影响，"我的许多东西都带有马克思主义的味道……我努力尝试的是用马克思主义的学说来解释马克思"。哈罗德·伊尼斯否认自己是技术决定论或者媒介决定论者，他认为是媒介和文化的互动造成了社会的方向，而社会的进程又强烈地影响了媒介的偏向。

金融在中国和西方发展的不同路径也恰恰说明了任何技术既是社会变迁的动力，也是社会选择的结果。社会选择背后的决定因素来自社会关系和经济制度。欧洲金融的思想和制度其实是在权力分散、民众有自治传统的社会中寻求"集中力量办大事"的思路和解决方案，它诉求的目标是不使用暴力也能实现对资源的集中和使用效率的提高。在金融交易中对于私有产权的确认和保护又坚实了民主根基。

在中国古代，强势的君主和权力集中的政治形态，以土地为主要资源基础的经济形态，"普天之下莫非王土，率土之滨莫非王臣"的观念中所体现的产权保护意识，在这样的土壤中，金融手段更多的是为中央汲取和控制民间资源而服务，例如对货币的发行操纵。从宋朝以后，中央集权不断加强，统治者唯我独尊，自命不凡，民众如同草芥，苟且偷生。具有平等与利益让渡，风险与收益共担属性的金融纽带不可能在这种政府和民众关系中出现。中国早在唐朝就出现了类似于商业汇票的"飞钱"，在宋朝就出现了世界上最早的纸币，但是接下来，宋、金、元、明等朝代都出现由于政府为应付战争，出现财政困难继而滥发纸币，造成恶性通胀的情况。货币体系如同吸管疯狂汲取民间资源，直至民间财富枯竭，经济体系崩溃，朝代更替。由于缺乏监督和约束，中国古代王朝对金融的控制最终都因信用被滥用而导致整个经济崩溃，这种结局也使得金融的生态和系统无法长久和持续地发展。

金融技术需要配套的社会制度和习俗文化才能运转良好。清廷最初也奉行积攒财富以应不时之需的观念，尽可能地往国库里存银子。从史料记载看，到1847年清朝国库财政结余为380万两白银。从金融的角度看，这些国库里的金银不能成为资本，也就失去了创造经济增长的能力，成为死财富。清朝财政赤字的真正起点是甲午战争，1896年清廷赤字高达1292万两白银，1899年为1300万两。义和团运动之后的庚子赔款更让清政府的财政难以为继。为了扭转财政危机，清朝后期朝廷效仿西方，国内和国外都发行了公债。发债最终也没有扭转清朝的覆灭，对内的公债都被违约。

清朝从地方政府开始尝试发债。据记载，1853年，山西、陕西、广东等省向"殷实之家""暂时挪借，以助国用"。在山西，政府对借款人按借数给予印票，承诺分年照期归还，并且还规定，"如有借至十万两以上者，除按年归还本金外，若借债人本身已得功名，准其赏给祖父封典"。在陕西，规定"如能自一万捐至数万，十万两者，随时由官府按照银数，立即奏清奖励。如有不愿请奖者，除由官府按数给予借贷印票分年归还外，仍按照银数多寡，分别建坊给匾，以示优奖"。以后，这一经验推广至江苏、浙江等地。最终这些内债并未照数偿还。在太平天国被平定之后，各省借口"库款支拙"改由官府奏请给奖，有些绅商借款人由朝廷以官爵偿付。这种赖账的行为透支了政府的信用，以后清政府的发债都遇到困难。

清廷举借了三次内债。1894年，清政府为支付中日甲午战争军费的需要，由户部向官商巨贾发行公债，当时称作"息借商款"①，发行总额为白银1100多万两。这次借款算是中国历史上第一次真正意义上的国内公债。这次借款由银号或商人、公司承购，其名曰劝募，实际上却形同摊派。这种做法遭到抵制，于是在第二年就不得不宣布"未收者一律伤停，毋庸再行议借"。第二次的"昭信股票"，预计总额100000万两，结果"募集"总额不足500万两，还不到计划的1/200。第三次的"爱国公债"，还没有发行完，清王朝统治就宣告结束了。以后民国时期，历届政府为维持财政平衡发行了大量公债，从北洋政府到蒋介石政府先后发行了数十种债券。这段发债历史证明了在缺乏法制和产权保护、契约意识淡漠的社会上无法建立起现代金融的架构。

新中国成立后，我国中央人民政府曾于1950年1月发行了人民胜利折实公债，实际发行额折合人民币为2.6亿元，该债券于1956年11月30日全部还清本息。1954年，我国又发行了国家经济建设公债，到1955年共发行了5次，累计发行39.35亿元，至1968年全部偿清。此后20余年内，我国未再发行任何债券。到1981年才又开始发行国债，1982年开始面向个人发行国债。1990年12月在上海成立了股票市场，承销中国政府债券。直至改革开放之后，为了完成工业化大生产，再次借助金融的融资功能开启了资本市场。中国陆续建立了具有中国特色的现代金融制度，中外金融制度由此融合在一起，构成了中西金融史上的大合流。

---

① 何盛明：《财经大辞典》，中国财政经济出版社1990年版，第289页。

第四章 有限注意力

如果你是一家上市公司的CEO，有一个关于公司经营的坏消息，按照信息披露制度必须要向市场公布，那么你应该选择在周几公布呢？答案是周五。原因是在周五市场中关注股票的注意力最低。临近周末，投资者会被周末的聚会、郊游或者其他娱乐计划所吸引，坏消息对股价的冲击就会被减弱。有研究表明在周五公布的消息，市场价格反应比其他交易日低15%，交易量要低8%。这就是证券市场中的"周五效应"。

人类的注意力是稀缺的资源，在面临多重任务和多种信息时，人类会不自觉地对注意力资源进行分配。这就是有限注意力理论。在证券市场中，投资者的资产配置与投资者注意力的投向高度相关。投资者只对那些他们关注到的企业进行选择，而对没有关注到的企业就不会交易其股票。市场中的注意力资源分配作为影响认知、决策的重要组成部分，对市场的投资行为具有结构性的作用。投资者注意力的失衡会导致资产价格的扭曲。

首先，人类注意力的支配受生物本能驱使，如人类对故事的兴趣远超过数字和统计结果，个人化、戏剧化、具有冲突性的信息对受众有无与伦比的吸引力。其次，平常信息被受众忽略，而异常刺激会引起更多关注。这些异常的刺激除了媒体中的新闻报道，在证券市场中股票交易量的增加，财务报表的发布，还有异常的收益回报，例如龙虎榜上榜和涨跌幅榜前列的公司等都会受到市场的关注。再次，媒体信息技术的更迭也带来了市场注意力的结构性变化。传统大众媒体在注意力市场中的重要性逐步被互联网的搜索引擎和社交媒体所取代，手机支付如支付宝、微信支付等第三方支付平台的普及带来了年轻群体对于证券市场的注意力，他们成为新一代投资主力军。最后，对市场注意力的引导也成为管理、控制和操纵市场的一部分。这点与传播学议程设置原理相同。如果把证券市场中的股票交易趋势看成是"市场舆论"，那么引导舆论的关键而重要的一步是设置吸引注意力的议程。

一、注意力偏差

人类的认知有各种各样的偏差。近几年，从丹尼尔·卡尼曼、罗伯特·希勒到理查德·塞勒等多位行为金融学家的研究来看，他们的研究一再证明了人类在经济决策中存在各种心理偏差。经济学中所谓"理性人"假设是不成立的。人类在面对信息不完全和信息极大丰富的情况下，为了节省认知能量，在思考和决策活动中存在思维捷径和判断的"快捷方式"，这种本能驱使下的"快思维"导致经济人并非通过科学合理计算事物发生的概率来做出决策，而更多地受到基因本能驱使。在人们的经济行为中存在过度自信、归因谬误、损失厌恶、缺乏对沉没成本的判断力、心理账户、从众的压力等偏差。投资者从信息收集、信息加工、信息输出到信息反馈的每一个环节都存在行为偏差，这些偏差在市场中就表现为投资者的非理性。

在证券市场中，即使事关财富，投资者的注意力也不可避免地出现各种偏差。甚至在有些情况下，投资者的认知错误看起来低级而轻率。1997年10月1日，世通公司宣布收购一家通信公司，其股票代码为MCIC，而与之代码非常相似的大众共同基金——其股票代码MCI的股价上涨了2.4%，交易量飙升到了平时正常交易量的11倍。投资者急于入手大众共同基金MCI的股票，只是因为搞错了代码。1999年初，美商环泰（Mannatech）上市，该公司是泻药和营养补充剂销售商。仅仅因为公司名称中出现了tech（科技），交易员错误地认定这是一只科技股，该公司的股票在上市头两个交易日股价飙升了368%。20世纪20年代，在网络股泡沫中，Ticketmaster——一家提供售票服务的公司，股票代码为TMCS，在上市第一天受到市场追捧，上涨了300%。一个与它毫不相关、提供物业管理的公司Temco Service，因其代号TMCO与TMCS相似也上涨了150%。

投资者受知识结构、生活范围和大脑容量的局限，往往会赋予那些日常易见的、容易记起的信息更大的权重，与此同时大大低估自己没有接触到的信息的重要性，这就是可得性偏差。上市公司的代码或者名称是投资者最先接触到的有关企业的信息，这些简单表面的信息会左右投资者的判断。上市公司就利用投资者的这种可得性偏差来牟利。企业给自己的股票设计一个读起来朗朗上口的代号。在美国的证券市场上，如果一只股票的代号与人们熟悉的单词类似，如MOO、GEEK或KAR，至少在短期内，这些股票往往比那些代号发音困难的如LXK、CINF或PHM的股票表现更好。

在中国证券市场上，上市公司也通过更改股票名称来提升市场表现。在互联网热潮中，原来从事餐饮行业的上市公司湘鄂情，改名中科云网；原来从事建筑和房地产行业的多伦股份改名为匹凸匹。此外，还有宝利来改名为神州高铁，远东股份更名为视觉中国，远东电缆更名为智慧能源，熊猫烟花更名为熊猫金控，等等。基金公司也热衷于在基金之前冠以"成长""科技"等名称。这些上市公司的经营业务和竞争能力在改名前后没有实质性的变化，但仅仅这些"高大上"的名字就能吸引投资者注意力并带来短期股价上涨。

在可得性偏差的作用下，人们会对那些自己能够理解的市场信号给予积极响应，投资者不容易理解的某些经济信号就存在市场反应不足的情况。消费者价格指数（Consumer Product Index，CPI）是财经媒体上最常见的经济统计指标。它对社会消费品的价格波动进行量化，普通人对此有深切的生活体验。投资者对CPI的关注程度远远超过PPI和其他的指标。有研究以百度搜索指数为代理变量去考察投资者对不同经济指标的关注程度，结果发现市场对CPI的关注度是PPI的2.5倍，是其他宏观经济指标的10倍，这导致市场信号对CPI数据的反应要强烈得多。有学者还以股指期货为标志研究了政府统计部门在公布不同经济指标时投资者的反应状态，最后的结论也是一样的。[①]大众有限的注意力和理解能力只能接纳CPI这样指标的意义并作用在市场当中，而其他重要的宏观经济信号不能够及时地反映到市场价格里面，长期来看，这种对经济信号的理解和行为偏好就影响了市场定价的有效性。

"故事是人类思考问题的核心，而非事实，数字或者表格，故事越简单越好。"[②] 简单来说，传媒的经营模式是集聚注意力的生意。财经媒体为了提升发行量和广告收入，迎合受众的认知偏差，把讲故事作为高超的报道技巧，这同样会误导市场。《华尔街日报如何讲故事》本来是一部《华尔街日报》内部针对采编人员的写作指导手册，出版之后被全世界的财经新闻从业人员奉为圭臬。《华尔街日报》讲故事的套路是从叙述普通个人的生活和命运出发，然后盘旋曲折到国家政策、国际贸易摩擦的宏大主题，两个主题之间回环往复，夹杂着简单的、零星的数据。受众对这样的报道中戏剧性的个人故事印象深刻，从而产生支持或者反对的情绪。

财经媒体在一个枯燥冰冷的硬核主题下展现人物和细节，这种方式被认为是叙事的最高技巧。中国媒体也曾经提出过"新闻故事化，故事人物化，人物细节化"的口号。

财经媒体热衷于报道证券市场中极端的案例，超过市场平均水平的异常回报都是制作故事的天然材料。媒体包装"成功学"的主题也是故事思维的表现。成功投资者如美国市场上的巴菲特、索罗斯、达里奥、邓普顿、凯瑟琳·伍德，中国最牛散户杨怀定和基金经理王亚伟、张坤都是财经媒体追捧的股市人格化符号。成功创业者如马斯克、贝索斯、马云、王兴的故事更是

---

① JingChen, Yu-JaneLiu, LeiLu, et al.. Investor attention and macroeconomic news announcements: Evidence from stock index futures [J]. The Journal of Futures Market, 2016, Vol. 36, No.3, p.240-266.

② 尤瓦尔·赫拉利：《人类简史：从动物到上帝》，林俊宏译，中信出版社2014年版，第78页。

财经媒体上的传奇与神话。媒体追逐这些传奇人物的表态、观点、判断和言论。成功者群体，尤其是出现在社会视野中的极端成功者群体成为证券市场的象征。

这类"成功学"主题的新闻报道其实是幸存者偏差。幸存者偏差指所有资讯仅来自幸存者，这样的资讯会与实际情况存在偏差。媒体津津乐道的成功故事被投资者接受，会大大提高这些事件发生的概率。成功投资者的故事迎合、激发了投资者的财富梦想。他们接受这些美化和加工过的故事，幻想着自己变成主角。追逐极端成功的心态不利于投资者进行风险管理。

媒体也报道过这些"封神"个体失败的经历。杨百万在中国股市归于沉寂，索罗斯的量子基金在互联网大潮中被清算关闭，巴菲特的伯克希尔·哈撒韦公司的名字来自一次不成功的投资，瑞·达里奥的桥水基金只是在金融危机时表现优异超越市场，邓普顿曾经败走香港市场，等等。即使媒体报道了失败的故事，也不会妨碍成功的传奇更受到投资者的关注。投资者会在光环效应的心理驱使下实施选择性关注，忽略这些对"英雄"不利的信息或者去追逐新的英雄。

罗伯特·希勒认为各种被有意或者无意设计出来的"叙事"（narrative）对于人们具有"不可预测、不能抵抗、无法避免"的威力。在所有市场不理性所造成的偏差中，投资者被叙事所左右是对宏观经济系统影响最大的因素。希勒探索"叙事如何迅速传播并推动重大经济事件"，即叙事经济学（Narrative Economics）。[1]罗伯特·希勒所说的叙事，超越了媒体某一个具体的故事，它可以是某一种经济观念如政府减税，也可以是某个慈善活动如冰桶挑战。在社会生活中，叙事传播成为一个非常重要的经济变化机制和关键预测变量，某种程度上，叙事是在呈现或阐释一个社会、一个历史阶段重要的公共信念，而信念一旦形成，就会潜移默化或者直接影响每个人的经济行

---

[1]　罗伯特·希勒：《叙事经济学》，陆殷莉译，中信出版集团2020年版，第17页。

为。现代社会中，叙事是个体选择、历史、文化以及时代精神相结合的综合载体，是一种社会群体共情。这种叙事可以助力经济繁荣，也会成为经济危机的根源。

二、注意力溢价与风险

证券交易系统每个交易日都在传递即时的股票信息。证券信息披露制度是证券市场的基石。上市公司强制性披露的信息有两种：定期报告和临时报告。定期报告分为年度报告、半年度报告和季度报告。定期报告被规定了极为详尽的强制性披露事项，并有规定的截止日期。过期不披露的公司必须停牌，公司董事会将受到公开谴责。临时报告指当发生可能对公司股价产生较大影响而投资者尚未得知的重大事件①时，上市公司董事会应立即将该事件向证监会和交易所提供临时报告并说明事件的实质。临时报告的披露有两方面

---

① 《证券法》第67条规定，下列12种事件被视为重大事件：

　1. 公司经营方针和经营范围发生重大变化；

　2. 公司重大投资行为和重大购置财产的决定；

　3. 公司订立重要合同，而该合同可能对公司的财产、负债、权益和经营成果产生重要影响；

　4. 公司发生重大债务和未能清偿到期重大债务的违约情况；

　5. 公司发生重大亏损或者重大损失；

　6. 公司生产经营的外部环境发生重大变化；

　7. 公司董事、三分之一以上监事，或者经理发生变动；

　8. 持有公司5%以上股份的股东或者实际控制人，其持有股份或者控制公司的情况发生较大变化；

　9. 公司减资、合并、分立、解散及申请破产的决定；

　10. 涉及公司的重大诉讼、股东大会、董事会决议被依法撤销或者宣告无效；

　11. 公司涉嫌犯罪被司法机关立案调查，公司董事、监事、高级管理人员涉嫌犯罪被司法机关采取强制措施；

　12. 国务院证券监督管理机构规定的其他事项。

要求：重要性和及时性。

证券系统中最引人注目的、最具有时效性的是有关股价涨跌的即时信息。中国A股有5000家上市公司，1000多只基金在每个交易日从上午9:30到11:30、下午13:00到15:00都会发布实时股价信息。在盘中和盘后，交易所还会实时公布股票交易龙虎榜，当日涨跌幅偏离值达7%、换手率达20%的股票，日价格振幅达到15%、连续三个交易日内涨幅偏离值累计达到20%的股票，前三名都会在这个榜单上公布。交易中的异常信息也会即时发送到交易软件和券商的网络终端，传递到市场的每一个角落。

大众媒体和证券交易系统两个渠道之间的信息处于持续的互动状态。交易日内的媒体报道会立刻引起相关股票价格和交易量的波动。新城控股的CEO性侵未成年儿童案件和步长制药的CEO为了将女儿送入名校在美国行贿高校招生负责人等丑闻披露后，引起公司股价的大幅下挫。2021年6月4日上午，有媒体报道证券印花税可能下调的消息，盘中券商板块联袂上涨，到了中午休市后，有媒体澄清之前的消息有误。事情的起因是十三届全国人大常委会第29次会议正在审议印花税草案二审稿，在这个二审稿中为支持创新发展，落实减税降费，拟对与知识产权相关的印花税税率下调，而对现行证券交易印花税税率保持不变。原来此印花税非彼印花税。券商类股票股价闻声回落。2021年7月教育部发布"双减"政策，即《关于进一步减轻义务教育阶段学生作业负担和校外培训负担的意见》。在美国和在我国香港上市的在线教育和教培类企业暴跌。市值蒸发上千亿美元，带动大陆A股下挫。

议程设置（Agenda Setting）是传播学经典理论，其核心观点是大众媒体可以通过向社会提供信息和安排相关议题有效地吸引人们的注意力，引导人们关注哪些事实和意见，进而影响人们对于事件重要性顺序认知，这是舆论引导的关键环节。笔者曾经在美国北卡罗来纳大学教堂山分校新闻传媒学院作访问学者期间见到了议程设置理论的创始人唐纳德·肖（Donald Shaw），他是该学院的退休教授。在交流中，肖知道我研究证券市场舆论引导后就开玩笑说，议程设置是可以用来赚钱的。

在证券市场中，传播的议程设置效果可以表现为在媒体报道中经常出现的上市公司会引起投资者的关注，大大增加了这些企业股票被交易的概率。再进一步说，那些经常被媒体报道的股票要比那些不被媒体关注的股票在市场中有着更高的换手率和流动性。在中国的证券市场中，由于做空[①]手段不完善，投资者无法通过卖出或做空而获利。当市场注意到一只股票，股票价格上涨的概率会更高。这就表现为注意力溢价。

证券市场中的注意力聚集还会产生"信息瀑布"（Information Cascades）效应，这种效应可以理解为市场注意力的连锁反应。人们在信息选择中存在从众行为，即人们对信息的选择受到其他人的影响或者跟随市场的趋势。投资者会关注和跟随市场中已经具有知名度的股票。在中国证券市场上信息瀑布还会有另外一种表现：由于内幕交易现象较为普遍，当中国投资者看到进入"股票交易龙虎榜"的股票连续上涨或下跌，并没有任何消息和公司公告，在这种情况下，投资者一般会揣测前面进行交易的投资者已经获得了内幕信息，因此也会重点关注并做相同的交易。这就形成了交易行为的接力棒，市场热点会持续一段时间，直到反转力量的出现。

有关投资者关注度与股票收益率之间的关系，国内外学者进行了多项相关研究。有些研究以深圳、上海两个交易所发布的股票交易龙虎榜（冯旭南，2016）、以百度搜索指数（乔海曙、赵昊，2019）、以央视对公司董事长和CEO的访谈（李常青、倪恒旺，2015）、以社交媒体热搜（高扬、赵昆，2021）等作为市场注意力的代理变量，得出大致相同的结论：关注度的提高特别是新闻或者事件的报道在短期内甚至当日都会助升股票价格；经过一段

---

① 做空是一个投资术语，是股票期货市场常见的一种操作方式，当预期股票期货市场有下跌趋势，操作者将手中筹码按市价卖出，等股票期货下跌之后，再买入，赚取中间差价。中国A股按规定不能做空。

时间，股票的收益率会出现反转。从长期来看，未被媒体报道的上市公司其股票要比受到媒体广泛报道的上市公司股票获得更高的收益率。还有的学者据此进行投资实践，Fang 和 Press（2009）通过构建一个投资组合，做空媒体上热度高的股票，买入媒体较少报道和忽略的股票，获得了显著的超额收益。

学者研究显示证券市场中注意力凝聚使收益和风险并存。注意力聚焦在短期之内可以造成企业股价上涨，体现了"注意力溢价"或者"媒体效应"，而从长期来看，受关注度高的股票反而不如不受关注的股票收益高，这就体现为"过度关注风险"。对于这种现象，有一种解释是"风险补偿"，即媒体报道较少的股票，投资者不了解其公司状况，就需要更多的补偿来降低这种信息不对称风险，最后就体现为受媒体冷落的股票反而会获得超额收益。另一种解释从投资者的心理出发，认为投资者在面临更多信息时导致过度自信，会给予公司过高估值，从而产生股价泡沫，给投资者带来损失。从新闻传播的实践来看，在证券市场中媒体会被利用和操纵发布信息烟雾，报道企业利好消息唱多以吸引投资者进行买入交易，最后当公司经营真相败露，造成投资者的损失。美国安然公司，还有中国A股的银广夏、蓝田股份等丑闻中都有这样的现象，其案例不胜枚举。

国内外有很多学者也从注意力角度入手探究，个人投资者即散户和机构投资者有不同的交易方向。在美国有超过7000只普通股可供投资者选择，投资者如何选择他们要购买的股票？围绕这个问题，加州大学戴维斯分校的教授特伦斯·奥迪恩（Terrance Odean）和布莱德·巴布尔（Brad Barber）进行了一项研究。他们观察了以下3个体现投资者关注度的指标——每日异常交易量、每日收益、每日新闻，并对两种不同类型的投资者即个人投资者和机构投资者对待新闻和交易决策之间的关系进行了研究。最后得出结论，与机构投资者相比，个人投资者由于缺乏收集和处理大量数据的能力，属于注意力驱动型交易者。个人投资者的交易与新闻的曝光强度呈现正相关关系，他们更容易成为交易中的买方（见图4-1）。个人投资者也更容易陷入可得性偏差，即对于自己得到的信息在投资决策中给予更多的考虑。①这说明个人投资者群体是媒体设置议程的追随者，近几年，随着券商互联网经纪业务的蓬勃发展，新一代互联网券商出现，还有像支付宝、微信支付等第三方支付平台内嵌了证券行情和交易软件，网络交易成为证券交易的主要方式。证券行业迅速向互联网迁移。互联网模糊了大众媒体与证券市场媒介系统两个渠道之间的界限。投资者在线除了能进行股票交易，还可得到免费的行情浏览、财经资讯个性化传递的服务，还有股吧社区论坛的一站式服务。美国在线券商Robinhood率先提出了零佣金的交易服务，成为美国散户最大聚集地。在2021年初"散户大战华尔街"的事件中，Robinhood是散户交易的重要阵地。互联网降低了证券市场的进入门槛，深刻改变了证券市场的注意力结构。

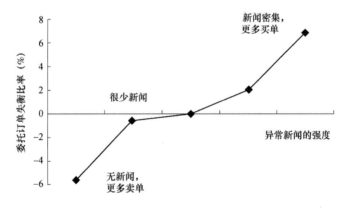

图4-1　不同新闻强度下的投资者委托订单买卖比率

资料来源：Brad M. Barber and Terrance Odean. "All That Glitters: The Effect of Attention and News on the Buying Behavior of Individual and Institutional Investors"。

① Brad M. Barber and Terrance Odean. All That Glitters: The Effect of Attention and News on the Buying Behavior of Individual and Institutional Investors[J]. The Review of Financial Studies, 2008, Vol. 21, No.2, p. 785-818.

互联网社交平台越来越多地吸引着投资者注意力。上市公司利用微博、微信开设企业公众号，利用新媒体窗口向社会发布信息披露制度所规定的披露信息以外的大量经营类的"非重大"信息。基金经理、企业高管、财经网红、理财达人、经济学家、股票操盘手等都可以开设个人社交账户，分享对市场趋势、公司财报的观点和看法。

大量研究证明社交媒体增进了股市的信息含量，社交平台的用户会比传统媒体的受众更多且更早地得到股市信息，这在一定程度上削弱了股市的信息不对称。研究显示有84%的企业微博信息是未经公司正式公告披露的增量信息（何贤杰等，2016）。还有研究认为微博发布的信息提高了分析师盈余预测的准确度，且分析师对微博信息的正确解读降低了股价同步性，提升了市场定价效率（胡军、王甄，2015）。投资者还会在微博、股吧以及论坛，还有一些财经社交网站如雪球、东方财富等平台进行互动，分享投资体会与感受，推荐和介绍股票，不同的研究都证实个人投资者在网站上的互动交流蕴含信息量。在国内市场投资者的互动平台还能发挥公司治理的作用，其负面舆论能通过缩小国有企业高管与普通员工之间的薪酬差距来提高上市公司高管薪酬的公平性（杨晶等，2017；James et al.，2016）。

有研究对微博上有关证券主题的博主身份进行了区分，将博主分为专业人士和散户，这里的专业人士指基金经理、证券分析师和上市公司的CEO等证券市场中具有影响力的人士。通过对两种不同类型的群体发布在微博上的公开信息进行研究后发现，专业人士的微博内容包含有更多的"私人"（current private information）信息，对未来股市趋势更有预测性，这些信息在未来能够获得市场的超额回报（abnormal return）；普通人只是信息的追随者（information followers）而非提供者（information providers）。专业人士的微博内容甚至对传统媒体即将披露的报道具有预测性。散户所发布的内容都是过时信息（stale information）——这些信息的效用早都反映在了股价当中（Yang jie Zhang et al.，2017）。

社交媒体上信息增量对中外证券市场的监管提出新的挑战。三一重工的总裁向文波的"博客门"曾引起风波。[①]

深交所在"博客门"之后正式发布《上市公司公平信息披露指引》《信息披露工作指引第2号：股东和实际控制人信息披露》《信息披露工作指引第3号：股票交易异常波动》等三项指引。指引重点在于规范上市公司的高管信息披露和新媒体信息披露行为。指引指出：上市公司股东和实际控制人应该及时将重大信息告知上市公司，配合上市公司履行信息披露义务。当股价出现异常波动时，上市公司应当关注、核实是否有对公司股票较大影响的传闻和公司人员是否泄露了未公开的重要信息，否则将以上市公司、董事会秘书及相关人员未能履行忠实勤勉义务给其处分[②]。

在美国证券市场上，2018年8月7日，电动汽车公司特斯拉首席执行官埃隆·马斯克（Elon Musk）在个人推特上发文称将以每股420美元价格将特斯拉私有化，并称已经获得资金支持。消息一出，特斯拉当日涨幅11%，成交势头异常强劲，是特斯拉日均成交量的3倍多。8月25日，特斯拉官网发布

---

① 2005年10月，上市公司徐工科技发布公告：其母公司徐工集团与美国凯雷集团签约，后者以23.1亿元（人民币）的价格收购徐工科技超过85%的股份。此协议只等待相关政府部门的批准。徐工科技是中国最大的工程机械企业，此次并购被认为是中国第一个真正意义上的外资控股收购案。

2006年8月，与徐工科技同属工程机械行业的上市公司三一重工总经理向文波在其搜狐博客撰写《徐工并购案是一场欺骗政府的游戏》《"美国式公关"为徐工并购闯关》《徐工贱卖价不如"锅"》等一系列文章，剑指徐工收购案是"国有资产被贱卖"，是外资凯雷进行政府公关的结果。向文波的博客经媒体传播后引起市场关注。向文波进而在博客中喊话，三一重工愿意全盘接受凯雷方案并加价30%甚至更高价钱收购徐工。受此消息刺激，三一重工股价上涨。此时正值三一重工的1093万股限售流通股解禁，市场质疑向文波此举是利用信息操纵股价。紧接着三一重工公司进行公告，称："向文波先生的观点是一种博客行为，表达的是个人对徐工改制的看法，尚未上升到实质性推动的阶段。"三一重工股价大幅回落。向文波本人解释其博客上的言论与其职业角色相区分，博客内容只代表个人观点，没有违反信息披露原则。

② 深圳证券交易所，www.szse.cn，2021年3月21日访问。

了马斯克的一份声明，称其在考虑了所有因素后，取消了私有化特斯拉的决定。9月27日，美国证券交易委员会（SEC）对埃隆·马斯克提出指控，认为马斯克发布了"虚假和误导性"的陈述，涉嫌证券欺诈。2019年4月，美国证券交易委员会与特斯拉和马斯克达成和解协议。根据这份协议，马斯克本人和特斯拉公司分别被罚款2000万美元，马斯克不得再担任特斯拉董事长的职务。协议中规定，马斯克在Twitter或其他社交媒体上发布某些内容之前，必须"事先获得特斯拉聘用的、经验丰富的证券律师的批准"。

马斯克于2019年在一条推文中，未经允许透漏公司的太阳能屋顶产值。在2020年5月1日的推文中，马斯克抱怨特斯拉股价太高，特斯拉股价应声下跌，市值损失逾130亿美元。市场人士认为这些信息都违反了其与证监会的和解协议。

三、AI时代的注意力

互联网深刻地变革了新闻行业和金融行业。AI时代呼啸而至，人工智能技术介入证券市场中的信息采集、整理和发布等环节。信息抓取和发布瞬间完成，新闻机器人崭露头角。2015年9月，在中国统计局例行公布经济统计数据后，一篇《8月CPI涨2%创12个月新高》的新闻在腾讯财经上出现，这就是腾讯写稿机器人"Dreamwriter"的作品。以后，第一财经的"DT稿王"、新华社的"快笔小新"、《南方都市报》"小南"、今日头条"张小明"等写稿机器人也上线开始工作。在美国，《纽约时报》《华尔街日报》《洛杉矶时报》等报纸也使用写稿机器人。机器人可以在2秒之内完成稿件并发布，24小时不眠不休，大大提高了新闻的效率。

与此同时，Fintech（金融科技）一词大行其道。基于人工智能技术的机器辅助交易方式如高频交易（High Frequency Trading）[①]、量化交易（Quantitative Trading）[②]、程序化交易、自动交易出现在证券系统中。2015年，光大"乌龙指"事件[③]震动中国证券市场。

1. 机器注意力

2015年加拿大一家纸媒爆料黑莓公司原计划的一项40多亿美元的收购案取消。消息刚见报，Twitter上就出现转发文章，该转发迅速被一家数据公司捕捉到，几秒钟内这家公司通知所有客户火速卖空黑莓股票。3分钟后华尔街的财经通讯社才陆续报道这个消息，但此时黑莓股票价格下跌。交易机会已经消失。在证券市场中，注意力的套利有效期短暂到只有几秒钟的交易窗口。为了争夺这转瞬即逝的交易机会，机构投资者越来越多地依赖机器的反应能力。世界顶尖财经媒体如道琼斯、彭博和路透社等也寻求改变，与机构投资者联手开发从信息收集到交易的快速通道。人工智能、算法和大数据参与到这场竞争当中。

2013年，道琼斯公司启动了一项全新的服务，命名为"Lexicon"，向专

---

① 高频交易是指从那些人们无法利用的极为短暂的市场变化中寻求获利的计算机化交易，比如，某种证券买入价和卖出价差价的微小变化，或者某只股票在不同交易所之间的微小价差。高频交易都是由计算机自动完成的程序化交易，交易量巨大；持仓时间很短，日内交易次数很多。高频交易每笔收益率很低，但是总体收益稳定。

② 量化交易指借助现代统计学和数学的方法，利用计算机技术进行交易的证券投资方式。量化交易从庞大的历史数据中海选带来超额收益的多种"大概率"事件以制定策略，用数量模型验证及固化这些规律和策略，然后严格执行已固化的策略来指导投资，以求获得可以持续的、稳定的且高于平均收益的超额回报。量化交易起源于20世纪70年代的股票市场，之后迅速发展和普及。有数据显示，国外成熟市场期货程序化交易已占据交易量的70%—80%。

③ 2013年8月16日，中国A股出现异常波动。事件的起因现已确认是由于光大证券"策略投资部门自营业务在使用独立的套利系统时"失误下单，导致多达59只权重股瞬间被封涨停，时间短、瞬间成交密集。股指在一场暴涨暴跌后走出了一个两边平坦、中间凸起的"纪念碑"图形。这是中国股市十多年来"绝无仅有"的乌龙指。

业投资者发送实时的财经信息。Lexicon的特殊之处在于它所传送的信息并非是人类能够读取的文字或图片，而是机器能够识别的信息程序接口，也就是说Lexicon传送的是计算机代码。这些代码读取新闻的方式与人类大相径庭，它们不是逐字逐句地去阅读新闻，而只是提取其中的具体数据和"可执行"的关键字眼。Lexicon的意义在于它使道琼斯所提供的信息打包整理为机器程序能解读的形式，方便算法和交易程序直接读取。金融机构用户不是接收到数据后提供给交易部门进行分析，而是机构用户的程序可以自己做出投资决策。形象点说，这是一条服务机器——机器发布、机器接收、并由机器决策的信息链条。Lexicon可以做到24小时不间断地阅读财经信息，对某类投资标的有重要影响的关键条目立刻予以捕捉，将它们编码成程序语言，发送至机构投资者算法交易的程序里。Lexicon革命性地提高了信息被阅读及编码最后促成决策的自动化程度。

传播学中有知识沟、信息沟和传播效果沟理论，指受众由于所掌握的知识不同、所接触到的信息不同、对同样的信息理解不同而造成传播效果和社会行为的差异。在证券市场中，对信息的反应速度也成为影响传播效果的关键因素。各国政府经济统计数据的发布都遵循定时定期公开的原则，目的是保证市场各方在同一个时间接收数据。这类数据包括劳工部的失业统计和经济公告等，在证券市场非常有价值。以前为了尽可能快地发布数据，记者携带笔记本电脑，接近发布的第一现场，在确定信息准确无误后，按下回车键发出。可如今在算法战争中，这一切活动与机器、算法所带来的市场效果相比就大大滞后了。

2015年3月27日，道琼斯发布消息提示英特尔正在洽谈收购半导体制造商阿尔特拉（Altera）。消息发布之后，机构投资者的算法交易员向期权发行人发出买单所花费的时间，短得不足以让一名交易员读完新闻标题。程序化的算法当时发出价值110530美元的看涨期权，带来了240万美元的收益。依赖文本算法自动操作的交易速度碾压人类的反应能力，算法在事情发生后大约3分钟之内就买入了，反应最快的人类专家、交易员也不可能跑赢这些算法。一位做市商哀叹道："我做不到那样。阅读消息，做出判断，并按下买入按键，用的时间太长了。机器交易员的速度简直令人难以置信。"

图4-2　非农数据发布对美元期货合约的影响

资料来源：Elijah DePalma PhD，Thomson Reuters，Personal Communication。

美国劳工部的每月非农薪酬数据会影响美联储调整货币政策。美联储的决定会直接影响美元和美元计价的债券价格。有学者注意到，在2014年12月5日，美国劳工部发布的非农数据在公布之后的63微秒内，成交了570万美元的期货合约（DXZ4），而在100微秒之内，成交了2900万美元的期货合约。非农薪酬这类数据是数字化非结构数据。算法交易在几微秒内，就可以确定最佳头寸，并完成交易。不只是宏观经济数据才有快速传递的价值，证券市场的情绪变化也与未来的市场趋势和价格波动相关。机构投资者的算法交易系统甚至还联结了情绪指数指标。密执安大学消费者情绪指数会在美国东部时间9:55传递给路透社的付费客户，这要比公开发布的时间早5分钟。当这种信息优势被媒体曝光时，引起美国市场一片哗然。

　　就如同无人驾驶汽车是通过传感器和对收集数据的计算避免人类的情感波动产生的失误和风险，面对环境中的突发状况，机构投资者使用机器快于人类的注意力速度进行应对也可以避免由于人类的贪婪和恐惧所产生的不确定性。人类的注意力不完美，机器的注意力同样也不完美，甚至会造成更加严重的后果。2013年4月23日美国东部时间13:07，美联社的Twitter账号发出消息："突发：白宫发生两次爆炸，贝拉克·奥巴马受伤。"几秒后，标普500指数大跌，又过了几分钟，市场价格恢复稳定。图4-3为这条消息发布当天的标普500指数每分钟价格走势图。

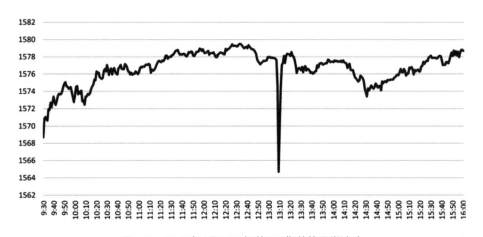

图4-3　2013年4月23日标普500指数的异常波动

资料来源：Thomson Reuters Tick History。

　　白宫爆炸、奥巴马受伤的信息是个假新闻，最初来自自由叙利亚军人搞出的恶作剧推文，结果被美联社的算法搜索到并在官方推文中发布。如果只是自由叙利亚军的Twitter账户发布这条消息的话，市场是不会关注的，但是美联社比较值得信任。这个假消息致使标普500指数蒸发掉了1360亿美元市值。尘埃迅速落定，所有已被执行的交易均被确认。2分钟之内，标普500指数又回到了那条推文发布前的水平。

2. 散户的喧哗与智慧

在单向、中心化的传统传播模式中，证券市场中的机构投资者（Institutional Investor）拥有资金和信息优势，会通过投放广告和提供信息给大众媒体从而左右舆论的方向。散户（Individual Investor）在传播的链条中以受众的角色存在，成为被操控和控制的对象。双向互动，去中心化的网络传播模式赋予了散户投资者更多的话语空间，散户可以自行决定公共议程，这种转变在证券市场中体现为散户投资者对股票价格的影响力。

2021年初，围绕游戏类上市公司游戏驿站（Game Stop，GME）在美国证券市场发生了散户抱团逼空金融机构的现象，即所谓"韭菜收割镰刀"的对抗。据媒体披露，机构投资者在此次事件中亏损至少达197.5亿美元。曾经因为做空中概股而"封神"的香橼基金爆仓，公开宣布"将停止做空研究，专注于做多机会"。这一事件震惊了全球金融行业，市场由此惊呼散户联手操纵市场，扰乱市场秩序。美国众议院金融委员会因为GME股票异常波动，于2021年3月举行听证会。

GME是美国一家主营线下零售业务的传统游戏公司，近年来由于手游、数字下载游戏、电竞等风潮兴起，其业务遭受巨大冲击，财报连年亏损。媒体上也多见其CEO辞职、裁员、关店等负面新闻。2020年新冠疫情在美国的蔓延使得游戏驿站的经营雪上加霜，股价一路下挫。很多机构投资者开始做空GME，这其中有梅尔文基金（Melvin Capital）和香橼公司。香橼公司创始人安德鲁·莱福特（Andrew Left）发布了看空报告，称游戏驿站债务水平高企，销售业务衰退，并放言"你们这些买家，将是这场扑克游戏中的输家"。在重压之下，GME甚至最低达到2.57美元/股的价格。这种形势激怒了GME的玩家和持有该股的投资者。这些人聚集到了股市社交论坛Reddit的WallstreetBets（华尔街赌场）板块中，表示坚决看好GME的未来，并号召买入GME股票。受到买入资金推动，GME股价就一路走高，最高达到了惊人的483美元/股（见图4-4）。

图4-4 美国上市公司游戏驿站2021年股价走势图

（竖轴单位：美元）

这期间还有特斯拉和Space X创始人埃隆·马斯克煽风点火。马斯克在Twitter上大呼"GameStonk"①，还附上了WallstreetBets的网络链接。马斯克承诺如果GME上涨到1000美元/股，就把GME的商标印在下一个Space X的火箭上发射到太空。在这条推文的影响下，GME股价当日就上涨超过90%。WallstreetBets上的散户还将战火蔓延至这些机构做空的其他股票，如黑莓Blackberry公司和AMC院线、Express、诺基亚等。这些股票都出现连续上涨的逼空走势。做空机构遭受损失，控诉散户使用金融暴力，要求监管机构介入约束散户们的行为。梅尔文公司被迫平掉做空GME仓位，在一个月内亏损达53%，最后不得不接受注资才免于破产。香橼公司也公开道歉并宣称不再对GME发布评论。此事持续发酵引起美国证券市场各方不安，包括Robinhood在内的美国大型券商都关闭了对GME、AMC、诺基亚等股票的交易。由于散户们无法通过交易平台购买股票，这些股票大幅回落并出现下跌。WallstreetBets论坛服务器被查封，借口是"因成员屡次违反平台的反仇恨言论

① Stonk是马斯克对社交媒体上Stock（股票）一词拼错的模仿。

规定，多次警告无果"。该论坛被关闭一个小时之后重新恢复，但原来的新用户自由注册制变成了邀请制。

散户群殴华尔街机构的GME事件有一些重要背景。首先是从2020年开始的新冠疫情使得美国居家隔离和在线办公的人数激增，带动了美国证券市场的个人投资者开户数同比大幅增加。其次，美国普通民众对华尔街的积怨由来已久。2011年，美国曾经爆发过"占领华尔街"的社会运动，该运动剑指美国权钱交易和社会不公正，反映了美国民众对金融行业的不满情绪。最后，做空制度中的漏洞与过度做空所形成的市场机会成为此次博弈中空头遭到阻击的关键。在事件初期，WallstreetBets上就有用户预见到：游戏驿站被过度做空，做空股数量为流通股数量的150%，未来只要游戏驿站不破产，其股价会逐步上涨，空头们最终会迫于压力回购股票形成轧空。换句话说，机构投资者群体是因为贪婪和过度自信而自掘坟墓。

GME事件从表面上看是散户的全面胜利。社交媒体为散户团结和动员提供了重要阵地，网络论坛Reddit并非以投资专业性闻名，而是充满了娱乐和赌博的氛围。Reddit上年轻的用户没有经过专业的投资教育，他们大都不信奉价值投资，把股市当赌场，幻想着通过"All in"来实现暴富，还将"YOLO"（You Only Live Once，你只活一次）作为自己的座右铭，动辄全仓杀入。即使在GME短时间之内股价上涨200倍的波动中，有很多散户也遭受了巨大损失，有的甚至因为破产而自杀。还有市场人士认为在论坛上有很多账户其实都是机构伪装的，他们在论坛中发布煽动言论，怂恿散户买入做多。这次事件只是做多机构借助散户的力量利用做空机制的漏洞收割和轧空了做空机构而已。

如何看待证券市场中的群体力量？法国学者勒庞发表于19世纪末期的著作《乌合之众》（*The Crowd*）堪称社会群体分析研究的经典之作。勒庞以法国大革命中的事实近乎尖刻地指出：当个人聚集成群体后，会出现感性、盲目、易变、低智商化、情绪化、极端化等一系列特点。无论个体多么聪明高尚，一旦进入群体就会被同化，个人品质不复存在。领袖或者统治者通过暗示、断言等手段可以有效地操控群体。证券市场在历史上股市泡沫和金融危机中表现出来的投资者羊群效应（Herd Behaviour）已有目共睹。

也有学者对群体决策和智慧提出了不同的看法。英国统计学家高尔顿（Francis Galton）[1]曾用乡村集会上农夫竞猜公牛净重的实例指出："群体以民主方式所得出判断的准确性要比预想可信得多。"2010年，美国专栏作家詹姆斯·索罗斯基出版著作《群体的智慧——如何做出最聪明的决策》（*The Wisdom of Crowds*），这本书提出了完全不同于《乌合之众》的观点。索罗斯基认为"我们要么是低估了群体的智慧，要么是高估了精英或者专家们的作用"。

索罗斯基在书中举出股市中的案例。1986年1月28日，美国"挑战者号"航天飞机发射升空后爆炸。当时电视媒体正在进行现场直播，灾难的消息迅速传播。在几分钟之内，为"挑战者号"提供设备的承包商企业——洛克威尔国际（Rockwell International）公司负责轨道发行器以及发动机的研发和制造，洛克海德（Lockheed）公司负责地勤支持，马丁·马瑞塔（Martin Marietta）公司负责外储箱的研发与制造，莫顿聚硫橡胶（Morton Thiokol）公司则负责固体助推器的研发和制造——这四家公司的股票均遭受投资者抛售，其中以莫顿聚硫橡胶公司的股票下跌幅度最大，在当天收盘时下跌了12%，而与之形成鲜明对比的是，其他三家公司的股票在收盘时止跌反弹，只下跌了3%左右。

有金融学者注意到这个现象：在事故调查甚至还没有展开的时候，股市

---

① 英国统计学家弗拉西斯·高尔顿曾经有过记录自己亲身调查统计的经历。有800个农夫在一次乡村集会上被组织起来去竞猜一头肥壮公牛的净重。高尔顿对竞猜的结果进行了统计，总共得到了787份有效数据。高尔顿计算了竞猜数据的平均值，结果让高尔顿非常意外。这头群体猜测公牛经屠宰和去毛后体重为1197磅，事实上这头牛的净重为1198磅，即群体的判断接近完美。此事见于高尔顿的自传《一生的回忆》。

就已经得出结论——莫顿聚硫橡胶公司最终要为这次事故负责。在灾难当天，没有任何媒体的评论指出莫顿聚硫橡胶公司应该承担此次空难的责任。第二天，《纽约时报》报道称："关于事故起因现在尚无线索。"在事故发生六个月后，"挑战者号"调查委员会发布最终结论，莫顿聚硫橡胶公司对这起事故负有最终责任，而其他三家公司得以免责。

互联网 Web2.0技术出现之后，在线社区、论坛和社交媒体方便快捷地实现个体间的交互和信息共享，UGC（Users Generate Content）内容在网络上随处可见，如商品的评论区、视频中的弹幕、网文后的留言等。维基百科的成功证明了普通人的自组织与相互合作可以被信任和依赖去创造价值。互联网中的意见观点碰撞是否能出现超越个体之上的群体智慧？

证券市场中的相关研究得出了积极的答案。Twitter能预测公司盈利和股票回报吗？（Can Twitter Help Predict Firm-Level Earnings and Stock Returns?）（Lucile Faurel et al., 2018）区分了Twitter上的原创信息（original information）和转发信息（disseminating existing information），并指出在不充分信息环境中（weaker information environment）Twitter上不同个体对公司盈利的预期值统计证明了他们比专业的证券分析师更有预测能力。金德环、李岩（2017）对国内A股财经社交平台东方财富股吧的研究同样证实了股民群体对公司盈余有预测力，这些研究似乎都证明了群体智慧的存在。在互联网财经社交媒体上用户群体似乎符合以下特点：具有观点的多样性、个体独立性、视角和认知分散性和信息集中化机制。这就是索罗斯基总结出的能做出聪明选择的群体特征："在适当的环境下，群体在智力上表现得非常突出，而且通常比群体中更聪明的人还要聪明。即使一个群体中的绝大多数人都不是特别见多识广或者富有理性，但仍能做出一个体现出集体智慧的决定。"[①]

---

① 詹姆斯·索罗斯基：《群体的智慧——如何做出最聪明的决策》，中信出版社2010年版，第235页。

第五章 情绪传播学

在后真相时代，情绪对事实的影响被重新审视和思考。传播学研究尤其是效果研究在基于事实和社会关系之外，从人类情绪的维度发现崭新的意义与世界。人类千万年进化所形成的情绪机制会预置人们对待事实的态度。在面对重大灾难和社会动荡时，群体情绪会默契地挑选事实，放大事实，进而扭曲事实，甚至还会制造事实。当人类情绪这一研究主题清晰地出现在传播学的视野当中，学者们继而发现情绪是比事实更加难以测量、难以控制的变量。

证券市场的运行对于人类群体情绪的探索有独特优势。在这个现代的"狩猎场丛林"中，研究者可以观察到人类群体从最微妙到最狂暴的情绪状态。人类的情绪动机有着高度一致性的聚焦点——投资回报和风险规避，在证券市场中对于情绪的探索研究有着更明确的意义，也有着最为强劲的动力。从证券市场诞生之日起，世界各国的证券交易价格、数量和种类都以时间序列的方式被持续地记录和保留了下来，这意味着人类情绪输出的结果是有记录的、可量化的、可计算的，因此人类情绪变量所产生的社会后果有了可观察的数据和资料支持。

传播学将证券市场中情绪、信息和事实三者结合共同来观察超越趋势预测和投资回报，从而追求具有普遍社会性意义的研究价值。在梳理以往经济学和金融学对于证券市场情绪的研究中，本课题关注的有三点：（1）情绪对人们接受信息并作出决策的影响。（2）情绪经由媒介建构和扩散。（3）对新闻媒体和社交媒体上所表现出的群体情绪进行测量的可能性以及方法。

一、证券市场中的群体情绪

本质上，所有经济活动都受到群体心理活动的推动（伯纳德·巴鲁克）。证券市场很早就认识到在投资活动中参与者的情绪化，这比行为金融学者们得出"人的非理性"结论要早很多年。早在英国南海公司泡沫破灭之时，投资惨败的牛顿就留下金句：我可以计算天体运动的轨迹，却无法计算人性的疯狂。很多投资家都提到过市场情绪是影响投资的重要因素。在20世纪被誉为"华尔街教父"的本杰明·格雷厄姆就提到一位喜怒无常的"市场先生"，这位"市场先生"经常让他的热情或恐惧随意流淌，而"市场先生"建议的价值对投资者来说似乎有点傻。格雷厄姆说："我们从悲观者手中买来股票，然后卖给乐观者。"格雷厄姆的学生巴菲特也提到"市场先生"经常会给资产胡乱定价，主要看心情。他还把格雷厄姆的投资箴言进一步简化，成为市场最广为流传的金句："在别人贪婪时要恐惧，在别人恐惧时要贪婪。"如今很多基金经理奉行的投资座右铭是利用市场的错误来赚钱，其投资思路如出一辙。

1939年，约翰·梅纳德·凯恩斯（John Maynard Keynes）用动物精神来形容经济主体的非理性动机，之后，这一词语成为行为金融学中的核心词汇。凯恩斯认为投资和投机之间的区别也与此相关："投资是预测资产在一段时间收益的活动，投机就是预测市场心理的活动。"对于这一观点，索罗斯可能并不同意：围绕市场心理而做出的交易未必就是非理性的，是投机行为。索罗斯认为投资者情绪影响的不仅是价格，实际上它也会改变经济基本面，还会改变公司的内在收益。市场情绪与股价和经济活动通过反馈产生相互作用，比如，如果股价因为经济情绪改善而上涨，投资者将因为价格上涨而感觉财富增加了，因而更愿意花钱购买消费品。消费改善了企业的收益，首先可能是零售商和休闲型企业。当它们的报告获得了更高收益时，它们的股票价格会上涨，这强化了正面情绪。正面情绪反馈又引发了更多有助于激发正面感受的事件和行为。经济整体运行的质量和上市公司的经营状况因此得到改善，这思考当中包含着索罗斯投资哲学中"反身性"原理。

在证券市场中可以观察到人类群体最微妙的情绪状态。情绪是人类的自然属性，人类有近40%的日常情绪变化可以归结为天气原因，几乎所有人在阳光明媚的时候都比天色阴郁的时候更轻松、更快乐。日照和云量、夏时制导致的睡眠模式改变、极端温度、月亮周期、电磁风暴和每日风力等这些天气因素都会对人类情绪造成影响，有趣的是，这种情绪后果非常微妙甚至人类自身都难以意识和察觉到，以至于不容易找到科学证据。但证券市场是另类"媒介"，从300年之前到现在留下了各个地区不同国家的持续公开的、方便易得的且群体意义上的人类交易数据，对这些数据的研究都证明了上述自然环境因素与证券市场的价格波动、收益回报是相关的。

有学者研究了美国1982—1997年的26个股票指数数据，将这些数据与当地的阳光与云层覆盖等天气预报相对照。结果发现，"在纽约市，大晴天的市场名义年化回报率大约是24.8%，而阴天的这个值是8.7%"[1]。晴天让投资者心情好，对风险不敏感，在市场中有更为激进的交易行为。有学者还通过对北半球从秋分（9月21日）到来年春分（3月21日）6个月的股市表现，以及南半球对应时段的股市表现进行研究，发现股市在夏季表现不佳而在冬季表现较好。研究者认为这与季节情绪失调（Seasonal Affective Disorder，SAD）有关，从而使得投资者的风险偏好和投资行为出现季节性特征。

股票的价格甚至还会出现月亮效应。Yuan、Zheng和Zhu（2001）的研究统计分析了48个国家的股市，结果发现证券市场的回报在满月的日子里要低于在新月的日子，新月期间的高额回报为年化6.6%[2]。心理学的很多研究都发

---

[1] Miltra Akhtari. Reassessment of the Weather Effect: Stock Prices and Wall Street[J]. Undergraduate Economic Review, 2011, Vol. 7, p.49.

[2] Floros Christos. Mood Phases, Mood and Stock Market Returns[J]. Journal of Emerging Market Finance, 2013, Vol. 12, p.89.

现在电磁爆①（Massive Magnetic Solar Eruption）两周之后，人们会出现心情抑郁症状。抑郁症的心理特征之一就是厌恶风险。这一后果体现在证券市场上，研究者发现严重的电磁爆会导致全球股市在电磁爆发生6天之后表现不佳。

研究者还发现缺乏睡眠也会带来糟糕的市场回报。在美国存在夏令时和冬令时的制度。卡姆斯特拉、克雷默和利瓦伊（Kamstra，Kramer and Levi，2002）发现，在夏令时改变的那个周末，周五收盘价到周一开盘价之间存在低于正常水平的回报。他们假设这种情况是因为不同时制的倒换导致投资者睡眠不够，这对投资判断产生了不良影响。

新西兰、加拿大、巴西等各个国家的学者都对天气数据和股市表现做了相关研究，也基本验证了上述结论。在中国也有学者研究了天气与股市之间的关系。有学者发现在A股市场中天气因素中湿度、能见度和风速对股票价格影响显著，尤其是对熊市中的波动率和换手率影响巨大。天气对个人投资者的影响要大于机构投资者（李占风、段满福、李丹，2018）。还有学者通过对股票市场日内交易情况的研究发现除温度和极端天气外，包括云层覆盖率在内的其他天气指标对股票收益没有影响，但季节性情绪紊乱因素对市场换手率和波动率等交易行为具有显著影响（陆静，2011）。

在证券市场中还可以观察到人类群体最狂暴的情绪状态。从历史来看，在证券市场中人类群体情绪失控和疯狂的一面也表现得淋漓尽致，荷兰的郁金香泡沫、英国的南海泡沫、法国的密西西比泡沫，还有美国1929年由股市崩溃引起的经济大萧条（big depression）、中国2015年股灾等。每一次人类疯狂行为之后都留下了特别惊人的、不可思议的价格。在荷兰郁金香投机最顶

① 电磁爆是指太阳电磁辐射急剧增加的现象。主要发生在与太阳活动区有关的日面局部区域内。与宁静期相比，爆发期太阳电磁辐射流量可增加几倍到几十万倍，持续时间从几毫秒到几天十几天，爆发范围从长波到微波，还包括紫外线、X射线和γ射线。主要由太阳耀斑产生。能引起地球电离层和高层大气变化，影响短波通讯、卫星表面涂层和太阳能电池帆板。

盛的时候，一棵植物球茎的价格抵得上20头公牛！而当恐慌袭来的时候，在短短一周之内，球茎就变得一钱不值。群体的恐惧和贪婪所产生的强悍破坏力荡涤着股票市场，蔓延到了整个经济系统，最后震动社会。

在探究证券市场的泡沫和崩盘所产生的原因时，学者们发现仅仅用经济因素如信贷充裕、监管松弛、企业盈利持续增长等不足以解释这些动荡之巨。在《1929年大崩盘》中，作者约翰·肯尼斯·加尔布雷斯认为："我们不清楚为什么会在1928年和1929年出现这样一股投机狂热。信用便利使得人们借钱以保证金交易方式大肆购买股票，这个长期以来得到普遍认可的原因显然毫无说服力。在这之前和之后，多次出现过信用便利，但却没有发生任何形式的投机热。"[1]最后，加尔布雷斯认识到："人们的情绪远远要比利率和信贷供给重要。规模的投机需要普遍的信任感和乐观情绪，普通老百姓都渴望发财。"[2]诺贝尔奖经济学家罗伯特·希勒在其著作《非理性繁荣》中表达了类似的看法。对千年之交从美国蔓延到全世界的互联网泡沫，希勒通过对美国上市公司的财务数据与公司股价的对比研究后发现，几乎所有公司的价格波动都比公司盈利的波动大5倍。希勒对此的解释是投资者的情绪对资产的价格造成巨大的影响。

罗伯特·希勒认为从美国蔓延到全球的网络泡沫跟以前的诸如铁路泡沫是相同的。新技术对经济总体增长作用是有限的，因为"新技术对已有公司的影响是双向的：它的出现既可能增加也可能减少现有企业的利润。就股市的繁荣而言，重要的不是互联网革命对于人们现实生活所产生的无法言喻的深远影响，而是这一革命所引起的公众反应。公众反应受到互联网神话的光鲜直觉影响，而有关互联网的各种凯旋故事以及论调又进一步渲染了这种光

---

① 约翰·肯尼斯·加尔布雷斯：《1929年大崩盘》，沈国华译，上海财经大学出版社2006年版，第121页。
② 同上。

鲜"[①]。是"价格增长的消息以一种心理感染的方式激发投资者热情"。"心理感染使得投资者相信价格会上涨，也使得他们进一步觉得追逐泡沫是理性的。而事实上，这并不理性。"罗伯特·希勒认为："泡沫的实质是一种微妙的社会心理现象，故而它们在本质上难以驾驭。"[②]希勒怀疑政府对金融调控和监管是否能有效地对这种普遍的市场行为进行规制进而消除未来的泡沫。市场群体的情绪风险要远远大于经济系统的基本风险，情绪风险变幻莫测，难以追踪，是更让人敬畏和应该警惕的，也许这才是"我们唯一恐惧的是恐惧本身"这句话的真正含义。

另外，对于市场中的交易员而言，股市的泡沫中有迷人的风景，他们看到的是套利的良机。索罗斯说："世界经济史是一部基于假象和谎言的连续剧。要想获得财富，做法就是认清其假象，投入其中，然后在假象被公众认识之前退出游戏。"索罗斯们认为，当他们看见泡沫冲进去，然后火上浇油，这未必不是理性的表现。趁火打劫的索罗斯们加剧了泡沫从膨胀到破灭的过程，但也正由于市场情绪的变幻莫测，充满了不确定性，索罗斯们也未必每次都能全身而退。

二、证券市场中的信息与情绪

投资者从认知到情绪这个过程中的一系列因素影响了自身交易行为，形成了市场中的价格形态。信息在激活情绪之前要具备触发认知的维度。那么，我们从传播学的角度探究：影响投资者行为的信息，其内容和特征是什么？在这点上，证券市场与其他传播领域的道理是一样的：易于理解且生动鲜活的信息能够产生广泛影响，即信息具有易得性、平易性和生动性的特征。财

---

① 罗伯特·J.希勒：《非理性繁荣》，李心丹译，中国人民大学出版社2016年版，第34页。
② 罗伯特·J.希勒：《非理性繁荣》，李心丹译，中国人民大学出版社2016年版，第6页。

经媒体的报道会影响投资者的情绪，并改变股票回报率和交易量。只是，证券市场中的信息远比媒体的内容要宽泛和丰富得多。

2021年2月16日，港股上市公司信阳毛尖发布公告，拟采纳"中国国龙茅台集团有限公司"为公司的中文第二名称（后未达成）。一个以经营茶叶为主的公司要让自己的中文名攀附"茅台"。这种上市公司用"蹭热度""标题党"的方式更改名称在证券市场上屡见不鲜。为了搭上传播流的劲风，很多上市企业仅仅在名字上"改换门庭"。科冕木业曾经更名为天神娱乐，海隆软件曾更名为二三四五，百圆裤业变更为跨境通宝。经营房地产业务的多伦股份更是让市场"雷"了一回，它宣称将公司名改为"匹凸匹"，即互联网金融P2P的谐音。在被交易所问询时，多伦股份回复公司业务转型尚处于设想阶段，一无正式业务开展、二无人员配备、三无专业机构的可行性论证。有的上市公司不断更改名字甚至可达十多次。有趣的是，这些没有实质业务支撑的名称更改都在短期之内引起股价上涨。

投资者看见一个顺眼的名字就会入市投资？可能确实如此。在国外市场也存在类似的情况。企业把它们的股票代码改得更容易识别，比如哈雷戴维森（Harley Davidson）公司将代码HDI改成HOG。还有像LUV（西南航空）、BID（苏富比）、EYE（先进光学医疗）等都更改过代码。这样的代码真的会使股票跑赢市场。从1984年到2004年，这些有醒目代码的股票的年复合增长率为23.6%，同期纽交所和纳斯达克的股票平均收益率为12.3%。另一个来自普林斯顿大学心理学家的研究发现，如果IPO刚挂牌交易的股票有响亮的代码，它在挂牌首日的收益会比其他股票高11.2%。[①]颜值也是生产力，在证券市场中似乎也同样适用。

投资者情绪对名字这样浅层次信息的偏好可以更离谱，甚至到了搞笑的

---

① 理查德·L.彼得森：《交易情绪密码——大数据揭示投资群体心理》，郑磊、郑杨洋译，机械工业出版社2018年版，第89页。

地步。据彭博社报道，当易会满被任命为中国证监会主席，中国股市名称中含有"易"的股票纷纷大涨，如易尚展示、易德龙和易见股份，当天这3只股票分别涨7.7%、6.3%和5.5%。当特朗普2016年赢得总统大选，名称为川大智胜的股票大涨，而云南上市公司西仪股份——"希（拉里）姨"大跌10%。2008年10月，在奥巴马赢得第三次总统选举辩论后，发音与其相近的青岛"澳柯玛"股票连涨4天，最终涨幅超过43%。彭博社认为在散户占比约80%的中国证券市场，这种基于名称的投机行为并不少见。

　　这些研究不是在实验室里简单的模拟，而是真实的经济场景中由于人类认知导致的结果，其结论有着扎实的交易数据作为支撑，要更可靠。我们从中得到的启发在于，第一，在社会行为和选择的表象之下有着人类情绪的暗潮涌动。阳光灿烂的天气或者听起来朗朗上口的名称都可能产生社会后果，而这种影响在我们潜意识当中难以被察觉。第二，一个事件所创造的影响要比事件本身更大。情绪的影响远比我们想象的要大很多。人类不仅会受到自己读到和听到的消息影响，而且会更频繁地受到自己对这类信息的情绪反应的影响。信息激发出的情绪是人类行动的关键驱动因素。第三，人们对自己容易处理、容易理解甚至对自己新近接受的信息会有更大的权重。在投资者的脑海中，抓人眼球的股票代码和响亮的名字胜于复杂的财务报表和枯燥的数据。它通常令人浮想联翩：前途远大或者收益丰厚，因而更容易引起注意，更容易被回想起来。从认知到情绪再到行为和效果并不是复杂的路径，上市企业的名字就能为投资者开启这样一个简单的处理模式。

　　在证券市场中，学者们发现不同的人类情绪对于交易有不同的影响：恐惧和贪婪有着不同的节奏，贪婪是一波一波缓慢释放的，恐惧情绪是一次性急速释放的。除此之外，还有人类更为复杂的情绪状态导致人们对信息的理解不同，从而做出不同的决策。

　　愤怒（Anger）。人类的愤怒可以体现为不同的强度范围：从低强度水平的厌恶到高强度水平的暴怒。新闻媒体会在新闻报道中克制地表达这种情绪，如"愤怒的股东要求公司对于捐赠行为作出解释"。在社交媒体中，愤怒则可以直接地表现为对公司或高管的侮辱，比如"这真是个垃圾企业""CEO真是白痴"等。愤怒会对交易产生强大的影响。一个金融交易的试验发现，愤怒的受试者会降低对消费品的报价和还价。愤怒的交易者倾向于卖出股票，且在愤怒过后也不愿意将股票重新买回。一项关于微博网站的研究发现，愤怒要比快乐、厌恶和悲伤在网上传播得更快，并波及更多的社交用户。另外，心理研究发现，分担愤怒不会削弱愤怒的强度，反而可以让愤怒情绪保持更久。发泄愤怒会强化这种情绪，从而相应提高了网络环境的整体愤怒基调。

信任（Trust）。信任是市场的基础。如果没有信任，除了实物交换，就几乎没有什么经济活动。人与人之间信任程度较低的国家具有较低的经济增长速度，而信任程度提高，意味着经济活动规模更大。信任对提高经济质量有着更为深刻的长期帮助。信任作为一种思维状态，是一种复杂的情绪，用文字来描述信任是很有挑战性的。信任可以用信心、信念、诚信这样的词汇表述，是一种抽象的思维状态，反映了明示的信念和行为。有关信任的表达包括"新产品是值得信赖的"，以及"董事长是一个诚实、正直的人"。不利于信任的表述有"它的售后人手不足，服务差劲"，以及"广告完全忽悠人"等。

恐惧（Fear）。与愤怒相比，它引发了较低的竞买价格和较高的竞卖价格，以及对未来的悲观预期。心怀恐惧的投资者避免进行交易，价格逐步下跌，直到恐惧达到极端的恐慌阶段，这时又会导致资产被不计成本地抛售。这就是引起股灾的"过度反应"。

忧郁（Melancholia）。这种情绪在投资活动中的后果为：较高的竞买价格、较低的竞卖价格和过度交易。看完令人伤心的短视频，人们会对自己拥有的东西给予较低的估值，而对于那些自己没有的东西给予较高的估值。这种估值上的差异刺激了经济交易增多。具有高忧郁情绪水平的股票，可能会出现相对较高的交易量。这种过度交易与"购物减压疗法"其实出自同样的心理状态。

不确定性（Uncertainty）。准确地说，这不是人类的情绪，而是容易引发情绪的信息状态。心理学研究证实我们对风险的态度并不一致。乐观情绪高涨时，投资者会无根据地看好并不清晰的数据，即忽视不确定性，愿意承担更多的风险。在悲观情绪弥漫的时候，人们会更寻求确定性，变成风险厌恶的类型。这个时候往往产生假消息和谣言散播的"温床"。每遇到重大灾难发生之时，社会上总会出现抢卫生纸、抢食盐等群体风潮。这其实是人们面对极大不确定性的时刻，为了寻求控制感和稳定感而进行的低成本的发泄活动。

在面临巨大的不确定性时，群体情绪会对事实或者新闻进行选择和放大，这种力量在社交媒体平台出现后尤为突出。在2015年的股灾中，新闻媒体被谴责是利用不当舆论营造牛市气氛，"舆论牛"导致市场的泡沫，其中一篇报道成了众矢之的，这就是当时在市场中盛传的《人民日报》"4000点才是牛市起点"的文章。如果我们追溯到这篇报道的新闻文本，发现《4000点才是A股牛市的开端》（见图5-1）并非来自《人民日报》，而是来自人民网，其作者也并非《人民日报》的正式采编人员，而只是一位普通的作者。这篇评论只是当时市场的观点之一，却被市场贴上了《人民日报》的标签得到无数次转发和讨论，被认为是政策意向助涨股市泡沫。

相似的状况发生在2019年新冠疫情初期。同样被认为是来自《人民日报》的新闻："双黄连可抑制新型冠状病毒"（见图5-2），这则新闻触发了抢购双黄连的狂潮。以后这则消息被认为是谣言。实际上，有关双黄连的消息来自《人民日报》的微博公众号，但新闻中的措辞是"双黄连口服液可抑制新型冠状病毒"且目前处于"临床研究"阶段。文中并没有提到双黄连对新型冠状病毒的任何确切疗效。上述两篇新闻内容本身并无过失，被市场情绪选择之后在传播中被放大，且难免变形。有很多人未必会看见原初消息，却得到了"双黄连可治新冠肺炎"的认知。市场情绪之所以选择这样的新闻无非是"因为需要，所以看见"。

图5-1　2015年4月21日人民网《4000点才是A股牛市的开端》

图5-2　2019年1月31日《人民日报》微博公众号文章《双黄连可抑制新型冠状病毒》

三、情绪数据

证券市场与社会之间不仅有资金的渠道相连，还通过情绪的感染传递影响。证券市场会挟持恐惧和贪婪情绪撞击整个社会，而社会情绪的涟漪也会荡漾到证券市场。统计数据显示，一场重大体育赛事的胜利所引发的欢乐自信情绪甚至会轻微地推动股市上涨，地震、水灾等负面事件会造成股市下跌。

这种原理同样适合个股的走势。2021年2月，上市公司贵州茅台达到股价和市值的最高峰，成为中国股市第一股。这时有媒体报道称，茅台集团的总工程师成为中国工程院院士贵州省候选人拟推荐对象人选。此消息一出，便在社会上引发广泛关注与热议，不少专家对于贵州茅台院士人选的学术性价值提出批评和质疑。随着事情的发酵，贵州茅台的股价出现连续下挫，从最高点下跌近20%，损失市值6000亿元。当然贵州茅台股价的回撤跟前期积累了可观涨幅相关，但是下跌的时间点与"茅台院士"所引起的舆论风波如此重合值得思考。

在华尔街上曾流传着"裙摆效应"，即纽约股市和女性裙子的长度之间存在某种相关性。简单来说，裙子越短，股价就越上涨；裙子越长，股价越下跌。这背后的原理是社会情绪和生活状态与经济是否景气相关。经济繁荣时，人们收入稳定，女性心情愉快，社会观念开放，女性乐意穿短裙展示曼妙的曲线；而经济陷入低谷，失业率增加，人们生活窘迫，女性情绪焦虑忧郁，社会观念趋于保守，女性更倾向于穿着严肃。类似裙摆效应还有口红指数、大厦指数等。当然，如果在投资活动中把这些社会行为看作股市的风向标显然太轻率了。

证券市场总是在寻找更为精准的预测工具。没有比证券市场更热衷于通过各种手段测量人类情绪的，证券分析师时刻紧盯市场情绪的风向，以寻找套利的机会，这就是情绪炼金术。大型机构的市场分析师会把证券技术指标如IPO的数量、IPO第一天的收益率、新开账户数、个股的成交量和价格等作为代理变量来揣测市场情绪的温度。除此之外，还有第三方机构通过问卷调查法收集投资者对市场"多""空"看法以此构建情绪指数。国外反映投资者信心指数有BSI（Bearish Sentiment Index）、瑞银集团盖洛普调查等。国内类似的调查有耶鲁—CCER中国股市投资者信心指数和深圳证券信息有限公司提供的巨潮投资者信心指数。

进入21世纪后，社交媒体承载了越来越多的股市信息。上市公司用公众号对内对外进行公关和营销，投资者也借助个人账号表达对个股和市场的意见和看法。Facebook、Twitter以及国内新浪微博等社交媒体提供了比裙摆效应更为丰富、更为准确到位的社会心理信息。有很多学者展开了社交媒体和股市相关性的研究。美国佩斯大学的博士生Arthur O'Connor追踪星巴克、可口可乐和耐克三家公司在社交媒体上的人气程度，同时对照它们的股价，发现在Facebook、Twitter和YouTube上的三个品牌的浏览观看人数与这三家公司股价密切相关。品牌的人气流量能预测其公司股价在10天甚至30天后的上涨趋势。学者Bordino研究发现，雅虎上对纳斯达克100指数成分股的搜索量与这个指数的走势显著相关，其预测作用体现为根据搜索指数的峰值能预知第二天指数走势。还有学者研究98个金融词汇的谷歌搜索数据与美国股价走势的相关性，发现金融词汇的搜索数据能预测美国市场走势。

慕尼黑工业大学的两位学者对Twitter进行了更细致的分析，他们筛选出提到标准普尔100指数中成分公司的推文，将其分为"买入""持有""卖出"三类，算出每只股票的看涨程度。结果发现，推文的总数与交易量、看涨程度和标准普尔100指数之间密切相关。如果投资者采取买入看涨程度最高的3只股票、卖出看涨程度最低的3只股票的策略，半年内能有15%的回报。

2012年，数据公司DataSift监测Twitter的相关信息发现，Twitter上与Facebook相关的情绪倾向与上市公司Facebook随后的股票走势呈直接正相关。DataSift监测发现，Facebook股票上市当天，Twitter上相关情感逐渐转向负面，Facebook在25分钟后下跌。当Twitter上相关情感转向正面时，Facebook股价在8分钟后反弹。在股市临近收盘，Twitter上相关情感又转向负面，10分钟后Facebook股价又呈现下跌走势。Twitter上每一次情感转向都牵动着Facebook股价的波动。[①]

财经媒体努力收集大数据以做到对市场情绪全面详备的描述。全球顶尖财经媒体汤森路透集团（Thomson Reuters）的一位高管Austin Burkett表示："随着由数据驱动的被动交易不断增多，新闻和社交媒体比以往更能推动投资和风险管理流程。""金融市场越来越复杂，我们也更需要向客户提供相关数据以及帮助他们管理和分析数据的工具。"[②]这个集团推出了汤森路透市场情绪指数（Thomson Reuters MarketPsych Indices，TRMI），这个指数将情绪细分为50种，所观察的信息源包括几千家传统纸媒和不同的社交媒体平台，对金融品种覆盖到41个交易所、29种货币甚至多达119个国家。汤森路透集团宣称根据这个情绪指数所建立的投资组合在一段时间内可以跑赢标普500指数 24%。国外证券市场上还出现了一批以分析公众情绪大数据为金融、选举、营销等方面提供服务的公司，如数据公司DataSift，彭博新闻社的Eikon交易平台免费给散户投资者提供Twitter数据跟踪器，线上股票交易平台StockTwits提供入门级的Twitter投资新闻追踪系统。

小 结

当证券市场中某个人或者机构说他们手中有股市秘籍可以未卜先知，能准确进行市场预测，通常都会被认为是骗子。而这一次情况似乎有所不同，大数据的出现有特别的意义。那么证券市场在社交媒体时代可以应用大数据预测吗？这是个有趣且具有现实意义的问题。

---

① 中璋：《操纵：大数据时代的全球舆论战》，中信出版集团2021年版，第154页。

② Samuel Haig：《汤森路透推出MarketPsych》，https://www.thomsonreuters.cn/. 2021年8月访问。

2010年10月，有学者利用情绪量表从平静、警惕、确信、活力、友好、开心六个维度对情绪状态进行研究，他们发现Twitter信息的情感与债券市场波动、期货商品价格以及社会重大事件之间有着紧密的联系，社会、政治、文化和经济领域的事件对Twitter用户的情绪有即时、独特的影响。比如，2008年冬，Twitter用户的愤怒、紧张和抑郁情绪的增长与秋季经济持续低迷有关。他们分析了2008年Twitter数据的报告发现，Twitter中的"镇定度"水平能提前2—6天预测道琼斯工业平均指数走向，准确率可达87.6%[①]。

2015年年初，欧洲央行发布报告称："从统计学和经济学角度来看，Twitter上的情绪状况对预测美国、英国、加拿大股价变动有重大价值。"欧洲央行统计每天Twitter"看多"或"看空"频率，以衡量投资者对特定日期市场的判断，在与真实市场走势对比后发现"每日情绪指数"（DSI）每上升1个点，当日道琼斯指数回报就上升2.26个基点；"Twitter情绪指数"每上升1个点，道琼斯指数可在次日上升12.56个基点。"Twitter上看涨情绪较高时预示次日回报不错，但在接下来2—5天内回报就会恢复正常水平。"

中国证券市场作为新兴的发展中市场具有散户投资者比例高和投机气氛浓厚的特点，在这样的市场中，情绪对市场的影响更加显著。很多对中国投资者情绪的研究是以新浪微博为研究对象来考察的。有研究将微博用户的情绪分为愤怒（anger）、厌恶（disgust）、恐惧（fear）、喜悦（joy）和悲伤（sadness），结果显示悲伤比其他四种情绪与股市回报有更强的相关性（Yingying Xu et al.，2017）。陈浩、赖凯声等学者基于情绪理论和情绪量表，对微博从2011年8月1日到2012年2月29日的2242个情绪词汇进行词频统计，结果发现，993个常用情绪词汇与上证指数存在相关性，学者们据此构建"微博情绪综合指数"。他们通过时间序列建模分析后发现，"微博情绪综合指数"

① Bollen J, MaoH, Zeng X. Twitter Mood Predicts the Stock Market[J]. Journal of Computational Science, 2011, 2(1): 1-8.

和上证指数存在长期均衡关系，"微博情绪综合指数"对预测第二个交易日的上证综合指数具有显著意义[①]。

2011年5月，世界首家基于社交媒体的对冲基金Derwent Captial Markets上线，一期规模为4000万美元[②]。这个基金的特点是即时关注Twitter情绪来指导投资，通过评价人们在Twitter上的情绪状态来投资。该对冲基金首月以1.85%的收益率战胜其他对冲基金0.76%的平均收益率。2012年7月，他又在美国建立基于谷歌、Twitter、Facebook等信息来源进行大数据选股的Cayman Atlantic对冲基金。到2014年6月，该基金的年化收益率为21.8%，在24个月中有20个月都获得了正收益。

尽管有以上的研究和投资实践，仍然不能得出股市可以被预测的结论。首先是上述研究的结论并不相同甚至有相互矛盾之处。这些研究对社交媒体情绪指数的测量方法、工具不同，对情绪所使用的代理变量也不同，对证券市场的考察的维度和时间长短不同，有的研究关注的是短期股价趋势，有的研究关注的是成交量和长期回报，还有的研究明确指出结论不能复现，或者也无法证实之前他人的研究。Facebook开发了一个国民幸福感（Gross National Happiness，GNH）指数，计算用户更新的状态中包含的幸福关键词。通过这个数据，研究者发现——假期是一年中让大家感觉最快乐的日子，还有人在周五的幸福感是周一的两倍等。这些结论如此浅白以至于让人怀疑运用大数据价值何在？此外，几乎所有的大数据预测都无法提前报告"黑天鹅"事件（Black Swan Incident），即对市场有重大负面影响但发生概率极小的事件。

其次，上述研究对于社交媒体的群体情绪和证券市场的波动两者之间也

---

① 赖凯声、陈浩、钱卫宁等：《微博情绪与中国股市：基于协整分析》,《系统科学与数学》，2014年第5期。

② 徐国杰：《Twitter策略能帮助基金投资吗？》,《中国证券报》2011年6月7日，第5版。

只证明了相关关系，而不是因果关系。通过大数据得出的结论都不能指向市场深层次、结构性的问题。至于两者的相关性是否由第三者变量如经济政策或者国际局势引起，研究中很少有涉及。部分研究在结论中认为，更多的是市场的震荡引起了社交媒体中情绪的波动而不是相反。能对情绪有所洞见不应该忘记人类自身感同身受的能力，人类的意会（sensemaking）远胜数据和算法，伟大的投资家都是洞察人性的意会高手。

　　最后，就如同物理学中的量子测不准原理一样，对证券市场的预测也会影响到市场趋势和发展，其结果是预言会落空或者无法验证其有效性。从证券市场长期来看，不存在"绝杀技"和"秘籍"一类的永恒套利方式，有很多技巧在短时期内有用，而在长期框架内就会失效；有些技巧对某些股票有用，而对其他股票无效。情绪大数据同样不是股市的万能钥匙，证券市场存在的理由可能是它无法被预测。

第六章 债务人国家

从政治动员到利益引导

——《人民日报》国债报道研究（1981—1996）

一、研究缘起

金融创新的本质是思想革命。在改革开放后，现代证券市场[①]以国债（国库券）[②]为开篇正式进入中国社会。国债虽然不及后来股票在中国出现时在意识形态层面引起巨大争议和震动，但中国政府对待债务的态度从曾经标榜"既无内债，又无外债""这是坚持独立自主、自力更生伟大方针的结果"[③]转

[①] 晚清政府为了筹措军费曾经发行外债和内债，民国时期北洋政府和南京国民政府也曾经举借外债和内债，这些政府债务由于缺乏稳定、完善和规范的金融市场难以为继。新中国成立前后，1949年6月1日在天津和1950年2月1日在北京曾经出现过证券交易所，之后不久就被关闭。由于持续时间较短，这些证券市场规模小且影响力有限。新中国成立后，人民政府也曾经有过外债和内债。这些债务在1968年全部得到偿还。

[②] 国库券的本质是国债。在金融学中，国债与国库券的区别在于国债一般指期限在1年以上的债券，国库券一般指期限在1年以下的债券。我国政府在1981年至1984年发行的是10年期债券，按照一般标准应该叫国债，但由于政府之前宣称过自己"既无内债，又无外债"，故取名为国库券。《人民日报》报道中在1990年以前多使用国库券，而在1990年以后又回归国债的说法。

[③] 蔡正：《毛主席的独立自主、自力更生伟大方针的胜利——欢呼我国成为一个既无内债、又无外债的社会主义国家》，《人民日报》1969年5月11日，第1版。

变为"发行国债是世界各国通行的政府筹集资金的手段。在我国，它是筹集社会主义现代化建设资金的重要措施"[1]，从无债"光荣"到现代融资手段，这不啻于一场思想意识的巨大突破。

不同于依赖权力统筹社会力量的模式，金融是在利益分享风险共担模式下实现集聚资源办大事。国债是在承认且明确彼此利益的基础上达成金融合同，国家以未来信用做抵押向国民进行融资。国家信用在债务交易中从虚拟抽象的概念成为国民切身感知到的风险和收益。中国传统国与民二元关系在金融市场的框架中被注入了新的内涵。在这样的交易中，国民被视为债权人而不再是被动的税源，这对于拥有至上权威的中国政府是思维观念的转变。国家成为履行偿还义务的债务人，民众成为具有主体能动性的债权人。他们计算在国债交易中的回报在当时的环境中具有利益意识启蒙的意义。国与民凭借国债达成平等的现代契约关系，这种突破对于中国社会包括媒体具有重大意义。

二、研究样本和研究问题

《人民日报》见证并清晰地记录了国债第一次大规模进入中国社会的情况。国债的发行需要借助媒体的社会动员功能来完成。由于国债涉及国家和政府的信用，关系到民众的切身利益，其相关信息发布的权威性、严肃性和准确性都不容质疑。《人民日报》作为中国共产党中央委员会机关报，是国家和党法律行政文件的重要发布平台，也是有关国债政策首要且具有垄断性质的发布"窗口"。

1981年1月16日，《中华人民共和国国库券条例》发布，这一文件确定从1981年起发行中华人民共和国国库券。自此之后有关国库券的全部重要文件

---

[1] 新华社：《财政部有关负责人答记者问 谈一九九〇年国债发行等问题》，《人民日报》1990年6月12日，第2版。

都是在《人民日报》进行官宣和公告的。从某种意义上说，这个阶段的《人民日报》相当于早期的中国证券史。"1981—1990年，国债发行计划虽年年超额完成，但这种国债具有一定意义上的'派购'性质。……（到1991年）承购包销国库券约占国库券发行总任务的60%。"[①]再到1992年，"我国的国库券发行已基本实现了由行政手段分配认购向经济手段市场推销的转轨。"[②]"（1994年）国债交易也由原来的单一现货交易发展到现货、期货、回购同步交易。"[③]"（1996年）我国证券市场初具规模。"[④]

《人民日报》作为国家意志的代表，其舆论和话语模式配合国债发行措施和改革。最初国库券发行是"分配认购"的行政活动，以后转变为认购包销，再到依赖市场系统发行。《人民日报》在国债发行中的功能从政治动员到经济引导和干预，其报道模式有什么样的变化？凭借对国债的投资，投资者角色第一次出现在中国社会，《人民日报》最初如何呈现这个新兴群体？《人民日报》对证券市场的报道格局奠定了后来包括专业证券报刊在内的其他媒体的话语模式和传播偏向。这种报道格局又暗合了中国证券市场发展路径。本研究试图通过梳理《人民日报》16年的国债报道对上述问题进行回应。

借鉴中国证券行业的历史阶段划分——在马庆泉主编的《中国证券史·第一卷》中将中国证券行业的历史发展分为：恢复和发展时期（1978—1990年），加快发展时期（1991—1996年）。在这个时期之内，中国政府在改革开放后的1981年第一次发行48.66亿元国库券，到了1996年，中国政府发行国债1847.77亿元[⑤]，年均增长率为惊人的112.4%，创造了世界金融史上的奇迹。

---

① 李建兴：《国债市场购销两旺　今年向个人发行的100亿元国库券已全部售出，11月1日起将允许上市交易》，《人民日报》1991年10月25日，第2版。

② 丁坚铭：《第二期国库券7月发行　数额为210亿元》，《人民日报》1992年6月2日，第1版。

③ 张炯强：《上海证券市场日臻完善，今年总成交额可望突破2万亿元》，《人民日报》1994年12月16日，第1版。

④ 施明慎：《我国证券市场初具规模》，《人民日报》1996年7月24日，第2版。

⑤ 焦艳玲：《我国国债发行的历史回顾与现状分析》，《上海统计》2001年第1期，第8页。

1995年发生了中国证券史上最重要的事件即327国债期货风波，此事导致严重的后果：国债期货因此被关闭18年。[①]

本研究样本以1981年作为起点——《人民日报》的国债报道也是在1981年第一次出现；研究样本以1996年为终点——在这一年，国债发行完成市场化，民间投资市场得以出现。本文在《人民日报》图文数据库中以1981年1月1日至1996年12月31日为时间段从标题和正文中含有"国库券""国债"等为关键词进行搜索所得到的报道中剔除了与中国大陆无关的篇章共获得307个样本[②]。这其中有77篇来自头版，占总数的25%，这说明了国债发行作为报道主题在这一阶段《人民日报》编辑思路中的重要性。

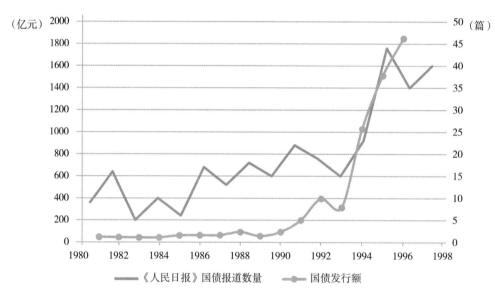

图6-1　1981年至1996年中国国债发行额和
《人民日报》国债报道数量

---

① 中国国债期货在1995年因为327国债期货风波被关闭后，直到2013年才重新上市。
② 《人民日报》的国际版中出现股票和国债的报道多为其他国家证券市场的文章，例如纽约华尔街涨跌消息，与中国大陆股票市场无关，故此予以剔除。国内新闻有提到国债但涉及其他主题、与本文主题关系不大的也予以剔除。

　　《人民日报》的国债相关报道数量与国债发行的增长曲线是同步的（见图6-1）。经过分析，《人民日报》有关国库券报道可分为两类。第一类是政府对国库券发行的文件、政策规定、工作安排。如在每年年初，《人民日报》都会刊登《中华人民共和国国库券条例》，同时公布当年国库券的发行额度和发行办法。这类报道还包括财政部、中国人民银行、证监会等证券市场管理部门对国库券承销、兑付和转让等事务的答记者问。这类报道共有94篇，占全部国债报道的31%。这类报道充分体现了《人民日报》作为党中央机关报的职责和地位，它是政府发布决定、文件的第一"公告板"。在20世纪80年代互联网还未崭露头角之前，报纸的"黑纸白字"成为政策、会议、领导讲话向公众传达的最权威的媒介。第二类是《人民日报》采写、编辑和撰写的有关国库券的报道和评论，还有反映国库券有关问题的读者来信以及对这些读者来信的反馈，这类报道共有213篇，占总数的69%。这类报道可视为《人民日报》新闻性工作和业务，是本论文研究的重点。这类报道中同样有25%即54篇来自头版。

1. 从政治动员到利益引导

　　《人民日报》第一次有关国库券的新闻是在1981年3月9日第4版的组合报道。这个组合报道中包括公文《中华人民共和国国库券条例》、消息《今年发行国库券40亿到50亿元》，还有一篇署名为本报评论员的新闻评论《踊跃认购国库券》。

　　根据《中国证券史》的记述："国库券在1981年恢复发行的主要原因是中央政府为了弥补1979—1981年3年的财政赤字，解决因'洋冒进'而导致的财政困难"[①]；另一个背景是在改革开放初期当政府的工作重点转移到以经济建设为中心时发展经济和生产所遇到的融资问题。《踊跃认购国库券》这篇最早

---

① 马清泉、吴清、刘钊，《中国证券史（1978—1998）第一卷》，中国金融出版社2009年版，第15页。

有关国库券的新闻评论并没有提及上述情况，而更强调在"全能国家"框架下发行国库券的意义："通过发行国库券，可以把分散在地方、企业等方面的一部分财力吸引到整个国民经济最急需的方面去，这既有利于克服建设中的盲目性，又有利于促进国民经济重大比例关系向协调方向发展。"①评论向全社会发出总动员令："我们一定要把这件大事宣传好、组织好，保证国库券发行任务的完成和超额完成。"②

这篇本报评论员文章中有些字句颇值得玩味："由于购买国库券是有偿性质，所以不影响地方和企业的积极性和主动性。"③强调"有偿"，区别于"无常"征税使得国库券展现了一种新的国家姿态：躬身入局市场框架和交易体系。国家信用成了可评估的对象，其中意义深远。这篇评论的最后强调国家的信用："国家历次发行的公债，都做到了按期还本付息，在人民群众中享有信誉。"④

政治动员最有效的手段是树立模范和榜样。《人民日报》的一系列报道"捷报频传"：《厉行节约　精打细算　分担国家困难　全军认购国库券1.35亿元》（1981.03.18）、《争相为调整和稳定国民经济作贡献　全国各地踊跃认购国库券》（1981.04.12）。⑤出现在头版的报道还有《天津提前超额完成国库券认购任务》（1981.05.02）、《上海超额完成国库券认购任务》（1981.05.10）、《十个省市自治区完成国库券交款任务　全国国库券交款额已达38.99亿元》（1981.06.21）等，这些消息仅仅从标题就能看出强烈鼓动的意向。1981年《人民日报》最后一篇国债报道是对第一次国库券发行工作的"总结"《全国国库券发行任务

---

① 本报评论员：《踊跃认购国库券》，《人民日报》1981年3月9日，第4版。

② 同上。

③ 同上。

④ 同上。

⑤ 当天的头版头条新闻是《深切悼念我国伟大的革命文学家、卓越的无产阶级文化战士沈雁冰同志追悼会在京隆重举行》。沈雁冰，笔名茅盾，我国著名的文学家，代表作有《子夜》。《子夜》中描写了旧社会投机气氛浓厚的证券市场。

超额完成　已交款46.65亿元》（1981.07.14）。

1981年的国库券发行只针对集体、单位和组织，从1982年开始，国库券除单位之外同时向个人发行，作为"榜样"的典型也从地区转换到个体。"人民收入水平有所提高，向个人发行国库券是具备条件的。通过国库券的发行，可以激发广大群众振兴中华的爱国热情。聚沙成塔，集腋成裘，将人民群众手中闲散的资金集中起来，用于四化建设，顺乎民意，合乎国情，于国家，于民族，于个人都是有益的。"①

购买国库券等同爱国，很多模范跃然纸上。《模范工人家属白清娥》这篇报道的主人公是一位农民妇女，"她说：'一个人活在世上，好吃懒做没意思，共产党帮助我一家翻身，我不能忘本，应尽量为党和国家做出贡献。'去秋今夏，她卖给国家两万多斤粮食，认购国库券一千元"②。购买国库券的意义是为党和国家奉献。这种主题在1983年和1984年《人民日报》国库券报道中不断重复，如《人民日报》头版的消息：《专业户致富不忘国家 马兴武购万元国库券》（1983.03.21）、《致富感念党的恩　增收更增爱国心　农民马兴武今年再购万元国库券》（1984.01.02）、《周叔弢遗嘱　丧事从简，二万五千元存款和国库券全数上交国家》（1984.02.18）、《绛县七户农民各购万元国库券》（1984.04.23）等。

将购买国库券行为道德化、政治化，上升到认同党和国家利益的高度来进行宣扬："把广大群众为实现党的战斗任务的热情，同支援国家建设的实际行动结合起来。"③《人民日报》的定调也成为基层行政组织在动员认购国库券时的工作精神："当时在人们的认识中，国库券不是一种投资工具，而是一种

---

① 本报评论员：《做好今年的国库券发行工作》，《人民日报》1982年2月2日，第1版。

② 傅国太、苗瑾、谷峻：《模范工人家属白清娥》，《人民日报》1982年8月7日，第5版。

③ 新华社：《适当集中各方面财力　加速重点建设的发展　国务院决定明年发行国库券四十亿元》，《人民日报》1982年12月16日，第4版。

政治任务，是支援国家建设的一种方式。"[①]

这种宣传模式的效果，如果仅从国库券发行目标完成情况来看很不理想。1982年、1983年和1984年全国国库券发行数量甚至没有超过1981年，其中最低的1983年全国仅完成国库券发行41.58亿元，比1981年国库券发行量还少了15%。这种情况背后主要的原因是在这一时期"发行的国库券，偿还期较长，比银行存款利率低"[②]。"1981—1984年国库券还本期6—8年，个人利率为8%，低于同期银行定期8年9%的利率"，且国库券不可以转让，人们只能持有到期才能获得本金和利息。媒体赋予国债以政治和道德意义似乎不足以抵偿人们在购买国库券中经济收益的不便。

从1985年开始，国务院对国库券的周期和回报进行了调整：国库券的发行期限由原来的10年调整为5年，面向个人购买的国库券年化利率由原来的8%上调为9%[③]。这使得在当时"国库券的收益率高于任何一种储蓄"[④]。1985年全国完成国库券发行60.81亿元，比前一年增长了43%。《人民日报》有关国库券"爱国"典型报道在1985年以后就完全消失了。本研究并不能确认这种现象是否与国家对国库券政策调整有关，但很显然，进入市场体系后，"有偿"的国债其交易价值不可避免地被评估，获取收益和回报是市场经济中最有效的动员方式，有吸引力的经济回报胜过媒体的政治口号和道德宣教。

《人民日报》在1988年以后年均国债报道量是1988年以前的两倍多，报道内容的丰富不仅体现在数量上，也有结构性的变化。与政治话语脱钩后，媒体对国债发行遭遇困难不再讳莫如深避而不谈，有了言说的更大空间和可能

---

① 马清泉、吴清、刘钊：《中国证券史（1978—1998）第一卷》，中国金融出版社2009年版，第19页。

② 《发行国库券的新措施》，《人民日报》1984年12月19日，第1版。

③ 马清泉、吴清、刘钊：《中国证券史（1978—1998）第一卷》，中国金融出版社2009年版，第16页。

④ 姜军：《国库券买卖市场年底全国开放 将制止部分黑市交易保护持券者利益》，《人民日报》1988年8月8日，第1版。

性。《人民日报》最早报道人们卖出国库券是1988年。这一年，国债转让合法化，这意味着国债除到期支付本息外还可以在市场中买卖。《人民日报》在一篇特写《初萌的金融意识——武汉国库券上市转让第一天》中写道："上午8点20分，武汉证券公司的门前已排开了长队。一位退休妇女路过此地，听说1985年、1986年的国库券可以转让，连菜都顾不上买了，立即返回家中，取出100元国库券排在队尾。"①卖出国库券并不意味着"爱国"的反面，国债的交易行为回归到市场活动的本质。简单的道德标签和政治宣教在市场交易中被解构和消解。在报道的结尾记者写道："国库券转让的第一天有买有卖，交易活跃，这说明群众的金融意识增长了，是件好事。"②与时俱进，潜滋暗长的不仅是群众的金融意识，还有媒体对利益的态度。

在1993年，《人民日报》第一次报道国债发行遇"冷"，《国库券缘何变冷》披露了"从去年下半年起，国库券的发行就开始走向低迷"。③类似主题的报道还有《认真贯彻国库券优先发行的原则》（1993.06.07）、《今年国库券发行情况很不理想》（1993.06.22）等。"一年之间，国库券由热变冷，关键是利率在起作用。"④正视市场的波动是媒体获得公信力的基础。利率、市场资金供求状况等市场因素在《人民日报》的报道中得以成为客观事实而被呈现。《人民日报》的国债报道在转换为市场话语体系后提供更为丰富和更为客观的信息。当国库券市场活跃出现旺销时，《人民日报》对此的解释是市场框架思维："利率意识和货币增值欲望强的居民自然把眼光转向了国库券市场。"⑤

国债是利益分享机制。国民债权人比之纳税人有更多的"主体性"，其交

---

① 施明慎：《初萌的金融意识——武汉国库券上市转让第一天》，《人民日报》1988年5月3日，第2版。

② 同上。

③ 诗云：《国库券缘何变冷》，《人民日报》1993年4月17日，第2版。

④ 同上。

⑤ 丁坚铭：《国库券出现热销形势　1990年发行量达93亿元》，《人民日报》1991年3月8日，第2版。

易动机源于自利。政府作为债务人在市场中被置入"服务者"的角色——"让老百姓心甘情愿拿出钱来借给政府，必须千方百计地替他们着想，既要在经济上照顾他们的利益，又要在日常服务中提供便利"[1]。这种行为模式的改变也带来了舆论话语的演进。从普通人的利益出发而不是道德宣教成为最好的说服策略。"你们觉得今年的国债怎么样？其中一人回答：'好，又保值，又方便！'"[2]"天津耀华中学的一位教师经过反复计算后，决定购买1987年度国库券。他坦率地告诉记者，买国库券就是为了多得些利息，又不用承担风险，一旦急需现钱，随时可以把'死钱'变成'活钱'。"[3]在1986年和1989年，国库券的年化利率分别被增加至10%和14%，国债发行最终在经济手段的刺激下出现交易"热潮"。《人民日报》第一次报道市民排队购买国库券是在1992年的头版消息《国库券面市第一天》："4月1日，1992年五年期国库券面市第一天。凌晨5点，北京一些银行、证券公司的门前就有人排队，等待购券。"[4] 1992年中国发行国债逼近400亿元，几乎是1981年国库券发行量的10倍。《人民日报》国库券"买的越多就越爱国"的宣传模式切换到了市场信息服务和利益引导的模式。

2. 投资者报道的偏向

最初的国债发行采取行政摊派分配的方式，且国库券的利息不如银行存款，国债持有者将国债视同储蓄，只是希望持有到期获得本金和利息回报。在1988年之前，国家规定"国库券不得当作货币流通，不得自由买卖"[5]，国

---

① 诗云：《让老百姓感到实惠和方便——谈今年国库券的发行》，《人民日报》1994年4月3日，第2版。

② 施明慎：《买国债，放心——首都国库券发行首日见闻》，《人民日报》1995年3月2日，第1版。

③ 曹健：《天津证券市场 买国库券者增多》，《人民日报》1990年7月6日，第2版。

④ 李建兴：《国库券面市第一天》，《人民日报》1992年4月2日，第1版。

⑤ 新华社：《中华人民共和国1982年国库券条例》，《人民日报》1982年2月2日，第4版。

债只有发行市场。1988年以后，随着国家允许国债转让，国债流通市场出现。最初的"流通市场与发行市场的规模极不相称，可供上市的证券种类数量太少"[①]。在追求低买高卖并承担更多风险的交易中，中国社会的投资者群体出现了。国债流通市场是中国第一批投资者的掘金之地。"在上海，无论经营机构还是个人，在证券市场赚得的第一桶金，大都出自国债。"[②]1990年年底，上海证券交易所成立，最初交易的大多是债券品种。杨怀定——更多人熟悉其绰号"杨百万"，在自己的回忆录中，他记述正是报纸上的消息触发了他交易国债的念头。[③]投资者群体成为财经报纸的忠实受众，他们接受信息的动机是希望阅读报纸"翻一翻就能翻出钞票来"。

《人民日报》国债报道中第一次出现投资者一词是在1990年9月18日第2版的《建行启用证券交易信息网络》，同期的报道还有《上海市证券市场稳步发展 交易量占全国同期市场的百分之五十》（1990.09.21）、《国债市场购销两旺》（1991.10.25）等。

一级市场上出资购买国债的投资者和在二级市场上交易国债的投资者，《人民日报》更"偏向"前者。在本研究所关注的《人民日报》样本中，1990

---

① 马清泉、吴清、刘钊：《中国证券史（1978—1998）第一卷》，中国金融出版社2009年版，第68页。

② 阚治东：《荣辱二十年——我的股市人生》，中信出版社2010年版，第37页。

③ 杨怀定写道："报纸上的一则消息映入了我的眼帘，说（1988年）4月21日上海开放国债交易。我读过《子夜》，晓得这里面肯定有文章，顿感机会来了。于是，我在兴奋和彷徨之中等到了4月21日，那天，1985年国库券上市的年利率是13%，1986年国库券的年利率是16%。这时，银行年利率是5.4%，而国库券的得益率比银行存款得益率高出一倍左右。我以108元开盘价买下了2万元面值的1985年国库券。买虽然买了，心中却是忐忑不安。下午，反正没事了，又去看看，嘿，价格升到112元，等于一天赚了三个月的利息。我有点欣喜若狂，随即抛出上午所买的国库券，轻而易举地得到800元。这偶然的收获，犹如一根火柴'呼'地一下擦出我后半生的光亮。我想如果我能不断低价买进，不断高价卖出，岂不发财。从此这偶然的设想，决定了我日后的生活道路。"见杨怀定：《做个百万富翁——杨百万自述》，上海人民出版社2002年版，第20页。

年以后共有79篇报道出现了投资者一词，一共出现了155次。本研究考察了报道中每次投资者一词出现的上下文背景。经过统计后发现，其中49%的投资者一词都与国债的发行相关，35%的投资者一词并没有明确的指向，例如机构投资者、境外投资者等这些笼统的说法，跟国债流通市场相关的投资者出场只占到所有报道的16%。《人民日报》这种对投资者的"偏向"和对市场的"偏向"相关。在本研究所收集到的样本中，从1988年到1996年《人民日报》国债报道有231篇，这其中有关国债发行主题的有159篇，占到总数的69%。涉及国债流通市场主题的有38篇，只占到总数的16%，剩下的占总数的15%即34篇是综合性的，例如报道证券信息网络建立等。总体来说，《人民日报》从始至终更关注国债发行环节。

　　中国证券市场重融资轻投资的倾向在最早的国债报道中就可窥见端倪。在不同的国债市场，投资者有不同的功能。投资者在发行市场提供资金，在流通市场创造流动性。国债的发行市场是融资市场，而流通市场是交易市场。可交易的国债是投资者重要的市场需求。对于国家来说，流通市场的出现从一开始就是为了保证和辅助发行市场。"充分的流通性是增强国债投资者信心和风险承受能力、确保政府筹资渠道顺畅有效的基本保障。"[1] 政府关于国债的工作重心也主要在发行市场。"当时我国的国债政策完全以如何促进国债发行作为出发点，而对国债的市场特征则考虑得较少。"[2]

　　国家利益至上，以融资活动为核心是这种报道偏向的源头，这在《人民日报》更早的读者来信中可以找到线索。《人民日报》读者来信在改革开放后"紧密结合经济建设这个中心"[3]。在1988年国债转让合法化之前，《人民日报》有4封读者来信反映倒卖国库券的非法活动：《应制止国库券在市场上流通》

---

① 木生火：《流通性是国债市场的命脉》，《人民日报》1994年4月17日，第6版。

② 刘鸿儒：《突破——中国资本市场发展之路》，中国金融出版社2008年版，第638页。

③ 范敬宜：《总编辑手记》，人民日报出版社2010年版，第5页。

（1985.05.17）、《这里仍用国库券兑换商品》（1986.09.18）、《国库券倒卖者的自白》（1987.09.09）、《警惕不法分子用国库券进行非法活动》（1987.09.12）。在最后一篇报道的结尾写道："国家发行国库券，是为了发展国民经济，适当集中各方面的财力，进行社会主义现代化建设。一些不法分子利用国库券进行违法犯罪活动，不仅破坏了国库券的信誉，而且扰乱了我国社会主义的经济秩序，引起人民群众的强烈不满。"①

3. 327国债期货风波中的"后知后觉"

327国债期货风波是中国证券市场中最早的内幕交易案，信息私用导致市场震动。对于中国的国债发展进程，这是一次具有历史意义的重大事件。《人民日报》对该事件的认定是"上海证券交易所国债期货327品种发生的事件是一起在国债期货市场发展过快、交易所监管不严和风险控制滞后的情况下，由上海万国证券公司、辽宁国发（集团）股份有限公司等少数交易大户蓄意违规、操纵市场、扭曲价格、严重扰乱市场秩序引起的国债期货风波"②。327国债期货风波导致的后果非常严重：当时最大的证券公司——万国证券被清算重组，上海证券交易所和中国证监会负责人去职，中国国债期货市场因此被关闭18年。时任证监会主席因此事而去职的刘鸿儒在回顾此事时认为导致这场风波的其中一个重要原因是信息披露不规范，使得当时的国债期货成为"消息市"的牺牲品。

327国债期货风波被公认的起因是："327合约所依据的1992年3年期国库券的贴息计划显然遭到泄密。"③ 这是中国证券市场上最早的政策信息被私用的典型案例，政策信息中所蕴含的巨大利益在此案中显露无疑。"我国国债市

---

① 柏作富、朱尚雄：《警惕不法分子用国库券进行不法活动》，《人民日报》1987年9月12日，第5版。

② 施明慎：《上海国债期货事件处理结束 有关人员机构分别受到行政司法处理和经济处罚》，《人民日报》1995年9月22日，第4版。

③ 凌书薇、李菁：《中经开之死》，《财经》2002年第6期，第15页。

场中，国家的国债利息政策，发行计划和保值贴补率的信息在正式公布之前就被少数人提前知晓。……在327国债期货事件中，政府对1992年3年期国债的票面利率由9.5%贴息至12.24%的消息直到25日才公布，但22日下午就已有大量的知情者，结果第二天一开市就被知情者急推至令空方爆仓的价位上，从而引发了这场事态严重的327国债期货事件。"[①]《人民日报》和整个市场一样是信息"后知后觉"一方。在证券市场中，媒体公开的反面是信息被私用和内幕交易，地位尊崇如《人民日报》面对内幕交易也是"局外媒体"。

327国债期货风波事件[②]发生在1995年2月23日。有关这个事件中的核心信息，也即1992年三年期国债的兑付方法在事发之后第三天即1995年2月25日《人民日报》第4版的《中华人民共和国财政部公告（第三号）》中所披露的："1992年向社会发行的三年期国库券在今年7月1日到期还本付息时，利息分两段计算；1992年7月1日至1993年6月30日，按年利率9.5%计付，不实行保值贴补；1993年7月1日至1995年6月30日，按年利率12.24%加人民银行公布的今年7月份保值贴补率13.01%计息。"[③] 这条不足百字的信息正是327国债期货风

---

① 刘鸿儒：《突破——中国资本市场发展之路》，中国金融出版社2008年版，第635页。

② 327国债是指1992年发行的三年期国债92（三），95年7月到期兑换。1992年至1994年中国面临高通胀压力，银行储蓄存款利率不断调高，国家为了保证国债的顺利发行，对已经发行的国债实行保值贴补。保值贴补率由财政部根据通胀指数每月公布，因此，对通胀率及保值贴补率的不同预期，成了327国债期货品种的主要多空分歧。以上海万国证券为首的机构在327国债期货上做空，而以中经开为首的机构在此国债期货品种上做多。1995年2月23日，当财政部决定对327国债进行保值补贴的消息传来，为了避免巨额损失，万国证券在交易结束前最后8分钟，利用上海证券交易所计算机交易系统的不完善，采用严重违规手法大量透支保证金交易，将价格打压至147.50元收盘，使327合约暴跌3.8元，并使当日开仓的多头全线爆仓。事发当日晚上，上海证券交易所召集有关各方紧急磋商，最终权衡利弊，确认空方主力恶意违规，当即宣布：23日最后8分钟所有的327品种期货交易无效，该部分成交不计入当日结算价、成交量和持仓量的范围。各会员之间实行协议平仓。此事震惊中外，直接导致中国国债期货被暂停长达18年，直至2013年9月6日才得以重启。

③ 《中华人民共和国财政部公告（第三号）》，《人民日报》1995年2月25日，第4版。

波的关键，市场通过《人民日报》得知这一信息的时间要比市场中基于这一信息已经进行操作的"神秘之手"晚了三天。"后知后觉"的不仅是《人民日报》，所有的媒体包括新华社、中央电视台和中央人民广播电台最早公布这个消息的时间都是1995年2月25日。[①]

《人民日报》与327国债期货风波相关最早的报道是在事件发生4天之后：《证监会与财政部联合颁布规则 国债期货交易有章可循》(1995.02.26)。再晚至两个月以后，《人民日报》又陆续发表了《证监会发出紧急通知 要求限期提高国债期货交易保证金》(1995.04.01)、《中国证监会发出紧急通知 暂停国债期货交易试点》(1995.05.18)、《中国证监会发出紧急通知要求 严格控制风险从严查处违规行为》(1995.05.19)、《不可忽视期货市场风险》(1995.07.05)。《人民日报》有关此事最后一篇报道是在事发后七个月见报《上海国债期货事件处理结束 有关人员机构分别受到行政司法处理和经济处罚》(1995.09.22)，这篇报道算是对327国债的"盖棺论定"。

327国债期货风波以及媒体在此事中的表现更像是后来中国证券市场发展的隐喻。内幕交易是阻碍中国证券市场发展的痼疾。信息不对称所导致的市场不公和腐败始终是市场运行的系统性风险。在媒体报道版面之外，权力对信息的私用阻断和破坏了金融市场利益共享及分散风险的运作机制。327国债期货风波之后中央政府非正式规定：有关证券市场的决策，今后第一时间见报，同时下发红头文件。"这是保证市场信息公开、维护市场公正原则的基本前提，也是市场以沉重的代价教会转型中的经济决策部门校正自己行为的必修课程。"[②] 大众媒体的公开透明是市场公平与公正的基石。中国证券市场的正义和效率是在追求信息对称和透明中实现的。

---

① 陆一：《中国赌金者：327事件始末》，上海远东出版社2015年版，第128页。

② 陆一：《中国赌金者：327事件始末》，上海远东出版社2015年版，第135页。

小 结

首先，中国在国债发行中广泛动员社会资本，在随后的40年间，"将储蓄转为投资，实现资金跨时间和空间交换"，为中国改革开放之后的经济增长提供了大量资金。《人民日报》是中国证券市场最早的记录者，其国债相关内容成为中国媒体报道证券市场的最早样本。延续历史的惯性，《人民日报》最初试图用政治口号道德宣教来补偿经济手段的不足，将购买国债视为爱国与为国建设做贡献的模范典型。面对"金融意识"不断增强的受众群体，《人民日报》"动之以情"之后"晓之以利"，在给予市场选择同时施加控制和影响。《人民日报》的文本研究展示了国债的持续发行推动政府对待市场和交易态度的持续迭代和更新。国家有关国债的舆论引导由政治话语的习惯向市场考量的方向转型，由树立道德楷模改为利益引导。

其次，国民购买国债有机会以投资者角色进入到证券市场，这对中国社会而言是一个全新角色。在《人民日报》的国债报道中出现了中国最早的投资者形象。投资者是融资活动中的出资方，也是流通市场中流动性的提供者。国债流通市场晚于国债发行市场，其定位是服务于发行市场，也可以说国债流通市场的出现是发行国债后的"副产品"。投资者在流通市场中不追求到期之后的利息回报，而是在市场价格的波动之中低买高卖赚取差价。投机与投资如影随形。为融资者服务，国债以发行而不是以流通为中心，媒体的报道是市场固有结构的反映。《人民日报》对流通市场中投资者抱之以戒备之心，"防止一些票贩子用国库券搞投机，低价收，高价卖，坑害群众"[①]。《人民日报》更多关注融资市场，而"（国债转让）这项工作必须有利于方便群众和提高国库券信誉，对市场上出现的不利于国债信誉的价格波动，财政和银行部

---

① 新华社：《财政部有关负责人就今年国库券发行问题答记者问 国库券缩短偿还期并试行转让》，《人民日报》1988年3月22日，第2版。

门要进行必要的干预和调控"①。与此同时媒体的报道也建构了中国证券市场的投资文化，形塑了投资者的心理状态和交易习惯，决定了以后市场的方向、趋势和运行模式。

最后，《人民日报》在327国债期货风波中的后知后觉是初期中国证券市场媒体行为和表现的缩影。《人民日报》是中国证券市场最具有权威的信息提供者。信息的纽带也是利益分享的纽带。内幕交易破坏了证券市场中利益分享的机制。内幕交易者通过对信息的私用而偷窃社会公共财富。327国债期货事件对本研究的意义在于那些《人民日报》的版面上未能及时出现的信息，这种漏洞随着证券市场的发展得以修正。从中国证券市场的发展角度来看，媒体作为信息的供给者，承担着刺破内幕交易，降低市场信息不对称的重要使命。

---

① 梅君：《财政部要求着眼于便民和提高国债信誉　做好开放国库券转让市场工作》，《人民日报》1989年11月26日，第2版。

第七章　他者的眺望

中国改革开放是世界现代史上最伟大的成就之一，中国社会因此所带来的巨大变迁注定将被写入史册成为世界历史的华彩篇章。股份制被认为是过去30年当中最成功的改革之一（厉以宁）。中国证券市场的孕育和出现更是意识形态领域的一场"突破战"。在证券市场初创阶段的设计和创建过程中，为了避免引起舆论纷争对工作的干扰，缔造者们确立了"对外宣传，对内不宣传"的思路和"保持低调"的风格。1990年12月，上海证券交易所仓促筹建并投入运营，它的建立也被认为是"政治意义大于经济意义"，其追求的目标是对外的象征意义。"在中国经济体制改革中，这个事不仅是个经济问题。因为存在理论障碍，建设证券市场显得特别敏感，此事在国际上将引起密切关注。"[①]证券行业可能是在改革开放之后中国最早实践对外传播的领域，也是国外媒体密切关注中国改革开放进程的风向标。

《华尔街日报》（Wall Street Journal，WSJ）被誉为"资本主义世界的圣经"，向全世界传播"资本"的立场和声音。作为中国证券市场最具有典型意义的"他者"，WSJ对于证券、股票这些在上个世纪80年代社会主义中国孕育和生长的具有"资本主义"意味的事物投注了热切的关注。他者的目光充满好奇，有旁观者的冷眼洞察，有对形势的敏锐评估和判断，更有随时准备投入其中的跃跃欲试。本研究尝试在WSJ对中国证券市场的报道内容中从另一个角度拼画出当年舆论空间的不同侧面轮廓。WSJ在报道中显示了"资本的"

---

① 陆一：《陆一良心说股事：你不知道的中国股市那些事》，浙江大学出版社2013年版，第42页。

疑虑和困惑，这些内容代表了打开国门之后的中国与西方资本主义世界的碰撞和交流，同时这也恰恰反映了改革的艰难、不易和改革者在妥协中进取的"艺术"。

一、对外宣传，对内不宣传

1986年，有关股份制与私有化、姓"资"姓"社"的讨论远未平息。厉以宁在《人民日报》发表文章提出新型公有制："所有制改革是经济体制改革的关键。所有制改革是指突破传统的全民所有制形式，把传统的公有制改变为新型的公有制。"[①]厉以宁所说的新型公有制其关键在于所有权的多元化。综合同时期《人民日报》的其他经济评论来看，对所有制的思想突破在小心推进，这些努力都是为了跨越理论障碍，建立初步的改革共识，给证券、股票孕育和诞生制造适宜的舆论环境。

1986年，上海证券交易所的最早雏形——上海工商银行静安证券营业部出现了，这对于中国证券市场有重大意义。"9月26日是上海市工商银行代理股票买卖的第一天"，"合法合规的股票流通渠道正式出现——由上海工商银行代理股票买卖"，"股票交易还是刚刚起步，股票种类少，上市流通的金额也有限……"《人民日报》（1986年10月11日）在第2版的消息中有生动的细节描写："一个法国摄影师到上海后，一下飞机就直奔交易场所，要买一万元股票，经理告诉他说，我们欢迎外国人来华投资，但目前对外国人购买股票还没有明确规定。摄影师遗憾地走了。"[②]

---

① 厉以宁：《我国所有制改革的设想》，《人民日报》1986年9月26日，第5版。
② 吕网大：《上海股票市场开市大吉，两家公司一周就售出四千多股成交二十多万元》，《人民日报》1986年10月11日，第2版。

1. 被当作国礼的股票

1986年11月14日，邓小平会见了美国纽约证券交易所代表团。纽约证券交易所（Big Board）董事长约翰·范尔霖带领的这个代表团是在改革开放之后到访中国的第一批国际金融界人士。在11月15日《人民日报》头版右下角的位置报道了邓小平接见范尔霖的新闻（见图7-1）。这则消息有563个字。

图7-1　《人民日报》有关邓小平接见范尔霖的报道《开放政策是中国的希望》
（1986年11月15日）

WSJ敏锐地嗅出这次中美金融界高层之间的交流将会让美国在中国方兴未艾的金融市场寻找到更多的商业机会，而中国也将受益——从西方获得金融市场运作所需要的经验和方法。与《人民日报》的单篇消息形成对比，WSJ对纽约证券交易所代表团拜访中国进行了密集的报道。围绕这次访问，WSJ共有5篇报道。1986年10月16日，在代表团还未离开美国开启行程之前，WSJ就有一则消息《华尔街代表与中国同行交流》（*Wall Street Chiefs to Discuss Market with China Aides*），报道了纽约证券交易所代表团出访计划，揭示其意义"是美国华尔街高层代表团第一次来到中国"①。从报道内容来看，代表团在京会谈只有4天，即从11月10日到13日。就在访问和会谈期间，WSJ连续发出3篇报道《扩张中的中国证券市场》（*China's Embryonic Stock Market Expand*）（1986.11.12）、《纽约证券交易所代表团与中国建立合作关系》（*Big Board, China Are Negotiating Cooperation Pact*）（1986.11.13）、《纽约证券交易所代表团与中国达成交流计划》（*Big Board, China Agree on an Exchange Program*）（1986.11.14）。后续还有一篇报道《从中国人民银行培训班中走出来的一代金融青年才俊》（*School at China's People's Bank Trains New Generation of Financial Whiz Kids*）（1986.11.18）也与此相关，这篇消息最后引用范尔霖的话评价在中国人民银行金融培训班的学生："假以时日，这些聪明的学生一定会大有作为。"

在邓小平与约翰·范尔霖互赠礼物的环节，《人民日报》的报道是："他（范尔霖）把一枚纽约交易所的证章送给邓小平，希望邓小平有机会到那里去看看，佩戴这枚证章可以在纽约证券交易所通行无阻。"② 这与WSJ的消息中对于交换礼物环节的内容相映成趣。WSJ进行了这样的报道："在昨天的闭幕式上，中国人民银行向纽交所主席约翰·范尔霖赠送一张飞乐音响公司的股票（a share of stock in FeiLe Acoustics Co.）。"WSJ的报道特意提到"飞乐音响是一家国有公司（state-owned company），通过售卖股票来融资。范尔霖向中

---

①　Wall Street Chiefs to Discuss Markets with China Aides[N]. *Wall Street Journal*, Oct. 16, 1986, p.36.

②　虞家复：《邓小平会见纽约证券交易所代表团时说　开放政策是中国的希望　中美双方都要有勇气有远见发展合作》，《人民日报》1986年11月15日，第2版。

国人民银行回赠了一尊牛熊搏斗的雕像"①。WSJ的报道中并没有提到送给邓小平的纽约交易所的证章，而《人民日报》对邓小平回赠飞乐音响股票的事情②只字未提。

《人民日报》和WSJ中都没有报道范尔霖在接受飞乐股票之后具有"行为艺术"的夸张表现。范尔霖在接到股票后，看见飞乐音响的股票上"周芝石"（当时中国人民银行上海分行副行长）的名字，当即表示："我的股票不能用别人的名字，我要到上海去过户。"接下来，范尔霖就带领一行人员和美国记者乘飞机飞往上海。他向上海接待人员表示他要用警车开道去办理过户手续，在经过商议之后，由范尔霖自己出钱2000美元自费雇用上海市公安局的警车。"第二天下午1点，约翰·范尔霖一行由中国人民银行上海分行行长李祥瑞陪同，在警车引导下威风凛凛地驶到静安寺附近的中国工商银行上海信托投资公司静安证券营业部。"③

在过户的过程中范尔霖和工作人员的对话也很有意味。当业务部负责人赧然地说这个地方太小了，范尔霖回答说："没关系，我看挺不错了。我们美国开始股票交易是在路边的梧桐树下进行的，连房子都没有。""工作人员将

---

① Big Board. China Agree on an Exchange Program[N]. *Wall Street Journal*, Nov. 14, 1986, p.58.

② 有关邓小平赠送给美国纽约证券交易所董事长约翰·范尔霖飞乐音响股票的经过是："在会见之前准备回赠的礼物时，中国人民银行从沈阳、广州等各地找来十几张股票，但发现大多数股票缺少部分必备要素、不符合国际通行标准样式。于是时任中国人民银行行长陈慕华就打电话给上海分行行长李祥瑞，要上海送股票进京。上海选送了最早发行的一张面值50元的'小飞乐'股票，它被专程送往北京。'小飞乐'股票票样上各项要素齐全，又是由上海印钞厂印制的。陈慕华行长看到这张股票很满意，便正式决定用它作为回赠的礼物。因此，邓小平回赠给范尔霖的就是这种'小飞乐'的股票。"见陆一：《陆一良心说股事：你不知道的中国股市那些事》，浙江大学出版社2013年版，第28页。

③ 陆一：《陆一良心说股事：你不知道的中国股市那些事》，浙江大学出版社2013年版，第29页。

改成约翰·范尔霖英文名字并盖上印鉴的股票还有新开的股东卡递给他，并免收了当时1元钱的过户手续费作为'友好服务'。范尔霖看了看，满意地收下了，他在柜台边同李祥瑞、黄贵显一起合了影，然后走了。"① 为了给50元人民币的股票过户，范尔霖花费了2000美元，这种行为不是随意为之。他的过户之举没有被中外媒体报道，这件事之所以还能为我们所知，是因为被相关人士的回忆录记载。

"范尔霖成为第一位拥有中国股票的美国金融家，从而享有了上海飞乐音响公司这家社会主义企业的股份权。这也是中国当时中央最高层第一次用具体的行动肯定了企业发行股票这件事情的正当性。"② 这个事件在当时媒体的视野中"消失"了，但是此事的意义可能正在于对内"有限传播"，对外含蓄且有力。

在相关人士的回忆录中还记载了另一则有关股票礼物的逸事——时任上海市市委书记、市长朱镕基向外国客人赠送股票。1990年7月，就在上海证券交易所成立前夕，上海市政府邀请国际上一批政要和经济界代表作为咨询顾问来到上海，为上海金融中心建设出谋划策。在会谈即将结束时，有人建议朱镕基可以仿效邓小平向外宾赠送股票作为礼物。在结束晚宴上，朱镕基将上海真空电子（当时价值300元）的股票赠送给了与会发言嘉宾。当日上海的《新民晚报》以《16张电真空赠送给外国代表　电真空有了"洋老板"》为标题报道了这件事情。③ 飞乐音响和电真空的"洋股东"从当时的政策看当然是"特殊的例外"（special exception）④，符合条件的外国人被政策允许投资A股要

---

① 陆一：《陆一良心说股事：你不知道的中国股市那些事》，浙江大学出版社2013年版，第29页。

② 同上。

③ 阚治东：《朱镕基市长的特别礼物》，《文史博览》2010年第11期，第10—11页。

④ ADI IGNATIUS. Socialist Inhibitions about Speculation Put Damper on Stock Trading in China[N]. *Wall Street Journal*, Aug. 18, 1987, p.29.

到2018年9月15日[①]。

2. 政治意义大于经济意义

有关上海证券交易所的建立，不同人士的回忆录中都表达了在当时的中国，证券交易所的成立有特别的政治意义。1990年4月至5月，时任上海市委书记、市长朱镕基访问新加坡、美国等地，在抵达中国香港时，他在记者招待会上宣布："上海证券交易所将在年内宣告成立。"当时外国媒体对此评论："标志着中国改革开放的目标不会变"，"上海证券市场及金融发展将矗立起一块新的里程碑"。当时上海证券交易所的规划还仅仅处在确定筹备小组的人选阶段，朱镕基的这一"官宣"使得中国证券交易所的筹备工作陡然加速。上海证券交易所第一任总经理尉文渊临危受命，自此日夜加班，废寝忘食。尉文渊由于在几个月内高强度工作，在12月19日证券交易所开业当天敲完钟之后就住进了医院。

在上海证券交易所的筹建过程中，朱镕基曾反复指示筹建小组，证券交易所的筹备工作对外可以宣传，但对内不做或少做宣传。1990年11月26日上海证券交易所成立，新华社只发出一则200字的消息："响应深化经济改革的呼唤，我国大陆第一家证券交易所——上海证券交易所今天正式成立。这一绝迹40多年的证券买卖专业场所于12月19日在上海外滩开业后，将有30种国

---

① 2018年8月15日，经国务院同意，中国证监会正式发布修改后的《证券登记结算管理办法》《上市公司股权激励管理办法》，同日中国证券登记结算公司公布了《关于符合条件的外籍人员开立A股证券账户有关事项的通知》作为配套制度安排。正式发布的文件主要有如下调整。一是将允许在境内工作的外国自然人投资者开立A股证券账户。在《证券登记结算管理办法》原有规定的中国公民、中国法人、中国合伙企业等投资者范围基础上，增加"符合规定的外国人"作为投资者类别之一，并规定外国人申请开立证券账户的具体办法，由证券登记结算机构制定，报中国证监会批准。二是将《上市公司股权激励管理办法》中可以成为股权激励对象的境内上市公司外籍员工范围，从在境内工作的外籍员工，扩大到所有外籍员工。新规定标志着允许外国人开立A股账户的政策正式落地。这个规定于2018年9月15日起正式施行。

库券、债券和股票在这里上市成交。据介绍，上海证券交易所是不以营利为目的的事业法人，实行法人会员制，不吸收个人会员入场。第一批22个会员中包括上海、山东、沈阳市、江西、安徽、浙江、海南、北京等地的证券公司、银行、投资公司、保险公司、信用社等地方和全国性金融机构。"[1]《人民日报》也刊登了内容完全相同的消息，这样的篇幅甚至不如WSJ对此事的报道。

催生中国证券市场的是经济以外的因素。上海证券交易所成立被认为"政治意义大于经济意义"。"所谓政治意义大于经济意义，就是对外表明，我们还坚持改革开放，不会退回到闭关自守的境地。而交易所的交易量不会大到哪儿去，或者说交易所的投资功能、调控市场功能的作用不会太大。"[2]就如同朱镕基在上海证交所开业仪式上所表明的："它标志着我国将坚定不移地继续奉行改革开放的政策。"[3]证券交易所是资本主义制度体系中的"明珠"，中国市场经济用资本主义世界最具有象征性的事物发出坚定继续改革开放的强有力信号。

上海证券交易所的英文名字也颇费心思，最终定名为Shanghai Securities Exchange，而没有叫Shanghai Stock Exchange。当时上海证券交易所开拓者的考虑是：这一方面是因为当时交易所交易品种以国债居多。"股票只有老八股，而国债有十几个品种。国债不是stock，而是securities。另外一个，反正英文缩写都是SSE，对外简称都一样，这样子一保留，就把那些讲什么分散国有财产、违反四项基本原则的人的嘴给堵住了。"[4]

---

[1]　新华社北京1990年9月21日电《1990，沪市开盘》

[2]　中国经济体制改革研究会：《见证重大改革决策——改革亲历者口述历史》，龚浩成：《筹建上海证券交易所的决策背景》，社会科学文献出版社2018年版，第173页。

[3]　见朱镕基在上海证券交易所开业典礼上的致辞。原文存于上海证交所。

[4]　中国经济体制改革研究会：《见证重大改革决策——改革亲历者口述历史》，龚浩成：《筹建上海证券交易所的决策背景》，社会科学文献出版社2018年版，第173页。

二、对《华尔街日报》相关中国证券市场报道（1984—1990）的研究

本研究以1984年到1990年为起止时间，在《华尔街日报》电子数据库中用"中国"（China）和"股票""证券"（stock&security&share&bond）等关键词进行全文搜索，再经过人工筛选排除，共得到53篇新闻报道和评论。无论是ProQust还是EBSCO的外文数据库，WSJ的数据最早只追溯到1984年，这使得本研究所得到的也只能是WSJ在1984年以后的文献，最早一篇符合要求的文献见于1984年7月，这是本研究欠缺之处。1990年12月，上海和深圳两个证券交易所相继成立，这标志着中国证券市场正式出现，本研究以此作为文献的时间终点。

1. 被热切盼望的中国证券交易所（stock exchange）

消息《中国人抢购企业股票》（*Chinese Snap Up Corporate Shares*）[1]，见于1984年7月19日WSJ的版面上，这可能是WSJ最早报道中国股票的一则消息。该消息描述有很多来自中国各地的人纷纷奔赴广东佛山，购买改制后企业股票，"其中有一个北京来的投资者长途奔袭了1200英里只为购买400股股票"。该报道提到售卖股票筹集来的资金用于建设火电厂、自来水厂和加油站等基础设施。这个消息的结尾透露中国正在考虑在四个特区[2]中开设一个小型的证券交易所（stock exchange）。这距离中国上海证券交易所出现还有6年的时间。

在1984年11月的一篇名为《中国将重现"牛"与"熊"》（*Bulls and Bears May Get Another Chance in China*）的新闻中，WSJ援引中国《解放日报》的消息，称上海将重新开设证券交易所筹集经济建设所需要的资金。

证券交易所是资本市场的心脏，WSJ在上个世纪80年代一直关注和盼望

---

① Vigor Fung.Chinese Snap Up Corporate Shares[N]. *Wall Street Journal*, Jul. 19, 1984, p.1.

② 1979年7月，中共中央、国务院决定在广东省的深圳、珠海、汕头三市和福建省的厦门市试办出口特区。1980年3月将"出口特区"正式改名为"经济特区"。

着中国证券交易所的出现。在本课题研究的样本中，WSJ一共有8篇报道对中国证券交易所的成立做出8次预测，占到了总样本数的1/7。这些报道不断地"报告"中国证券交易所出现的时间甚至具体地点。在上述所有信息中，WSJ大部分都使用了"stock exchange"这个词，而不是上海证券交易所成立时最初的英译名"security exchange"。

WSJ在之后一系列报道中不断对中国证券交易所成立时间和地点发出猜测。1985年新年伊始1月1日的一则简讯中，WSJ第一次直接在标题中提到了中国证券交易所，称：《中国向证券交易所又迈进了一步》(*China Has Moved a Step Closer to Forming Its First Stock Exchange*)，该消息报道中国证券交易所将在四个经济特区之一——广东省珠海市成立。"由珠海市官员和香港投资者组成的筹备委员会将督导准备组织工作。据筹备委员会的成员介绍这个交易所将在年底出现。这一举动表明了中国利用金融工具向资本主义世界融资的尝试和努力。"[1]在1985年7月的消息《中国允许私企售卖股票给个人》(*Chinese Permit Private Firm to Sell Shares to Individuals*)再次强调："中国目前还没有证券交易所，资产的买卖都要通过银行和其他交易机构。"这篇消息还表达了最初进入中国的外资要让资本流动起来的愿望。

接下来在1986年9月、1986年12月、1987年2月WSJ持续不断"呼唤"证券交易所，仅仅从这些消息鲜明的标题就可见其"心情迫切"——《中国成立证券市场》(*China: Stock Market Opens*)、《中国证券交易所将于明年在北京成立》(*Stock Exchange in Peking Is to Open after New Year*)。在前一个报道中，WSJ预测证券市场将在中国几个大城市出现，后一个报道则用肯定语气援引《中国日报》(*China Daily*)的消息称："继沈阳、深圳和其他城市建立了金融中心之后，北京将会在明年初建立证券市场。""政府鼓励建立西方式的金融

---

[1] China Has Moved a Step Closer to Forming Its First Stock Exchange[N]. *Wall Street Journal*, Jan.1, 1985. p.1.

市场以解决进一步投资所需的资金问题。"①1987年2月，又有广东省政府官员对WSJ介绍说，广东证券交易所（Canton Security Exchange）在第二年即1988年中期将成立。②一直到1988年8月，WSJ还在一篇消息中预测中国将在上海、北京和其他城市成立小型的证券交易所。③

WSJ的这些预测大多有明确的信息源，有的援引中国国内媒体如《解放日报》（*Liberation Daily*）、《中国日报》（*China Daily*），有的则来自受访的政府官员，如北京市副市长孙孚凌、广东省政府官员等。与"想象中"证券交易所并提的地名有深圳、沈阳、珠海、北京、上海等。WSJ对于中国stock exchange的盼望从另一个角度印证了中国政府宣布成立上海证券交易所的动机和背景，也只有stock exchange这样资本主义经济体系中的"最典型象征"足以对外发出最强信号来树立改革开放的国家形象，获得国际社会的认可，在当时的国际环境中维护外资对于中国市场的信心和确定性。

WSJ对于中国的证券交易所也有清醒的认识，"（中国证券交易所）不能等同于市场经济当中的证券市场"④，"它只是与西方的证券交易所相似而已。它是社会主义特征（socialist characteristics）的证券市场"⑤。"所谓社会主义的特征，秘诀就是不能让价格大起大落（not allowing wild price swings），股票持有者不会超过国营企业50%以上的股权（ensuring that stock tenders don't exceed 50% of state-owned enterprise）"，"证券市场的目的绝不是私有化国营

---

① Stock Exchange in Peking Is to Open After New Year[N]. *Wall Street Journal*, Dec.26, 1986, p.1.

② Vigor Fung. Chinese Workers Enthusiasm for Stock Prompt Peking to Expand Experiment[N]. *Wall Street Journal*, Feb.2, 1987, p. 27.

③ China will Open Market for Bonds[N]. *Wall Street Journal*, Sep.29, 1986, p.1.

④ CHINA: Stock Market Opens[N]. *Wall Street Journal*, Sep.29, 1986, p.1.

⑤ ADI IGNATIUS. For Chinese Speculators, the Streets Offer Better Deals Than the Stock Exchange[N]. *Wall Street Journal*, Jul. 6, 1990, p. A4.

企业（not to privatize state companies）"①。

2. 从金杯汽车到杨百万

在WSJ从1984年到1990年的6年内53篇报道内容中，一共出现了当时中国25家企业和59位有具体人名的人物。这其中出现频次较高的企业和人物如下表（表7-1、表7-2）所示②。WSJ在报道中所提到的这些企业和人物与中国证券市场最初发展过程中重要事件和场景相关。飞乐音响、电真空、延中实业是"老八股"中的企业。所谓"老八股"就是指最初在上海证券交易所上市的八家企业。这八家企业有一些共同的特征：规模不大，多是集体性质企业，它们最初的上市都带有试验性质。飞乐音响的股票曾经被邓小平作为礼物赠送给纽约证券交易所主席约翰·范尔霖，电真空的股票曾经被朱镕基作为礼物赠送给外宾专家团。万科在深圳证券交易所的编号是000002，也是中国最早的上市公司之一，它明星级的创始人王石曾经著有自传《道路与梦想：我与万科》，其中记述为了发行万科的股票将招股说明书刊登在党报上的经过。天桥百货是全国第一个进行股份制改造的国企。

表7-1 《华尔街日报》有关中国证券市场的报道中提到的中国企业（部分）（1984—1990）

企业名称	出现频次
中国人民银行（Bank of China）	15
工商银行（Industrial &Commercial Bank of China）	6
延中实业（Yanzhong Industrial Company）	4
建设银行（People's Construction Bank of China）	3
上海投资与信托公司（Shanghai Investment and Trust Company）	2
Hiway Electrical Co.（中文名字不详）	2

---

① ADI IGNATIUS. For Chinese Speculators, the Streets Offer Better Deals Than the Stock Exchange[N]. *Wall Street Journal*, Jul. 6, 1990, p. A4.

② 注：在WSJ的报道中出现了名字却无法确认具体身份的企业和人物在表7-1和7-2中未做记录。

续表

企业名称	出现频次
飞乐音响（Fei Le Acoustics Co.）	2
万科（Vanke Co.）	1
天桥百货（Tianqiao Department Store Co.）	1
上海信托静安营业部（Shanghai Trust's Jingan Branch）	1
北京百货大楼（Peking Department Store）	1
金杯汽车（Golden Cup Auto-Making Co.）	1

表7-2 《华尔街日报》有关中国证券市场的报道中提到的中国人物（部分）（1984—1990）

人　物	出现频次
邓小平（中共中央前总书记、军委主席）	21
赵紫阳（中共中央前总书记）	17
胡耀邦（中共中央前总书记）	8
毛泽东（国家前主席）	7
姚依林（国务院前副总理）	5
厉以宁（经济学家、北京大学教授）	4
李鹏（国务院前总理）	3
薛暮桥（经济学家）	3
万里（国务院前副总理）	2
田纪云（国务院前副总理）	2
许涤新（全国人大常委会前委员）	2
王丙乾（财政部前部长）	2
罗时林（曾任人民银行上海分行副行长）	2
张彦宁（曾任国家体制改革委员会副主任）	2
杨怀定（投资者，绰号"杨百万"）	2
于飞（佛山市前市长）	1
彭森（曾任国家经济体制改革委员会副处长）	1
黄贵显（曾任上海信托投资有限公司静安区分行经理）	1
甘培根（曾任中国人民银行研究生部主任）	1
戴志康（投资者、上海证大集团创始人）	1

人　　物	出现频次
孙孚凌（北京市前副市长）	1
刘光地（经济学家、财政部专家）	1
杨波（轻工业部前部长）	1
周汉荣（建设银行前副行长）	1
李瑞环（天津市前市长）	1
薄一波（中顾委前常务副主任）	1
胡启立（中央政治局前委员）	1
高尚全（国家发展和改革委员会前副部长）	1
张恩照（中国人民建设银行上海市分行前行长）	1
吴敬琏（经济学家）	1
杨培新（经济技术社会发展研究中心前研究员）	1
刘少奇（中华人民共和国前主席）	1

金杯汽车（Golden Cup Auto-Making Co.）是国内最早完成股份制改造的企业之一。WSJ提到金杯汽车的融资是中国国企中最大的一笔，同时也是第一次发行美元股票的企业。以后以金杯汽车为主要资产的华晨公司在纽约证券交易所成功上市，成为中国企业走向海外市场的第一股。WSJ的报道提到金杯汽车在中南海里卖过股票，并称这个事件被中国媒体报道后又被撤回（a report the party newspaper later retracted）[①]。笔者对这个线索进行了追踪，发现了中国证券史上一则跟《人民日报》有关的故事。

1988年9月11日《人民日报》头版曾经刊登过一则消息《中南海里购股票》——

9月8日下午3时，中南海国务院大院里，汇集很多人，都在踊跃购买一种从来没买过的东西——股票。股票销售者是沈阳金杯汽车股份（注：金杯

---

① JuLia Leung.China Faces Huge Ideological Hurdles In Plan To Sell Shares In State Concerns[N]. *Wall Stree Journal*, Mar. 2, 1989, p. A12.

汽车）有限公司驻北京办事处主任齐文增和他的伙伴。他们应接不暇："我买500元的。""我要300。""我要200。""100行吗？" 4点钟出现高潮。中国国际信托投资公司的柴飞，递上一摞现金……到5点钟，在国务院总共销售3万多元。国务院大院里的25名工作人员第一次成为企业股东。[1]

　　这则消息见报3天后，也就是1988年9月14日《人民日报》又发了重要更正："9月11日本报一版刊登的《中南海里购股票》一文，是一篇完全失实的报道。经查，中南海国务院大院没有允许过任何企业前往出售股票，中南海没有任何一个国务院工作人员购买股票"。[2]

　　《人民日报》这则消息以及勘误在很多有关证券市场的早期回忆录中都有记载。这个事件的当事人和亲历者[3]解释了消息《中南海里购股票》被更正的幕后经过。"（消息见报后）这一下子可炸了窝了。当日上午9点，总理办公室打电话问：'谁在中南海里卖股票了？'我们单位领导马上找我了解情况。我解释说，因为国务院机关事务管理局在中南海西边，仅隔条马路，外人一般认为该处就是国务院，国务院就是中南海。这样一联想，记者发出的报道就有误了。""以后，几位买了金杯股票的机关干部都退回了股票。"[4]

　　WSJ样本中还有两篇人物报道具有特别的意义。一篇是有关当时两位经济学家厉以宁和吴敬琏，另一篇是对于民间投资者杨怀定的特写。《两位顶尖经济学者标示北京经济政策分歧》（*Beijing's Two Top Economic Thinkers Reflect Leadership's Broader Divisions*）这篇报道透露了吴敬琏和厉以宁两位经

① 段心强：《中南海里购股票》，《人民日报》1988年9月11日，第1版。
② 人民日报编辑部：《重要更正》，《人民日报》1988年9月15日，第1版。
③ 李幛喆，1956年出生，1986年起先后在国家物资部、国家经济体制改革委员会、国务院经济体制改革办公室、国家发展和改革委员会工作。著有《炒股就这几招》《终于成功——中国股市发展报告》等。
④ 李幛喆：《终于成功——中国股市发展报告》，世界知识出版社2001年版，第375页。

济学家对于经济改革道路的分歧和异见。吴敬琏和厉以宁在以后"股市如赌场"大讨论中分属两个阵营，这篇报道几乎可以看作"赌场"大讨论的前篇。"彬彬有礼、在耶鲁受过教育的吴敬琏和脚踏实地、占据学术高地的厉以宁"（urbane, Yale-educated Wu Jinglian and the earthy, professorial Li Yining）虽然对中国经济的长期愿景（long-term vision）是一致的，但在具体的进程，特别是有关价格改革的时间表上（timetable for price reform）有分歧。吴敬琏认为要积极推进价格改革，让市场解决当时中国经济所面临的通货膨胀压力；而厉以宁认为价格改革风险太大（too politically risky），应该被搁置（be shelved），他更看重企业改革，特别是所有权改革（emphasize ownership reform），以促进管理层为企业损益担负责任（responsible for their profits and losses）。从这些内容可以看出两位学者的学术绰号——"吴市场""厉股份"的缘由。

WSJ是最早报道杨怀定的媒体。杨怀定是中国证券市场中最早的成功个人投资者，被市场称为杨百万。《汇率波动造就了"杨百万"——即使控制了"上海滩"，仍然像农民一样生活的投资者》（*A Yen for Yuan Makes Mr. Yang a Man of 'Millions'—After Cornering Stock Market in ShangHai, the Investor Still Lives Like a Peasant*）（1990.12.27），WSJ的这篇报道早于国内中央级媒体对杨怀定的采访。杨怀定在自传中对于WSJ的报道有清晰的记述："我的民间接待是从1990年开始的。8月的一天，我突然接到一只电话，有一位老外要采访我。这位老外是美国《华尔街日报》驻京记者麦健陆（注：此人的英文名是James MacGregor）。陪同他一起采访的是美国某个商学院的一位教授。这是我一生中第一次接待外国记者，谈了许多敏感问题。他很惊奇的是，在中国这块土地上，竟然产生了百万富翁。采访后，他写了一篇报道，在《华尔街日报》上发表。这篇报道引起世界各大媒体的注意。后来，陆续有多家媒体采访我。"①

---

① 杨怀定：《做个百万富翁 杨百万自述》，上海人民出版社2002年版，第145页。

WSJ在对"杨百万"的报道中展现了经典的讲"故事"的套路。文章一开头，WSJ将杨百万誉为中国股市大玩家（China's biggest stock player）。接着，用叙事手法一一铺陈，讲述杨百万的点滴细节：他只接受了九年级教育（Ninth-grade education）、浓密纷乱的头发（a thick mop of uncombed hair）、糟糕的牙齿（painfully bad teeth）、看起来似乎从未离开过工厂的地板。即使赚了很多钱以后，杨百万仍然和妻子、4岁的儿子住在一个很小的公寓（tiny apartment）中。然后，报道的主题迂回攀升，点出像杨百万这一类投资者受益于中国经济改革的政策所搭建的舞台。这些投资者对于中国经济的意义是：他们为市场提供流动性（these kinds of players are essential to give the markets liquidity）[①]。

限于意识形态的因素，当时国内对证券市场的报道还讳莫如深，甚至连证券交易所的建立也是只言片语的小消息。对上市公司和投资者的新闻报道还停留在模糊和抽象的概念。与此相比，WSJ的报道见人见事见细节，信息覆盖了当时国内股市中重要的上市公司和事件，在杨怀定和厉以宁等相关人物报道上还为国内媒体设置了议程。

3. "这还不是资本主义"

这是社会主义吗？中国社会狐疑地看着股份制、股票和股份经济的迅猛增长，对这些新生事物所指向的资本主义道路惴惴不安。最初改革的践行者从马克思、恩格斯和列宁的理论著作中仔细爬梳，找到了"股份制发展的趋势是消灭私有制""股份制是促进社会经济，包括资本主义经济和社会主义经济发展的良好形式"等字句作为理论依据。国务院发展研究中心曾经在写给国务院总理的信中引证了马克思"股份制是对私有化消极的扬弃"的观点，以此批驳"股份制就是私有制"的说法。在大洋彼岸，通过对中国证券事业

[①]　James MacGregor. A Yen for Yuan Makes Mr. Yang a Man of "Millions" —After Cornering Stock Market in Shanghai, The Investor Still Lives Like a Peasant[N]. *Wall Street Journal*, Dec. 1990, p. A1.

的仔细观察后WSJ也得出结论，这还不是资本主义（It isn't Capitalism yet）。WSJ认识到在这个新兴市场上股票和债券所具有的"中国特色"——它们离华尔街上的股、债模样相去甚远。在中国最初发行的股票可转让（transferable），但当时还没有公开市场能合法地买卖（traded publicly）。股票一年持有者可获得8.64%的年化回报（annual return），股票三年持有者可获得11.62%的年化回报，远超银行同期利率（interest rate）。投资者买卖股票的收益还得到政府的支持和保证。作为鼓励，投资者只要持有500股以上就可以进入董事会（sit on the board）。由于最初的股票在发行时承诺是保本付息的，很多投资者将股票视同为存款（Stocks are similar to time deposits）[1]。

WSJ把在中国起步的证券市场定义为"现代化驱动下的资本主义改革"，意识到这种试验和改革嵌入中国社会中所产生的冲击。"1949年共产党获得政权后就关闭了原来的证券交易所"[2]"1949年后的第一次，国营企业和公司被允许发行股票"[3]"股票曾经被（中国）认为是邪恶的投机者和食利者（speculators and profiterrs）的资本主义工具"[4]。WSJ指出在社会主义体制中实行股份制和成立证券市场的两难处境，最初的股票代表着西方的、自由市场的（Western-style free-market），同时又强调社会主义特征的。"一方面，它被寄予希望激发经济活力和提高劳动生产率，但另一方面，它挑战了公有制，因此出现非劳动性收入和个人财富的集中。中国政策制定者意识到了这个问题。"[5]还有"公开发售股票就意味着国家拥有的产权转移到私人手里，中国还

---

[1]　Vigor Fung. Chinese Snap Up Corporate Shares[N]. Jul.19, 1984, p. 1.

[2]　Bulls and Bears May Get Another Chance in China[N]. *Wall Street Journal*, Nov. 15, 1984, p. 36.

[3]　China to Offer Shares in Three State Firms[N].*Wall Street Journal*, Mar.18, 1986, p. 1.

[4]　James P. Sterba. Chinese Crossroads: Some Sinologists See Reform Slowing Down After an Active Decade—They Doubt Nation Can Meld Communism, Capitalism; Resistance Is Cropping Up[N]. *Wall Street Journal*, Eastern edition, Sep.5, 1986, p. 1.

[5]　Paul Bowles and Gordon White. Asia: China Struggles with the Concept of Shares[N]. *Wall Street Journal*, eastern edition, Jul. 6, 1987, p. 1.

没有想好是否能接受这种状况"①。"一些保守的官员批评股票发行（issuance of stock），认为私人的产权会助长剥削行为（exploitation）"②"（发行股票后）一些国营企业将会变成合资公司"。"股票在公有制下是很敏感的事物，它在共产主义中国引进了资本主义的基本信念。很多中国官员忧虑这样的实践会鼓励对工人的剥削。"③

"中国能吸收多少西式改革还会认为自己是社会主义国家？（How many Western-style reforms can China absorb and still call itself a socialist country?）"虽然WSJ对中国的资本主义方向并不能确定，但它却清晰地预见到一个趋势，"中国目前处于巨大的转折点（turning point）""它们（中国）可能会在20年左右的时间里成为一个真正的经济强国，就像日本通过出口逐渐发展起来一样"④"中国的方向是现代人类历史上最大胆的国家冒险""中国的巨变是这个世纪人类最伟大的社会和经济发展，中国改革所带来的影响会超越国界，五分之一人口的实践证明了……这是人类认知上的重要突破"⑤。

小　结

华尔街投注的目光是资本在中国行进的道路。境外投资者已通过各种途

---

① ADI IGNATIUS. Socialist Inhibitions About Speculation Put Damper on Stock Trading in China[N]. *Wall Street Journal*, Aug. 18, 1987, p.29.

② Vigor Fung. China Mulls Proposals to Reduce State's Role in Economic Growth[N]. *Wall Street Journal*, Sep.9, 1985, Pg 1.

③ VIGOR FUNG. Chinese Workers' Enthusiasm for Stock Prompts Peking to Expand Experiment[N]. *The Wall Street Journal*, Feb. 2, 1987, p.27.

④ James P. Sterba. Deng's Tune: Peking Turns Sharply Down Capitalist Road in New Economic Plan[N]. *Wall Street Journal*, Oct. 25, 1984, p.1.

⑤ James P. Sterba. Deng's Tune: Peking Turns Sharply Down Capitalist Road in New Economic Plan[N]. *Wall Street Journal*, Oct. 25, 1984, p. 1.

径进入我国上市公司并不同程度地持有股份。如QFII（合格境外机构投资者，Qualified Foreign Institutional Investors）、MSCI（明晟）中国指数、上市公司的外资股东等。截至2020年底，我国境内共有中外合资基金公司44家，境外投资者持有A股资产突破3万亿元。"中国资本市场的吸引力是强的，外资也获得了良好的回报，而且潜力还很大。"① 这些进入中国市场的外来资本在一定程度上改变了中国证券市场的信息格局。

中国资产也走出国门去海外融资，例如，中国政府在国际金融市场首次公开发行美元债和欧洲债，这在WSJ的报道中均有提到。在华晨汽车之后，截至2021年3月26日共计有265家中资概念股跨过了太平洋摸索到了美国的股票市场。这些中概股②公司主要分布在综合消费服务、信息技术服务、软件、互联网与直销零售、互动媒体与服务等行业，市值在全部美股总市值中占比为5%。2020年一共有34只中概股在美股市场的融资总额达到122.6亿美元，约为2019年全年美中概股募资总额的3.6倍。

在中国与世界以资本为纽带交流和碰撞的过程中，很多事件、现象都值得研究。2010年至2015年间，美国浑水、香橼等市场机构针对包括新东方、好未来、安踏在内的超过20家中概股公司发布了看空报告，实施做空操作。这些看空报告剑指财务造假、包装利润，注水收入中概股公司，最终导致绿诺科技、中国高速频道、多元环球水务、嘉汉林业等多家公司在美国资本市场遭到起诉，最后被清算和退市。有市场评论认为，浑水、香橼针对中概股做了在中国市场上做不到的事情。

2020年，证监会主席易会满在公开演讲中提到："当前，市场上也出现了

---

① 中国证监会官网，http://www.csrc.gov.cn/，2021年3月2日访问。

② 中国概念股，是指外国投资者对所有海外上市的中国股票的统称。由于同一家企业既可以在国内上市，也可以在国外上市，所以这些中国概念股中也有一些是在国内外同时上市的。中国概念股主要包括两大类：一类是在我国大陆注册、国外上市的企业；另一类是虽然在国外注册，但是主体业务和关系仍然在我国大陆的企业。

一些有趣的现象。比如，部分学者、分析师关注外部因素远远超过国内因素，对美债收益率的关注超过LPR、Shibor^①和中国国债收益率，对境外通胀预期的关注超过国内CPI。对这种现象我不做评价，但对照新发展格局，建议大家做些思考。"在新闻传播视角下，易主席这番话值得认真思考。由于境内媒体提供信息不充分，让投资者在境外媒体寻找投资的参考和帮助，这在无形中放大了境外媒体的影响力，在信息能轻松越过国界的互联网时代，这个现象会更为突出。本课题下一步继续深入研究。

2021年，中国网约车平台滴滴出行6月30日在美国纽约证券交易所首次公开募股（IPO），融资44亿美元。这是2021年美国资本市场上最大的中概股IPO。滴滴当日收盘市值近678亿美元。7月4日，网信办发布通知："根据举报，经检测核实，'滴滴出行'APP存在严重违法违规收集使用个人信息问题。国家互联网信息办公室依据《中华人民共和国网络安全法》相关规定，通知应用商店下架滴滴出行APP。"滴滴在公告出来之后，第一个交易日暴跌25%。与此同时，中国监管机构还对在美国上市的满帮集团和Boss直聘进行网络安全审查。当日这两家公司的股价分别下跌17%和16%。滴滴事件发酵后，引发了市场对中国互联网行业数据资产监管日益严厉的忧虑。

这个事件使社会对互联网数据由原来的个人隐私保护与商业利益的视角进一步叠加了国家安全的视角再次进行审视。由于中国的互联网企业都是股份制企业且大部分都在海外上市，其资本追求的效率和公共管理之间的冲突、跨国所有权归属所引发的数据占有和国家安全之间的冲突、信息价值和社会公平之间的冲突、互联网的全球性和国家主权之间的冲突等会是这个时代最为严峻的课题。

---

① LPR，即Loan Prime Rate，贷款市场报价利率。Shibor，即Shanghai Interbank Offered Rate，上海银行间同业拆放利率。

第八章　舆论市之辩

中国证券市场作为强制性制度变迁①，它最初的出现和运行是顶层设计自上而下嵌入中国社会的结果。证券市场最初被定位为国企改制服务。政策市被认为是中国证券市场的一个重要特征。伴随着政府对市场融资功能的挖掘和利用，中国证券市场在经济系统中权重不断增加。相比于其他国家政府对证券市场所产生的效用，中国政府部门包括证监会、央行、财政部、国资委以及地方性管理机构拥有对证券市场的超强主导力："政策的行政方法来解决市场化过程中的很多问题"②，很多本来应该由市场来决定的事情都由"有形之手"来包办，如IPO公司发行的价格、数量等；其次，政府"用政策手段来直接干预或者改变市的运行趋势、节奏，包括市场的过热和过冷问题"③。市场的每一次巨量波动都与政策相关。

在中国证券市场中研究媒体和舆论不可能回避政府、监管部门和政策。借助媒体对证券市场进行舆论引导是政策市在传媒领域的表征而已。1990年《人民日报》的一份内参向国务院领导汇报了深圳的"股票热"，引起了高层震动，几乎导致深圳证券市场被关闭；1996年和1999年《人民日报》两次本报特约评论员文章让市场暴涨和暴跌。2005年以后，中国证券市场进入了全流通时代。随着市场的规模不断扩大，也随着QFII、港股通等制度出现以及

---

① 依据制度变迁的理论，制度变迁包括自下而上的诱致性制度变迁（也称需求主导型制度变迁）和自上而下的强制性制度变迁（也称供给主导型制度变迁）两个基本类型。
② 贺显南：《中国股市政策市研究述评》，《国际经贸探索》2009年第4期，第52—58页。
③ 同上。

MSCI中国指数基金对中国上市公司的资金配置，中国证券市场对外开放和国际化程度不断增加，政策对市场的影响力有所减弱。媒体在证券市场中进行舆论引导的效力也有所减弱。在政府和市场博弈的过程中，市场和投资者也通过媒体紧盯政策信号，猜测政策意图、顺从政策意志或者对冲政策风险。在媒体内外，市场有关政策的谣言、对政策的误读也在所难免。

另外，中国证券市场历史上发生过多次在媒体空间中公开的、激烈的论战，2001年围绕吴敬琏股市"赌场论"观点经济学家之间展开论战，如2003年至2005年全社会有关国有股减持、股权分置的大讨论，2008年有关政府是否应该救市的大讨论等。这其中以国有股减持和股权分置大讨论持续的时间最长，社会各方有更广泛的参与，其社会后果也有目共睹。社会生活中广泛的公开讨论政策议题在中国公共舆论空间中并不多见，中国证券市场中的大讨论代表着自下而上的市场的声音和自发秩序。证券市场中的论战围绕着政府政策和证券市场的制度改革去向而展开，对议题讨论的深入和论战各方鲜明而针锋相对的观点，使得这些论战具有了思想市场的意味。

政策操控和市场内生性力量的博弈构成了证券市场发展的一条主要线索。作为管理和控制手段的舆论和作为社会协商通道的舆论在证券市场中都有所展现，尽管这两种方向的力量在媒体空间中分配并不均衡，但是它们之间只要有对话而不隔绝，有碰撞而能彼此妥协，中国证券市场就能稳定而持续向前。

一、作为治理和监管手段的舆论

舆论调控是政策之手的常规形式。"影响中国股票市场的行政政策可以概括为以下三种类型：第一种是以舆论调控为主，典型事件就是发表社论和评论员文章，目前这种方式已经较少采用或者对市场的影响力很小了；第二种是以资金供求政策调控为主，典型事件是融资额度调控、国有企业等投资主体的投资限制等，目前这些手段基本都退出了历史舞台；第三种是以规则或制度变化为主，典型事件是股权分置改革、印花税调整、大小非减持规则变化等，目前这种方式仍然是行政政策使用的主要手段。"①

1.《人民日报》内参

内参是中国媒体的特殊新闻实践。在新华社、《人民日报》等各级体制内记者可以将不宜公开发表的文章写成内参，通过正常渠道直接报给中央和相应的各级领导。这是中国体制内记者的权利和义务。② 内参是国家各级领导获得社会动向的重要渠道，在政治决策中具有重要地位。1990年，《人民日报》有关深圳股票交易状况的内参几乎导致中国股票市场被关闭，这一历史细节见于很多早期改革者的回忆录。③

1990年3月至11月，中国证券交易所还未成立，深圳股票交易出现了混乱无序的情况。据记载，"股票已进入供不应求的阶段。许多人白天在证券营业部买不到'深圳老五股'的股票，晚上就在荔枝公园北面园岭小区的特区证券部周围自发形成一个黑市。于是出现了一个奇怪的情景：这边，月光下，树影中，人头攒动，在进行频繁的股票黑市交易；那边是政府宣传车的高音喇叭告诫人们'小心受骗，不要参与股票黑市交易'"④。"场内白市透明度很差，内幕交易频频发生。场外黑市愈演愈烈，一支黑市经纪队伍在形成。"⑤

当时，人民日报驻汕头、珠海和深圳经济特区的首席记者王楚据此写了一份内参。王楚的稿子经过组织程序提交给当时深圳主管副市长张鸿义审阅，张鸿义觉得也应当给股市敲敲警钟，签字同意上报。人民日报总编室将这份

---

① 银国宏：《从行政政策市向经济政策市转型》，《中国金融》2008年第17期，第38—40页。
② 王润泽主编：《新闻历史与理论》，中国人民大学出版社2020年版，第132页。
③ 深圳创新发展研究所：《改革者：百位深圳改革人物》，中信出版集团2019年版，第28页、第98页。
④ 禹国刚、赵善荣、保民：《禹国刚重写中国股市历史》，海天出版社2015年版，第58页。
⑤ 同上。

题名为"深圳股市狂热，潜在问题堪忧"的内参写入人民日报《情况汇编》第346期，报送中央领导。在向上递送的过程中，人民日报总编室把这个材料中关于采取措施的部分去掉了，只把股票热的情况列举出来。材料中写道，深圳市股票市场炒股狂热，已经达到万人空巷的地步，机关办公之处人去楼空，干部、群众不去上班都去炒股，暴利极高，连香港红灯区的老鸨都不做了改去深圳炒股。①

当时正值社会上开展"姓资"与"姓社"的大讨论，有关股份制和股票交易的议题极为敏感。结果有四位中央领导同志分别在这份《情况汇编》上作了批示。据说一位中央领导在阅读完这份内参后情绪激动地写下了"关！关！关！"三个大字。幸亏有其他的领导意见并不一致：有的认为应该制止不规范的股票集资；有的则平缓一些，认为要加强调查研究。

内参对于初创时期中国证券市场是否能存续意义重大。中央先后派出三个高规格的调查组赴深圳：1990年5月，外汇管理局、人民银行、体改委联合调查组；1990年7月3日至17日，由国家副审计长带队的审计署和人民银行联合调查组；1990年11月26日，时任中共中央委员会总书记江泽民同志到深圳和珠海参加经济特区十周年大庆。在深圳期间，深圳市市长李灏向江泽民总书记汇报了深圳股份制和证券市场试点情况，建议中央慎重决策，允许深圳、上海的证券交易市场继续试点。紧接着，江泽民委派周建南②到深圳再做专门调查。周建南做了"两周的了解，查阅了有关文件、资料，查看了交易所试运行及一个证券机构的现场，向有关方面做了调查和交谈"③。

由于这些调查组对深圳证券市场的试点给予了肯定，中央表示继续进行证券市场试点，但仅限于上海、深圳两个地区，不再扩大。调查组也提出了

---

① 张建伟、张跃进、汪景钢：《深圳股市风云》，南开大学出版社1992年版，第114—115页。

② 周建南，曾任中华人民共和国机械工业部部长。其子周小川，曾任中国证监会主席、中国人民银行行长。

③ 刘鸿儒：《突破——中国资本市场发展之路》，中国金融出版社2008年版，第84页。

"维护公股的主体地位""对政府工作人员参与股票买卖应作出明确的限制规定""严禁特区以外的内地企业、单位和个人参与深圳市交易活动""提高印花税和个人股息收入调节税率"等建议。深圳立即启动了征收印花税、筹建深交所和证券登记公司、凭身份证登记进户、实行涨停牌制度等10项举措。在对证券市场进行了认真的清理和整顿后，深圳股市乱象有所减少。[①] 为了堵住"深圳党政干部被股票一网打尽"的责难，深圳市委、市政府做出决定，党政干部不得买卖股票。中纪委也发出通知，规定处级以上领导干部不得买卖股票。

有关《人民日报》内参的风波反映了中国证券市场在早期遭遇的生存危机。中国领导高层对证券市场这一新生事物充满了担心和疑虑：股份制会不会损害公有制的基础？试行股份制是不是公有制的倒退？股份制等同于私有制？股份制是资本主义？股票低买高卖是否属于投机倒把？发行股票是否会导致国有股流失？股票红利和股息是否属于剥削？这种思想的分歧伴随着证券市场的每一步发展。1992年，邓小平南巡发表谈话，其中谈到了证券市场，"证券、股市，这些东西究竟好不好，有没有危险，是不是资本主义的东西，社会主义能不能用？允许看，但要坚决地试。看对了，搞一两年对了，放开；错了，纠正，关了就是了。关，也可以快关，也可以慢关，也可以留一点尾巴。怕什么，坚持这种态度就不要紧，就不会犯大错误"[②]。邓小平的表态在当时搁置了有关证券市场的政治争议，但是关闭股市的可能性仍然是悬在投资者头顶的一把达摩克利斯剑。

1992年10月党的十四大正式确立了国家要建立社会主义市场经济体制，关于市场经济的争论就此平息。十年之后，2002年党的十六大确认国有企业

---

① 刘鸿儒：《突破——中国资本市场发展之路》，中国金融出版社2008年版，第74页。
② 邓小平：《邓小平文选第三卷》《在武昌、深圳、珠海、上海等地的谈话要点》，中共中央文献编辑委员会编辑，人民出版社1993年版，第489页。

改革的核心是产权的问题，明确提出国有企业、集体企业、非公有企业共同组建股份制企业，同时明确公司制、股份制是公有制的实现形式，这最终为证券市场正了名。中国证券市场吸纳了巨量社会融资和百姓财富，不再是一个说关就能关的市场。

2. 1996年和1999年两次《人民日报》社论

"本报特约评论员"的署名在中国主流纸媒的版面上具有特殊的权威性。特约评论员文章最早出现在改革开放前夕，这些评论因多为高层领导干部亲笔撰写，不好署名，干脆就以"特约评论员"名义，这显示出它与其他署名评论之间的差异性。"用'署名评论'一定程度上只代表了署名者个人，是可以质疑和商榷的。""一些特殊的不署名或以'本报评论员''本报特约评论员''本台评论'等为署名的新闻评论文本中，新闻机构则越过新闻记者、编辑而成为第一层的话语主体。"①1978年5月11日，《光明日报》发表了《实践是检验真理的唯一标准》，引起春声雷动，吹响改革开放后解放思想第一声号角，其署名就是本报特约评论员。

1996年和1999年《人民日报》两篇本报特约评论员的社论值得载入中国证券历史。1996年的社论给市场带来巨大冲击，市场暴跌，投资者损失惨重。"戴花要戴大红花，炒股要听党的话"的顺口溜在股民间不胫而走，这几乎成为中国投资者对《人民日报》社论的集体记忆。当时《证券时报》《上海证券报》因为没有及时刊登《人民日报》的社论而受到了严厉批评，受到停止上市公司信息披露指定报刊资格一个月的处罚。《上海证券报》的一位副总因此被撤职。以后，随着深圳和上海两个证券交易所的管理权被上交到了证监会，《证券时报》和《上海证券报》的管理权也分别从两个证券交易所交由新华社上海分社和《人民日报》。中国证券市场信息集中管理的格局由此被确立。关注中央级媒体的评论成为市场必做的功课。《人民日报》和新华社不是专业的

---

① 李玮：《新闻符号学》，四川大学出版社2014年版，第57页。

财经媒体，也不是证券信息批露指定媒体，但其有关股市的内容不仅让市场特别关注，也成为其他媒体报道的对象。

1996年，上海和深圳两地证券市场出现了暴涨。其中，深圳成分指数从924点升至最高点4522点，上证综合指数在半年多时间里涨幅120%。面对此种状况，从10月22日起，中国证监会开始连续发布多道通知，警告市场参与者不要从事融资交易，严厉查处机构违规交易，但这些措施无法止住指数上涨的脚步。结果，12月16日《人民日报》发表本报特约评论员文章《正确认识当前股票市场》（见图8-1），在文章发表的前一晚，中央电视台《新闻联播》在节目中播发了全文。

图8-1　1996年12月16日《人民日报》本报特约评论员文章《正确认识当前股票市场》

从《人民日报》这篇本报特约评论员文章《正确认识当前股票市场》的内容来看，其立场鲜明，措辞强硬。文章将股市之前时间的上涨定位为"是不正常的"，"股票交易过度投机""当前股市超常暴涨""（某些大户）利用股市飙升和散户跟风，频频坐庄……成则腰缠万贯，败则贻害国家"。该文还发出严厉警告"暴涨所以会暴跌，是客观经济规律决定的""目前的股市已到了很不正常的状况，孕育的市场风险越来越大，需要引起投资者的足够重视"，"不要搬起石头砸自己的脚""将股市的害群之马清除出市场"[1]等。

《人民日报》作为中央党报的特殊地位，加上"本报特约评论员"的神秘身份，还有这篇文章的尖锐言辞，像重磅炸弹，给市场造成了前所未有的冲击。在12月16日，除新股外，证券市场中所有股票和基金全线跌停，第二天，又是全线跌停。（见图8-2）

图8-2　1996年《人民日报》本报特约评论员文章
《正确认识当前股票市场》发表前后深证综指的走势

---

① 本报特约评论员：《正确认识当前股票市场》，《人民日报》1996年12月16日，第1版。

在1999年，中国证券市场出现了著名的"5·19行情"①。上证指数在不到一个月的时间内上涨了40%。由于短期内涨幅巨大，投资者身处高位惴惴不安。面对股市的上涨，这一次政府的态度来了个180度大转弯。1999年6月15日《人民日报》发表特约评论员文章《坚定信心　规范发展》，文章以权威口气指出："近期股票市场的企稳回升反映了宏观经济发展的实际状况和市场运行的内在要求，是正常的恢复性上升，是股市发展的良好开端。"作者还语重心长地对投资者谆谆教导"证券市场的局面来之不易，各方面要倍加珍惜"。有了"最高指示"的认可和鼓励，证券市场更加牛气冲天，到6月30日，15天内上证指数又涨了300多点，到达1756点的历史高位，然后是一轮暴跌。（见图8-3）

图8-3　1999年6月15日《人民日报》本报特约评论员文章《坚定信心　规范发展》

① 1999年5月，在网络科技股的带动下，中国股市在不到两个月的时间里，上证综指从1100点之下开始，最高见到1725点，涨幅超过50%。这次上涨持续了两年时间并于2001年6月14日达到最高点2245.44点，随后便展开了长达四年的熊市。由于此轮行情的起始日为1999年5月19日，因此此轮行情被称为"5·19行情"。

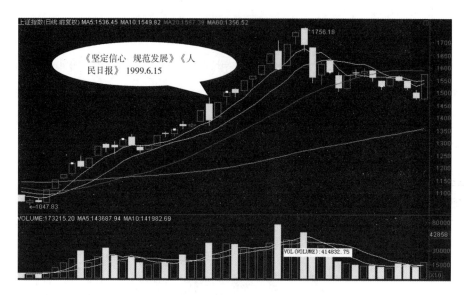

图8-4 1999年《人民日报》本报特约评论员文章
《坚定信心 规范发展》发表前后上证指数的走势

1996年和1999年中国证券市场状况大致相同,《人民日报》的社论却有着不同的结论和判断。1996年当第一篇《人民日报》社论发表时, 当时沪市市盈率达44倍, 深市达55倍, 而国际股市绝大多数在20倍左右, 所以第一篇社论认为"中国股市明显处于过高状态","最近一个时期的暴涨则是不正常的和非理性的"[1], 等等。而有统计表明, 在第二篇《人民日报》社论发表的1999年, 深沪股市所对应的市盈率达到了48倍左右, 与1996年的状况相仿, 但是这时社论却认为"从宏观形势来看, 近期股市反映了经济发展的实际状况""近期市场运行基本正常"[2]云云。有市场人士经过分析发现, 1996年和1999年两篇《人民日报》社论思维结构和叙述模式有着相似之处, 只不过前一个强调市场多么有风险, 后一个努力说明市场多么有上升潜力, 并用了一

① 本报特约评论员:《正确认识当前股票市场》,《人民日报》1996年12月16日, 第1版。
② 本报特约评论员:《坚定信心 规范发展》,《人民日报》1999年6月15日, 第1版。

个创新名词"正常的恢复性上升"。在1996年的文章中，投资者踊跃开户是股民跟风入市，而在1999年的文章中，新增开户人数成了推动市场动力的证据。"1996年12月沪深两个证交所的日均成交额达200亿元以上，也是'过度投机明显'的罪证；而1997年以来上市公司流通股增加1倍，至1999年5月，这时沪深两个市场日均成交量达到255亿元啊，怎么又突然变成是正常了的呢？"①

3. 监管者的舆论"治"市

在几年之后，曾经在1996年担任过国务院证券委员会主任，1999年担任过证监会第三任主席的周正庆②对两篇《人民日报》社论来龙去脉、台前幕后做出了解释。周正庆说："就市场而言，我认为，无形的手和有形的手都要用，只要有利于经济发展需要，都是可以用的。我在任期间曾多次组织撰写了《人民日报》评论员文章，第一次阻止了当时股市的过热，在亚洲危机来临之前，提前消除了股市泡沫，对全民进行了一场风险教育，从那以后'股市有风险，入市要谨慎'逐步深入人心，第二次肯定了股市的恢复性上涨，把握时机，推动了股市的发展。……我认为各国对证券市场在必要时没有不进行干预的。遇到重大问题，进行适当的干预是必要的。我国证券市场发展的实践证明，正确的舆论引导和正确的政策措施能够促使证券市场的稳定健康发展，反之，错误的舆论引导和不正确的政策措施，必然阻碍证券市场稳定健康发展。"③

本研究查阅了《周正庆金融文集（证券篇）》，1996年和1999年两篇有关证券市场的《人民日报》头条社论都收录在内，分别位于该书的第5页和第

---

① 张志雄：《中国股市十七年》，新华出版社2017年版，第21页。

② 1997年7月，时任国务院证券委员会主任周正庆兼任中国证监会主席。即1996年12月《人民日报》有关证券市场的"本报特约评论员"文章发出时，周正庆的职务是国务院证券委员会主任。1999年6月，《人民日报》有关证券市场的"本报特约评论员"文章发出时周正庆是中国证监会第三任主席。

③ 陈乃进主编：《破解全流通谜局》，新华出版社2004年版，第31页。

76页。在标题下的引注处分别标有"这是周正庆同志组织中国证监会同志为1996年12月16日《人民日报》撰写的特约评论员文章"和"这是周正庆同志1999年6月15日为《人民日报》撰写的特约评论员文章"①。

周正庆在这本文集中也阐述了自己的监管思想:"证监会应该怎么办?那时有两种观点。一种观点认为,不干预。证监会只管监管,市场好坏与其无关。但我带领证监会领导层经过认真调查研究分析后,持另外一种观点:证券监管部门面对下跌局面,不能听之任之,要积极主动、旗帜鲜明、态度坚决地采取有效政策措施,推动市场健康发展。"②

在1996年《人民日报》第一篇社论发表时,担任证监会主席的周道炯在访谈中详细谈到这篇社论出台的过程。

主持人:当时这篇评论员文章是怎么想出来的?

周道炯:当时这个过程是这样的。1996年10月以后,股市呼呼地涨,投机很严重。证监会采取了很多措施,当时所谓的"十二道金牌"都不起作用。后来上头感到股市这样下去,过度投机,风险太大,要进行风险教育。因为那时的股民只能赚不能赔,赚了高兴,赔了以后就骂政府,要杀人放火,要炸证监会的都来。朱镕基他们商量要进行风险教育,上头提出要写这篇文章。

主持人:谁提出来的?

周道炯:朱镕基提出来的。写评论员文章这件事是要证监会做,开始按照朱镕基的意思,这篇文章要用证监会评论员的名义发表,或者以证监会新闻发言人的关系发表。后来我们考虑这个不好。

主持人:为什么不好?

周道炯:证监会怎么评呢?股市上了以后,你一评评了下来,那好了,

---

① 周正庆:《周正庆金融文集(证券篇)》,中国金融出版社2011年版,第5页、第76页。
② 同上。

老百姓讲你再给我评啊。证监会作为监管部门不能评论，我坚持这一条。后来我们建议用《人民日报》评论员的名义发表这篇文章。《人民日报》是党中央机关报，有权威性。后来上面同意了，我们起草写，改了好多次，最后是朱镕基亲自改的。

主持人：什么时候开始写的？

周道炯：大概10月底、11月初的事。

主持人：这篇文章写了多久？

周道炯：将近个把月。改了又改，改了以后又讨论，讨论以后又改。最后是在李鹏总理主持的几个副总理的工作会议上最终定的。我们写了以后，12月8、9日的样子，我们汇报，就在那会上通过了几条措施，另外给各省省委书记、省长发了内部电报，要求注意风险。[①]

证监会第一任主席刘鸿儒对两篇《人民日报》特约评论员文章有不同的看法："按道理讲，应该是完善股票市场制度，而不是简单打压股市行情。至于说股市低迷，靠党报发重量级来推动，没有相应措施跟上，也只能是暂时的。证监会从成立的第一天起至今，一直受到股市行情的困扰，它本来是市场自身的供求问题，却上升到了政治问题。从中央到地方，都作为政治问题来对待，好处是各方重视股市，坏处是这样就陷入一种不良循环，这是需要长期认真研究的问题。"[②] 财经记者张志雄对于社论进行风险教育的解释不以为然。他认为："说亚洲危机会对中国股市有较大的影响，没什么实际根据……至于进行风险教育，也谈不上什么效果，大家觉得这是硬用行政手段压下来的，如果说风险的话，政策风险是第一位的。"[③]

①　郑颂主编：《资本人物访谈录》，海南出版社2006年版，第500页。

②　刘鸿儒：《突破——中国资本市场发展之路》，中国金融出版社2008年版，第321页。

③　张志雄：《中国股市十七年》，新华出版社2017年版，第21页。

　　中国证监会诞生在1992年深圳证券市场"8·10风波"[①]之后。1998年4月，根据国务院机构改革方案，中国证监会与国务院证券委员会合并组成国务院直属正部级事业单位，集中统一的全国证券监管体制基本形成。1998年9月，国务院批准了《中国证券监督管理委员会职能配置、内设机构和人员编制规定》，进一步明确中国证监会为国务院直属事业单位。1996年和1999年两篇《人民日报》"本报特约评论员"文章正是中国证监会在各部委职能明确分工、业务协调和组织队伍建设的过程中发表的。1999年以后《人民日报》再没有使用"本报特约评论员"的署名发表有关证券市场的文章。

　　随着中国证监会的管理职能逐步完善，其在证券市场中的政策效用和权威逐渐显现。由于证券市场具有的天然媒介属性，证监会比其他的中央部委拥有更高的知名度。证监会主席的一举一动也成为所有投资者关注的焦点，证监会主席的任何市场表态都会迅速地传播到市场的每一个角落。郭树清主席的"蓝筹股罕见价值论"和刘士余主席的"妖精论"曾经引起媒体报道和市场广泛热议。

　　2012年2月，时任中国证监会主席郭树清[②]在中国上市公司协会成立大会上表示：目前的2000多家上市公司毫无疑问是中国优秀企业的代表。相对于发达国家和地区来说，由于我国仍然处于工业化、城市化的高峰时期，这些公司总体上的成长潜力更大，而目前的估值水平平均只有15倍左右的市盈率。"其中沪深300等蓝筹股的静态市盈率不足13倍，动态市盈率为11.2倍，显示出罕见的投资价值，这意味着即时投资的年收益率平均可以达到8%

---

① 1992年8月，深圳证券市场发行新股，全国各地的投资者涌向深圳。8月10日，新股认购表正式发售。深圳的300个新股认购发售点挤了150万名股民。不到半天，500万张认购表一抢而空，数万名没有买到股票的人走上街头，并引发了骚乱，这次事件被称为深圳"8·10风波"。

② 2011年10月至2013年3月，郭树清任中国证券监督委员会党委书记、主席。

左右。"①

对于郭主席的这番"蓝筹股罕见价值论",经济学家韩志国评论说,证监会主席评论股价本身就举世罕见,公开宣称"蓝筹股显示出罕见的投资价值",更为中国股市前所未有。证监会应该把劲儿用在正道上。有法律界人士质疑郭主席的"股评"是否触犯法律中有关"操纵股价"的条款。有投资者否认郭主席所说的蓝筹股"即时投资的年收益率平均可以达到8%左右",很多蓝筹股因为不分红和少分红其收益率要大打折扣。

刘士余在2016年2月至2018年12月期间担任中国证券监督管理委员会党委书记、主席。在任期间,刘士余针对当时市场中出现的保险资金举牌收购万科、格力等上市公司的情况,多次在公开场合隔空喊话"土豪""妖精""害人精""大鳄""野蛮人"。"我希望资产管理人,不当奢淫无度的土豪、不做兴风作浪的妖精、不做坑民害民的害人精。"2017年在全国证券期货监管工作会议上,刘士余再次提出:"资本市场不允许大鳄呼风唤雨,对散户扒皮吸血,要有计划地把一批资本大鳄逮回来。""你用来路不当的钱从事杠杆收购,行为上从门口的陌生人变成野蛮人,最后变成行业的强盗,这是不可以的。这是在挑战国家金融法律法规的底线。"这种"喊话"和"痛批"式的监管也被市场质疑:"你依法监管就是,何必动不动用动物做比喻?"②

4. 2008年舆论"救市"失效

中国证券市场在特定时期需要配合政府实现政治、经济目标而稳定市场。2008年,美国发生次贷危机波及全球市场,中国企业的经济效益下滑,股市中"后股改"问题浮出水面,沪深两市股指下行的脚步无法停顿,一再击破市场的预期和心理点位,屡创新低。2008年6月11日,上证指数向下击穿了市场认为是铁底的3000点。正值北京奥运会前期,全国各行各业都在为奥运营

---

① 郭树清:《蓝筹股已显示出罕见的投资价值》,中证网,2012年2月15日。

② 贺宛男:《谩骂如潮的刘士余能挺住吗?》,《金融投资报》2017年4月22日,第5版。

造安定祥和积极的气氛。证券市场中的状况显然成为不和谐因素。接下来一个月，新华社和《人民日报》高频度地发表"维护股市稳定"文章。（见表8–1）

表8–1　新华社、《人民日报》2008年6月至7月与股市的相关报道

时　间	媒　体	题　目	内　容
6月24日	《人民日报》	股市直面全流通维护稳定需各方努力	全流通时代提出新的课题，需要市场各方共同努力
7月1日	新华社	关于中国股市的通信	在我国经济基本面总体看好的情况下，股市完全可以实现稳定健康发展
7月6日	新华社	7月A股多空格局渐变　中级反弹可期	市场格局开始有所改变，一波中级反弹行情正在孕育当中
7月8日	《人民日报》	稳定股市的十大政策建议	同济大学教授针对股市现状提出的十个建议
7月14日	《人民日报》	全力维护资本市场稳定运行	由四篇报道《有序调节融资节奏》《让"大小非"减持更透明》《鼓励引导长期资金入市》《逐步完善内在稳定机制》和一篇以《稳定的力量从哪儿来》为题的言论组成
7月17日	新华社	宏观经济平稳较快运行，股市长期向好，基础未改	中国经济平稳发展是股市向好的基础
7月18日	新华社	让股市发现资产的真正价格	股市的低迷走势已经背离了宏观经济的状况

新华社和《人民日报》如此高密度地关注股市，对股市报道的规模、力度之大前所未有。7月1日，新华社发表了《关于中国股市的通信》，在文中提出"在我国经济基本面总体看好的情况下，股市完全可以实现稳定健康发展"[①]。在7月6日《7月A股多空格局渐变　中级反弹可期》中，新华社再次提出："从技术层面上讲，A股已经具备了反弹的条件。""进入7月以来，媒体

---

① 谢登科等：《关于中国股市的通信》，新华社，2008年7月1日。

氛围发生明显变化。在主要财经媒体的大盘技术性分析中，'A股市场底正在形成''A股估值趋于合理''反弹动能正在积蓄'等积极判断已取代前段的谨慎渐成主调。"①"无论从技术角度还是从估值衡量，技术反弹和价值重新回归的要求表现强烈。"②新华社被市场投资者称为"股评社"，意思是报道内容与一般的股评没有多大区别。在7月14日《人民日报》发表题目为《全力维护资本市场稳定运行》的整版（第14版）内容由四篇文章和一篇言论组成，"唱多"的倾向明显。

当时据媒体报道，"（7月18日）证监会召开《上海证券报》《中国证券报》《证券时报》《证券日报》四大证券报负责人紧急会议，会议围绕'维持稳定''健康股市的制度性建设'展开。……根据上周五的定调，今天几大证券报将纷纷发表对目前A股市场'不看空'的评论性文章"③。以此为线索，本研究挑选了《上海证券报》以2008年7月18日为中轴分析前十天和后十天该报纸的头版评论作为样本，以考察这次"维稳"会议之后的媒体表现。《上海证券报》在7月19日报道了证监会召开新闻发布会的新闻《证监会有关负责人阐释市场热点问题　有序把握融资节奏》。7月18日前十天《上海证券报》头版没有一篇评论，而在7月18日以后的十天里发了四篇评论，署名是"尚正"，可以看作本报评论文章。这些评论对市场中的敏感问题如"大小非""通胀""全流通"从正面进行解释，引导受众积极理解，维护市场稳定的意味强烈。在所有新闻的体裁中，"言论是干预现实生活强有力的手段"。在证监会"定调"之后，《上海证券报》加强了评论，且评论的内容也以强调积极、利多因素为主，以舆论"干预"市场的迹象非常明显。

那么，舆论"维稳"的效果如何？在证监会召集媒体开会的当天，7月18

---

①　谢登科等：《关于中国股市的通信》，新华社，2008年7月1日。

②　赵晓辉等：《7月A股多空格局渐变　中级反弹可期》，新华网，2008年7月6日。

③　《证监会急招四大报碰头　"舆论救市"升级》，《东方早报》2008年7月21日，第4版。

日上证指数开盘2711.74点，收盘2778.37点，上涨66.63点，涨幅为3.49%。在这个消息出来后的第一个交易日即7月21日（7月19日和7月20日是周末），上证指数开盘2759.88点，收盘2861.42点，涨幅2.99%。7月18日和21日两个交易日均为红盘，且加起来涨幅超过5%，但是从后来走势看，这两天的上涨极为短暂（见图8-5）。2008年6月第一个交易日，上证指数开盘是3426.20点，到奥运会前一个交易日即8月7日的收盘指数2727.58点，下跌了26%；2008年8月24日，奥运会闭幕式举行。在此之前最近的一个交易日8月22日，上证指数收于2405.23点。奥运会期间一共16天，上证指数又下跌了322.35点。奥运行情没有出现。上证指数9月16日跌破2000点关口，9月18日见到最低点1802点。9月的最后一个交易日报收在2293点。2008年6月到9月的三个月中，下跌1133点，跌幅为33%。

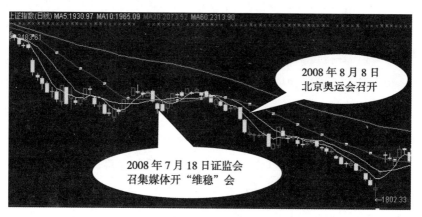

图8-5　2008年6月至9月舆论"维稳"前后上证指数的走势

　　所谓舆论救市似乎是在短期内刺激了市场，但很快市场就继续维持下跌趋势。2008年中国证券市场在市场容量、结构、对外开放程度等方面都与1996年和1999年有很大差异。证券市场走势是市场各方力量博弈的结果，在市场化程度日益提高的环境中，管理部门舆论"救市"的愿望也难免落空。

二、中国证券市场的公共讨论

公共讨论是公民就公共政策发表个人意见。早在古希腊时期，为推动公民的公共讨论，城邦大规模兴建了不同类型的公共建筑，包括市政广场、议事会厅、神庙、剧场、体育场、公共浴室等，及至近代，剧院、宴会、沙龙、咖啡馆等场所成为公民展开公共讨论的公共空间。大众媒体负有组织和引导公共讨论的社会职责。公共讨论的广度和深度标示着一个国家民主化进程和公民素养以及理性程度。随着证券市场配置资源的能力在经济系统中的提升，也随着证券、基金等投资者人数在人口比例中增加，中国证券市场在社会生活中的影响逐步扩大。在中国证券市场的历史上，有两次有关证券市场政策和制度的公共讨论超越了财经领域"破圈"而成为社会关注的公共议题。

1. 有关"股市如赌场"的论战

2000年10月10日，《财经》杂志发表《基金黑幕——关于基金行为的研究报告解析》一文，该文通过对1999年8月9日至2000年4月28日10家基金公司旗下22家证券投资基金的证券交易记录进行分析，认为证券基金行业存在大量违规、违法操作。[①]这一结论震动市场。证券投资基金被认为是引入西方成熟市场经验、稳定市场最重要的"健康力量"。《基金黑幕——关于基金行为的研究报告解析》一文揭开了基金行业的真面目，基金行业普遍使用"坐庄""对倒""倒仓"等手法来操纵股价。10月16日，10家基金管理公司在三大证券报《上海证券报》《证券时报》《中国证券报》上联合发表严正声明，对《财经》杂志的相关报道予以回击。该声明称："《基金黑幕——关于基金行为的研究报告解析》依据的资料数据采样不准确，研究方法不科学，对基金的交易行为判断与事实严重不符。"证监会第一任主席刘鸿儒就此事向媒体

---

① 平湖、李箐：《基金黑幕——关于基金行为的研究报告解析》，《财经》2000年10月号，第13页。

表态，"基金只有2岁，2岁的孩子可能会尿裤子，要允许他撒尿"。"基金尿床论"以后成为证券市场中的笑谈。事件开始发酵。

2001年1月13日和14日，中央电视台《经济半小时》和《对话》节目连续播出对经济学家吴敬琏的采访。吴敬琏在节目中提出了"股市赌场论"。他认为，"中国的股市很像赌场，而且很不规范。即使是赌场里面也有规矩，比如，你不能看别人的牌。而我们的股市里，有些人可以看别人的牌，可以作弊，可以搞诈骗。坐庄、炒作、操纵股价可说是登峰造极"[1]。中央电视台的介入使得事件进一步升温，出现在社会公众视野当中。

2001年1月20日，"联办"[2]旗下的另一份杂志《证券市场周刊》发表文章《股市的花样年华还有多远？》质疑吴敬琏的观点并向他提出九个尖锐问题，即"九问吴敬琏"。2月11日，吴晓求、董辅礽、厉以宁、韩志国、萧灼基五位经济学家面对媒体召开了"关于如何正确评价中国股市发展状况"的恳谈会，联手反驳吴敬琏的"股市赌场论"。五位经济学家的组合被记者称作"梦之队"。萧灼基教授说："在我的记忆里，我们五个人同时出场，这可能是第一次。"针对吴敬琏"股市是赌场"的观点，五位学者认为，吴敬琏的看法仍停留在计划经济时代，停留在物质生产部门创造财富、非物质生产部门不创造财富的认识上。资本市场优化资源配置、提高效率进而创造财富的作用不能抹杀。他们认为全民积极参与证券市场恰恰是在培养国民市场意识、投资意识。针对吴敬琏对中国股市炒风日盛的担忧，五位学者认为，证券市场中投机、投资皆不可少，投机是资源配置优化的必要手段。

紧接着经济学界人士纷纷站队表态。2月14日，《中国经济时报》刊登张文魁的文章《黑庄横行损害投资者信心　谁还会在股市上投资》，指出我国股

---

[1]　中央电视台·经济半小时：《吴敬琏：证券市场黑不得》，2001年1月14日。

[2]　原名"证券交易所研究设计联合办公室"，由九家全国性非银行金融机构发起和集资，于1989年3月15日成立。《财经》也属于"联办"创办的杂志。

市投机成分很大。《国际金融报》发表芮群伟的文章《股市大辩论的实质是什么？》。该文认为："以厉以宁为代表的发展派似乎更多的只是一种舆论工具。他们在这次恳谈会上提出的一些观点显得相当浅薄，比如说，他们提出对待股市要像对待婴儿那样，市场经济的鼓吹者现在竟然提出了充满父爱主义的口号，这难免不让人有博取一般投资者好感的嫌疑。表面上看他们似乎在为股市、为股民说话，但实际上并没有考虑到股民。"①2月24日，北京大学中国经济研究中心举行"中国证券市场的前景和隐忧"研讨会。林毅夫称中国股票市场上的多数行为是投机行为，产生的原因是上市企业的"体质"不好，导致股民不敢长期投资，而只能做短线投机。针对五位经济学家提出的"投机有理"论调，许小年表态："只有当价格围绕价值波动时，价格信号才能对资源配置起到比较好的指导作用。上市公司的价值由公司的基本面、盈利能力决定，如果价值和价格长期背离，就会形成资源的错配，这对国民经济的伤害是非常大的。"②3月9日，《中国经济时报》发表吴敬琏新著《十年纷纭话股市》的前言《我对证券市场的看法》，此文被看作吴敬琏对五位经济学家的反击。

论战最后以吴敬琏获得CCTV 2001年中国经济年度人物被官方舆论认可而结束。中央电视台对吴敬琏的颁奖词是："他是一位无私的、具有深刻忧患意识的社会贤达，一个纯粹的人，一个特立独行的智者。一个把中国老百姓的疾苦当作自己疾苦的经济学家，一个睿智和良知兼备的中国学者。他体现了中国知识分子'先天下之忧而忧'的高贵品格，是年过七旬仍然能保持童真和率真的经济学家。"③证券市场有关"股市赌场论"的论战因为卷入了当时中国最知名的经济学家，还有《中华工商时报》《证券市场周刊》《21世纪经

---

① 芮群伟：《股市大辩论的实质是什么？》，《国际金融报》2001年2月14日，第3版。

② 许小年：《发展有效率的资本市场》，《中国证券报》2001年2月15日，第5版。

③ 中央电视台官网，http://www.cctv.com/financial/fengyun/sanji/，2020年5月访问。

济报道》、中央电视台《经济半小时》《对话》等众多媒体在社会舆论中引起广泛关注，证券市场的制度建设成为公共议题被聚焦。伴随着论战，中国证监会宣布对中科创业和亿安科技进行调查和处罚，对基金行业做出调查和处罚，并推出"券商高级管理人员谈话提醒制度"等。中国证券市场的制度完善又往前迈了一步。

经济学家韩志国曾向媒体表示，如果吴敬琏赢得论战将是股市的一场灾难。这话也不无道理。伴随着论战，2001年春节后，"第一周股市即连拉了4条阴线。沪深股市流通市值缩水1000亿元，由年前的1.6万亿元下跌到1.5万亿元。马克思说过'利益会把仇神招到战场上来'。这1000亿元股市流通市值的缩水相当于一周内股市就消灭了10万个百万富翁"[①]。股民感受到账户损失的切肤之痛。对于股市如赌场的观点，社会舆论以证券市场内外为界显示出两种截然不同的立场。"新浪网的调查是78%的人投票认同，足见大众之立场；而金融街网站的调查是74%的人投票反对，显示出股民的反对。"[②]吴敬琏仗义执言是为了中国股市基本制度建设，长期看是有利于保护中小投资者。可是股市下跌，账户缩水，本金损失。很多中小投资者认为吴敬琏"一言祸市"，对他批评有加，吴敬琏输在了投资者舆论场中。以后，吴敬琏曾引用捷克作家伏契克的名言发出感慨："人们啊，我是爱你们的，但你们可要警惕呀！"

2. 有关国有股减持和股权分置的全民大讨论

改革开放是中国社会思想的一次重大解放，这其中一个重要变化是人们利益意识的觉醒。可能没有哪个社会群体比A股市场上的投资者对自己的利益有更加清楚的认识，证券市场的波动直接影响投资者账户中资金的多少。当

---

① 高辉清等：《一枚硬币的两面——评析中国股市大论战》，《财经界》2001年第3期，第20—25页。

② 同上。

投资者们对未来市场前景悲观或者预期有风险，他们就会"用脚投票"离开市场。国有股减持是进入21世纪后影响证券市场发展的重要事件，国有股的高定价市场不接受，投资者离场，资金流出，市值缩水，个股下挫。在体会到资产损失的切肤之痛后，投资者从模糊到清晰，最后发现自身利益和国家利益之间的分歧甚至对立。如果说"股市如赌场"的论战还主要是在中国经济学家的圈子和知识分子阶层展开的话，有关国有股减持和股权分置的讨论则由于证券市场暴风骤雨般的下跌趋势向全社会发出无法回避、难以遮蔽的信号，从而引发自下而上的，中小投资者广泛参与、积极表达的一次全民大讨论。对政府而言，出售国有股盈实社会保障资金是短期利益，而活跃证券市场，为整个宏观经济提供强有力的资金支持是长期利益。股权分置改革被认为是中国股市"一次重要股改"，它的改革过程和最终完成也标志着"中国证券市场发展历史上第一次由市场否定了中央政府的决策"[①]。

　　有关国有股减持和股权分置的全民大讨论从2001年6月国务院正式发布《减持国有股筹集社会保障资金管理暂行办法》（以下简称《暂行办法》）开始一直持续到2005年股权分置改革启动。在这期间，中国证券市场经历了长达五年的熊市。（见图8-6）上证指数在2001年6月见到历史新高点2245点后开始回落，在2005年6月最低向下击破1000点整数关口，下跌幅度超过50%。在这个过程当中，证券市场的走势跟国有股减持政策的变动有明显相关性。2001年10月22日，证监会宣布暂停《暂行办法》；2002年6月23日，国务院决定完全停止《暂行办法》，这两次消息发布后，证券市场均出现大盘指数几乎涨停的壮观场面（见图8-6中②和④）。市场通过暴涨和暴跌的方式对所发布的国有股减持政策进行回应。大盘行情也在政府与市场的相互博弈过程中摸索前进。

---

① 陆一：《陆一良心说股事：你不知道的中国股市那些事》，浙江大学出版社2013年版，第221页。

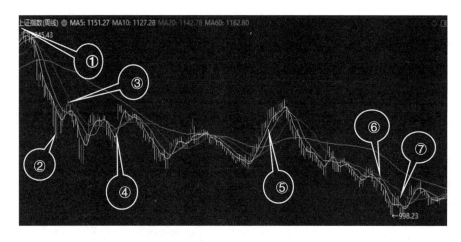

图8-6　2001年6月至2005年12月上证指数（周线）走势与国有股减持相关政策调整对比图

① 2001年6月12日，国务院发布《减持国有股筹集社会保障资金管理暂行办法》。

市场影响：创出历史新高之后拐头下跌。

② 2001年10月22日，证监会发布公告，宣布国有股减持方案暂停执行。

市场影响：股指出现了实施涨跌幅限制以来最大的一次单日涨幅。

③ 2001年11月14日，中国证监会向社会各界征集国有股减持方案。12月18日，证监会公布了征集国有股减持方案的汇总结果，同日，朱镕基总理讲话指出，中国将不会停止减持和出售国有股。

市场影响：上证指数在之后一个月内下跌超过300点。

④ 2002年6月23日，国务院决定，除企业海外发行上市外，对国内上市公司停止执行《减持国有股筹集社会保障资金管理暂行办法》中关于利用证券市场减持国有股的规定，并不再出台具体实施办法。

市场影响：沪深股指分别上涨9.25％和9.34％，两市有近900只股票达到涨幅限制，这就是"6·24"行情。

⑤ 2004年1月31日，国务院发布《关于推进资本市场改革开放和稳定发展

的若干意见》，明确提出"积极稳妥解决股权分置问题"。这也是在国务院的文件中第一次用股权分置的概念来概括中国证券市场上流通股与非流通股割裂的状况。

市场影响：短暂上涨后，重回跌势。

⑥ 2005年4月29日，中国证监会向各上市公司及其股东、保荐机构、沪深证券交易所、中国证券登记结算公司下发了《关于上市公司股权分置改革试点有关问题的通知》，正式启动股权分置改革试点工作。

市场影响：继续下跌。

⑦ 2005年5月8日，沪深证券交易所和中国证券登记结算公司联合发布了《上市公司股权分置改革试点业务操作指引》。5月9日，三一重工、清华同方、紫江企业、金牛能源4家上市公司宣布率先试点股权分置改革。

市场影响：6月6日，上证指数跌破千点关口，最低至998点。

　　我国证券市场刚成立时，最早一批股票如飞乐音响、飞乐股份、申华控股是全流通的。以后，为了解决"如何做到坚持公有制，又能吸收部分个人资金"的矛盾就形成了国家国有股和国有法人股不流通的制度安排。"暂不流通"的规定在当时的文件和法律中并没有找到文字的内容，但是作为一项制度却一直沿用下来。所谓股权分置，是指上市公司的股权结构中，既包括可以上市流通的股票，也包括了很大部分不可以在市场上流通的股票。前者称为流通股，主要是中小股东持有；后者称为非流通股，主要包括了国有股、法人股。中国证监会首任主席刘鸿儒对此的解释是："股权分置的产生根源是怕私有化。如果全部股权公开上市流通，任何人都可以购买，就很难保证公有制为主体这项基本原则的实现，当时的股票市场也就不可能被允许建立和发展。"①

---

① 刘鸿儒：《突破——中国资本市场发展之路》，中国金融出版社2008年版，第124页。

截至2004年底，中国上市公司的总股本为6950.72亿股，其中非流通股份4433.19亿股，占上市公司总股本的63.78%，国有股份在非流通股份中占77.86%。中国证券市场在2005年之前形成了2/3的股份不能流通的畸形市场结构，不能流通的股份中，国有股几乎占到八成。股权分置是早期中国证券市场中的双轨制，造成证券市场中百弊丛生。[①] "作为历史遗留的制度性缺陷，股权分置在诸多方面制约中国资本市场的规范发展和国有资产管理体制的根本性变革。而且，随着新股发行上市的不断积累，其对资本市场改革开放和稳定发展的不利影响也日益突出。"[②] 对政府而言，出售国有股盈实社会保障资金是短期利益，而活跃证券市场，为整个宏观经济提供强有力的资金支持是长期利益。

引发有关国有股减持和股权分置大讨论的触发点是2001年6月12日国务院正式发布的《减持国有股筹集社会保障资金管理暂行办法》（以下简称《暂行办法》）。这个办法的第五条规定"凡国家拥有股份的股份有限公司（包括在境外上市的公司）向公共投资者首次发行和增发股票时，均应按融资额的10%出售国有股"，引发市场哗然的关键出在该规定的第六条"减持国有股原则上采取市场定价方式"。对市场而言，国有股的减持要有公平合理的价格。流通股东的利益由于制度上的安排被非流通股东所占有的部分需要获得实质上的补偿。《暂行办法》完全忽视了这一点。虽然财政部部长项怀诚在宣布这

---

① 股权分置的弊端有以下几点：a.非流通大股东在上市、配股、增发过程中，仅用少量原始出资，就可以占有流通股东大量出资实现的资产增值，不同的股东不能真正实现"同股同资同权同利"，市场实际上成了"圈钱陷阱"，市场经济的公平原则遭到了破坏。b.大量的股票不能流通，扭曲了证券市场的价格形成机制，造就了中国股票市场的高投机性。c.流通股与非流通股的分割也造成了大股东与小股东的价值取向完全背离，股票价格与大股东的利益无关，上市公司往往沦为少数大股东的"提款机"，"内部人"控制和违规活动泛滥，从而造成市场配置资源效率低下。

② 中国证券监督管理委员会：《中国资本市场发展报告》，中国金融出版社2008年版，第50页。

个规定时称"国有股减持是证券市场的一大利好"，证监会主席周小川也表态"国有股减持对二级市场的影响有限"，证券信息披露指定媒体也鼓噪说"把握住这一重大信息中所可能蕴含的市场机会"，但是《暂行办法》中市场定价减持国有股还是引起了市场极大恐慌。

2001年6月14日，各大媒体同时刊登了《暂行办法》，上证指数盘中见顶2245.43点，随即以急跌的方式，展开了1994年以来最大规模的一次下调。8月下旬，财政部专家对记者表示，"不论股市走势如何，减持政策不会有大的调整，不要指望政府会停止国有股减持来救市，这是行不通的"①。市场对这种强硬表态的回应是继续下跌。到9月底上证指数击穿1800点。10月13日，证监会主席周小川在对外演讲时，暗示证监会并不赞成国有股如此减持，但也没办法，这与他之前对《暂行办法》的表态相比有了转变。

10月18日，在APEC会议的新闻发布会上，财政部副部长金立群仍认为国有股减持10%，数量不大没必要紧张，况且减持的资金作为社保基金，还会回到股市中去。这番表态又一次让股市暴跌。到10月22日，上证指数下探到1514.86点，在四个月内下跌幅度达32.54%，股票市值缩水近6000亿元。市场大幅下挫引发了社会关注，围绕减持方案证券市场展开了激烈的讨论，包括经济学家以及各基金、机构投资者和广大股民在内的社会各界人士都激烈地发表了各自的看法。

在这个过程中，本研究更关注大众传媒所扮演的角色、倾向性，以及其在国有股减持大讨论中的表现。对于股权分置问题，大众传媒最初并没有引起足够的关注。股权分置是一个专业性较强的问题，它的影响隐藏在制度的设计当中，不仅在证券市场中浸沉多年的投资者将此视为当然，很多经济学者也并未意识到其中的意义。国内经济学者华生曾经在1997年发表论文《中国股市的经济学思考》，讨论股权分裂给股市带来的影响并提出了相应的建

---

① 中新社：《财政部专家指出国有股减持政策不会停止》，2001年8月23日。

议。民间投资人士张卫星在1999年11月发表相关文章《新淘金记》。在《上海证券报》上有关国有股减持的文章最早见于1999年，标题是《国有股减持是实质利好》。总体看来，在2001年国有股谋求市场减持之前，媒体上以此为主题的文章数量不多，所受关注有限。

股权分置问题在大众媒体上显示存在感确实是2001年6月《暂行办法》点亮的。大众媒体有关股权分置和国有股减持的文章绝大部分都是在此之后出现的。股权分置问题在市场中早已存在，而只有当这个问题真正影响到市场走势的时候才成为媒体的报道热点。媒体大张旗鼓地公开报道和评论，使得有关股权分置的议程迅速在所有市场参与者中蔓延开来。

本研究收集了在《暂行办法》发布后半年多内即2001年6月13日至12月30日期间7家报纸的相关报道进行分析。这7家报纸分别是《人民日报·海外版》《金融时报》《国际金融报》《中国经营报》《中国证券报》《证券时报》《经济日报》。笔者运用知网的搜索引擎以"国有股减持"为关键词共获得7家报纸的110篇文章。对这些报道的内容和倾向性进行分析后发现，样本中大约有2/3的报道是在为国有股减持的政策做解释，说明政策的重大意义等。这种类型的报道有：《建立社保基金有利于证券市场长远发展》《新市场新机遇》（《证券时报》）、《国有股减持中国资本市场的里程碑》（《中国经营报》）、《国有股减持大幕开启》（《经济日报》）、《国有股减持利在长远》（《金融时报》）。

为政府政策"鸣锣开道"、解释政策精神，正面引导政策的社会反映是中国大众媒体的传统做法。在《暂行办法》刚出台一周内见报的文章大多是积极肯定的基调。随着市场的不断下跌，媒体报道就对《暂行办法》越来越多地显示出强烈的质疑，有的言辞还相当尖锐。这类报道有：《国有股还利于民》《不摸石头强过河》《国有股减持定价惹人关注》（《中国经营报》）和《国有股减持毛病出在哪里？》《投资应公平受益》（《人民日报·海外版》）。

这些报道大多集中在《暂行办法》出台的一个月后。市场以迅疾的下跌表达了对政策的否定意见。大众媒体也无法回避，无法掩饰，必须给予合理的、符合事实的、让人信服的解释和评论。在证券市场上，大盘指数是政策的试金石，政策的效果有目共睹，众所周知，无法隐瞒，大众传媒也必须用更客观的态度对待出台的政策。

大众传媒在国有股减持和股权分置大讨论当中充当了"公共协商"的舆论空间。"股权分置"是2001年之后几年中中国股市最热门的词汇，有关股权分置的所有内容——利弊得失、影响、意义都在媒体的讨论中呈现出来，其弊端和危害尤其是这个制度对流通股股东利益所造成的侵害经过媒体空间的普遍讨论交流为市场所认知。很多普通投资者正是通过媒体上的内容才意识到不流通的国有股与他们所持有股票之间的利益关系。随着证监会开始征集国有股减持的新方案，这个内容才成为市场广泛讨论的话题。不同利益群体、不同市场参与者基于自身的利益在媒体空间里表达了对股权分置问题的意见和看法。大众媒体在这场讨论中充分起到了信息汇聚器的作用。不同观点在媒体的版面和时间里碰撞、激荡、博弈形成市场的舆论，在公众舆论与政府意向的合力作用下引导推动股权分置改革朝有利于市场发展的方向进行。国有股减持能得到成功的解决与大众传媒"公共协商"功能是分不开的。

2005年4月29日，中国证监会发布《关于上市公司股权分置改革试点有关问题的通知》，正式启动股权分置改革试点工作。在此后一年半的时间里，非流通股东与流通股东之间采取对价的方式平衡相互利益，由非流通股东支付对价，向流通股东让渡一部分其股份上市流通带来的收益，从而取得在市场上的流通权。截至2006年底，已完成或进入股改程序的上市公司市值占证券市场总市值的比重达到98%，股改任务基本宣告完成。经济学家华生认为这段时间的改革"是中国经济体制改革以来，时间最短、进展最顺利、对改革成效争论与分歧最小的重大制度变革"。

在股改过程中，中小投资者有了投票表决的机会和表现的舞台。过去在非流通股股东占2/3的情况下，中小投资者毫无话语权。按照股改的规定，非流通股股东所支付的对价和补偿方案，需要经参加表决的流通股股东所持表决权的2/3以上方可通过。第一批试点的四家公司中，清华同方是唯一没有通过股改的公司，因为流通股股东赞成的比例只有61.91%。

三一重工作为第一批试点的公司，公司的CEO向文波认为上市公司的股改"是没有先例可循的一件事情，本身有一个探索的过程。这是两类股东谈判的结果，也是两类股东利益与价格判断的结果"[1]。三一重工的董事长、号称"湖南首富"的梁稳根不太适应这种流通股股东享有民主决定权的方式，他在2005年5月14日约见媒体时抛出了"大猪拱食小猪别闹"，即著名的"猪论"："一头大猪带着一群小猪，墙上挂着一桶猪食，如果大猪不把猪食拱下来，小猪就一点都没的吃。现在，大猪将猪食拱下来了，一群小猪就开始闹意见，要求得到更多，这怎么行？"[2]"猪论"一经媒体曝光，投资者一片哗然。在三一重工股权分置改革方案路演过程中，投资者表示："梁稳根的'猪论'侮辱自己公司的股东，应该道歉。不道歉有可能失去这次股权分置改革的宝贵机会。"如果在过去，中小股东再怎么表示愤怒，梁稳根都不必理会，但这次他立即表示道歉！不仅如此，"大猪"还修改了补偿方案，向流通股东支付对价的方案是10股送3.5股和8元现金，这个方案远高于上市公司对价的平均水平。三一重工的股改因此顺利通关。

在股改过程中，借助对表决权的投票制度，中小股东第一次展现了自身的力量。2005年10月下旬，地产行业的上市公司金丰投资启动了股权分置改革，提出非流通股东向流通股东10股送3.2股以获取全流通资格。此方案遭到流通股股东抵制。在中小股东中有一位叫周梅森的著名作家，他是电视连续剧《人民的名义》的编剧。周梅森将三封公开信发表在《大众证券报》上：《我愤怒——致全国流通股股东的一封公开信》《恺撒的归恺撒，人民的归人民——致非流通大股东的公开信》《谁对"人民资产"负责？——致管理层并

---

① 陈晓：《解决股权分置两个试点的不同遭遇》，《中国经济周刊》，2005年6月16日。

② 吴鹃：《梁稳根的猪论与北大荒的尴尬》，人民网，2005年6月16日。

证券决策部门的公开信》。在公开信中，周梅森写道："我们是弱者，所幸的是政府和管理层给了我们否决权。股民朋友，千万珍惜您手上的否决权，不论它是金丰投资还是银丰投资，当他们的股改严重不公，再次侵害您的利益时，您一定要行使好您宝贵的否决权，一定要去投票！哪怕只有一百股，您也要大声地告诉资本强权：我愤怒了，不能再容忍了，我的一百股反对！"①

周梅森的三封公开信在中小投资者中反响热烈。在一个月后的方案表决中，参与投票的流通股股东中约41%投了反对票，从而使该股改方案被否决，也使得金丰投资成为第一家因中小股东维权而遭方案否决的上市公司。此后，周梅森还因此事被提名为2005年CCTV中国经济年度社会公益人物。

中国证券市场中别有意味的场景出现了。为了股改成功，上市公司使出浑身解数，通过各种手段向中小投资者拜票、拉票，甚至贿票。"选票门"的消息频频曝光于媒体。所谓"选票门"，指上市公司为了让股改对价补偿方案在非流通股股东表决中顺利通过，利用贿赂、营业部代为投票甚至篡改投票方向的方式影响表决结果。关注股改中的投票环节也成为这个时期财经媒体的重要主题和报道方向。以下的媒体的新闻标题都反映了这个主题：

《谁挟持了中国股权分置改革　揭开投票背后的黑幕（水皮杂谈）》
（《中华工商时报》2005.10.25）
《中信证券陷入股改投票门　营业部代投票非此一家》
（《东方早报》2005.11.4）
《股改后期浮现投票门疑云　投票率已逼近绝对底线》
（《北京晨报》2005.11.9）
《博汇纸业涉嫌花钱买股改赞成票　报价每股3分钱》（《国际金融报》

---

① 周梅森：《我愤怒——致全国流通股股东的一封公开信》，《大众证券报》2005年10月12日。

2005.11.9）

《郑州煤电一分钱撬动投票结果　贿选还是合法公关》

（《第一财经日报》2005.8.17）

《中信证券某营业部涉嫌擅改思源电气股改投票》

（全景网 2005.11.2）

《管理层规范股改投票流程　证监会严查投票门事件》

（《21世纪经济报道》2005.11.19）

针对这种情况，证监会于2005年7月发布的《上市公司与投资者关系工作指引》（以下简称《工作指引》）作为上市公司开展投资者关系管理工作的基本行为指南。《工作指引》中指出，"投资者关系工作的核心是有效沟通，即上市公司通过增加公司信息披露的深度和广度，处理好公司和股东之间、股东和股东之间的关系，获得投资者的长期支持，使股东对公司的未来发展形成共识，进而改善公司的治理结构和经营管理，提高公司的核心竞争力，促进公司的长远发展；而投资者特别是社会公众投资者的知情权和其他合法权益也由此得到保障"[①]。股权分置改革也是中国证券市场投资者关系工作的起点，在股改期间，制度的安排能让上市公司、大股东和中小投资者共同在谈判桌上坐下来开始对话就是有效沟通的开始。

小　结

股票同涨同跌是新兴证券市场的典型特征，同涨同跌意味着在这样的市场中所有股票的价格会朝着一个方向波动，股民们对国内A股经常这样描述："祖国山河一片红"或"一片绿"。所有上市公司不分质地优良或者经营好坏，

---

① 中国证监会官网，http://www.csrc.com.cn/，2021年8月3日访问。

当市场出现风浪时，好公司股价也会被拖累向下，而市场稍有起色时，差公司股票也就跟着鸡犬升天。Randall Morch等学者（2000）将全球几十个国家的证券市场波动率做了比较研究[1]，结果发现，在同向波动指标上，中国在全球排在第二位，仅次于波兰。

同涨同跌的市场现象和证券市场的系统性风险[2]互为表征。在证券市场中，每家上市公司所在行业不同，竞争优势不同，经营状况不同，即使遇到同样的经济变动其股价运行的方向也应该各不相同。异质化程度高的市场中，公司个体性的风险可以相互被抵消、被分散，从而保证市场的总体稳定，平稳运行；而同质化的市场更多地受到系统性风险的影响，其后果是整体性的。中国证券市场政策因素是影响市场走势的最大变量，强势舆论也是"有形"之手的姿势之一。投资者理性的反应是探听政策信息，猜测政策的意图，在行动上紧盯着政策。政策有利好就猛冲进去，有利空就拼命往外逃，市场暴跌就高呼政府"救市"，对单个公司经营状况和盈利能力即使考虑，也不能给予更多权重。这种行为成为投资者的普遍模式之后，单个公司的信息就进入不了股价，政治事件或者政策变动带来投资者群体交易决策和情绪变化，市场也因此齐涨齐跌。这样的市场中，股票价格失去了作为信号机制优化资源配置的作用。这样的市场不仅效率低下，同时也是个脆弱的市场，会产生过度波动的风险。

---

[1] Randall Morck, Bernard Yeung, Wayne Yu. The Information Content of Stock Markets, Why Do Emerging Markets Have Synchronous Stock Price Movements?[J]. *Journal of Financial Economics*, 2000, (58): 215-260.

[2] 证券市场的风险分为系统性风险和非系统性风险。系统性风险即市场风险，即指由整体政治、经济、社会等环境因素对证券价格所造成的影响。系统性风险包括政策风险、经济周期性波动风险、利率风险、购买力风险、汇率风险等。非系统风险亦称"非市场风险""可分散风险"。非系统风险是由特殊因素引起的，如企业的管理问题、上市公司的劳资问题等，是某一企业或行业特有的风险，只影响某些股票的收益。非系统风险可通过分散投资消除。

中国证券市场中有关"股市如赌场"、有关国有股减持等大讨论间接实现了对市场的治理，这种"通过在法律上平等的公民之间进行自由的公共讨论而实现的治理"更体现了一种"协商式"治理过程。通过广泛而公开的讨论，市场各方互相交流、理解和妥协，从而让每个参与者所占有的信息进入市场的运行当中，这些信息不同程度地反映在上市公司股票的定价中，经过共享信息所达成的市场共识能将个体偏好与公共利益联系起来，这也让市场的运行符合利益的最大公约数，从而大大缓解了宏观的系统性风险。在大讨论当中最为可贵的是，投资者得到了很好的训练，他们收集和梳理信息，分析利弊，比较得失，利用合法的渠道清晰地表达自己的意见，捍卫自己的利益，最后在不确定性中做出抉择并为此承担后果，这是公民意识的起点和基础，也是现代社会中理性公民所应具有的基本素质。公共讨论可以在更广泛的社会生活中运用，它的增强可以使社会更好地运行。

第九章　异化的媒体

2014—2015年，21世纪网"新闻敲诈"案让新闻业为之震动。2015年4月30日，国家新闻出版广电总局通报了对21世纪网、《理财周报》和《21世纪经济报道》新闻敲诈案件的行政处理情况，其中21世纪网被责令停办，《理财周报》被吊销出版许可证，《21世纪经济报道》被责令整顿。2015年12月25日，上海市浦东新区人民法院以强迫交易罪，判处广东21世纪传媒股份有限公司罚金人民币948.5万元。以被告人沈某犯敲诈勒索罪、强迫交易罪、职务侵占罪，数罪并罚，判处其有期徒刑4年，并处罚金人民币6万元。

本研究关注21世纪网一案缘于此案与证券市场密切相关。据进行调查的专案组对该案情的认定来看，"21世纪网通过公关公司招揽、介绍以及业内新闻记者物色筛选等方式，寻找具有'上市''拟上市''重组''转型'等题材的上市公司或知名企业作为'目标'对象。对于愿意'合作'的企业，在收取高额费用后，通过夸大正面事实或掩盖负面问题进行'正面报道'；对不与之合作的企业，在21世纪网等平台发布负面报道，以此要挟企业投放广告或签订合作协议，单位和个人从中获取高额广告费或好处费"[①]。凭收费制作新闻，用勒索代替监督，舆论引导变成了舆论敲诈，媒体内部形成从选题到撤稿的"畸形"业务流程，其目标就是"猎取"在证券市场中已上市或者准备IPO（首次公开发行，Initial Public Offering）企业。

此案中的核心媒体《21世纪经济报道》曾被认为是中国最有影响力的财

---

① 袁国礼：《21世纪传媒敛财内幕曝光》，《京华时报》2014年9月30日，第3版。

173

经报纸，而沈某是知名新闻人，他曾在《南方周末》新年致辞中写下过"总有一种力量让我们泪流满面""即使新闻死了，也留下圣徒无数"等脍炙人口、流传一时的佳句。沈某历任南方周末新闻部主任、编委，案发时他是21世纪传媒公司总裁、《21世纪经济报道》发行人。头戴光环的媒体与怀揣圣徒情结的新闻人的急速坠落让人唏嘘不已。媒体从社会公器沦为牟取不法私利的工具，媒体角色与公共利益代言人相背离，这是媒体"从自身产生出一种相异的对立物，这个对立物是异化的结果"①。案件当事人之一、曾任21世纪网总裁的刘冬在狱中的忏悔也表达了沉痛反思："媒体作为一种公权力，如果使用它的人心怀不端，造成的危害将无法想象。长此以往，我们不仅不会成为社会进步的推动者，相反会成为价值毁灭者。"②

有很多评论和研究从新闻从业者的自律和职业道德缺失角度来解释21世纪网"新闻敲诈"案。本研究站在证券市场中信息机制的角度，试图从财经媒介市场结构层面对媒体异化现象进行反思。21世纪网这样的财经媒体完全走向了舆论监督的反向，不仅没有消除上市企业和投资者之间的信息不对称，反而还制造了更多的市场噪声，这一方面增加了投资者获取信息的成本，误导投资者做出错误投资决策；另一方面，也加重了上市公司的负担。异化的媒体成为证券市场的风险之源。

一、财经媒体隐秘"产业链"

新闻敲诈是新闻从业人员以不利于报道对象的新闻内容相威胁，向被报道对象索要钱财或其他好处的行为。③有学者记述早在2005年股权分置改革中

---

① 马克思：《1844年经济学哲学手稿》，人民出版社2000年版，第184页。

② "新华视点"记者：《21世纪网案情披露：涉嫌非法牟利数亿元　工作人员私开公关公司敲诈》，新华社，2014年9月11日。

③ 陈力丹等：《中国新闻职业规范蓝本》，人民日报出版社2012年版，第138页。

就有媒体进行新闻敲诈的现象。"北京、华东等地区的一些报纸、网站等媒体以维护中小投资者的利益为名，征集中小投资者的投票代理权，这本来是一件好事，但其中有的就完全变了味。其运作模式是，先征集投资者投票代理权，然后向相关上市公司提出广告投放等方面的利益要求，如果上市公司同意投放一定的广告，则对该公司的股权分置方案加以正面报道甚至是变相吹捧；如果上市公司没有满足媒体的要求，则对该公司的股权分置方案作出负面的报道，甚至是组织一批所谓的'专家'对相关上市公司恶意中伤，彻底否定公司的股权分置改革方案，诱导中小投资者对该方案投反对票。"[①]这说明财经媒体市场的畸形非一日之寒。

不同于个别记者的违规行为或者敲诈活动的单次交易，21世纪网一案中让新闻界为之震动的是该网站实施了有组织、有计划甚至有考核监督和绩效奖励等制度保障的单位集体敲诈活动。"单位犯罪简单说，就是公司、企业、事业单位、机关、团体等单位实施的犯罪行为。通常认为，具备单位犯罪的特征有：由单位主管人员和高层人员决定，体现了单位意志；以单位名义、借助单位运行机制实施；与单位业务具有相关性；为单位谋取非法利益；主观上具有故意或法律规定需要承担刑责的过失。"[②]21世纪网将对上市企业或者IPO公司的敲诈活动植入日常的新闻采编业务流程中，围绕对公司收取"封口费""保护费"这一核心业务来支配记者的业务和安排管理层的工作重心，从而制造了中国传媒经济中"独特的"经营策略和盈利模式。案发后，21世纪传媒集团和公关公司管理层集体陷落，《21世纪经济报道》、《理财周报》、21世纪网包括总裁、总编、发行人以及财经公关公司上海润言、上海鑫麒麟等多名高层管理人员被认定罪行确凿，依法惩处。

---

① 程曦：《从上市公司股权分置改革看媒体财经报道》，《新闻记者》2005年第11期，第63—65页。

② 魏永征、贾楠：《21世纪案为由头：新闻敲诈案的刑事制裁分析》，《新闻界》2014年第20期，第19—24页。

21世纪网原是《21世纪经济报道》的网络版，在2010年从报社中剥离出来，实现独立运营、独立核算。据时任21世纪网总裁刘冬的说法，"我们的策略就是利用报纸的影响力，迅速拷贝报纸的新闻模式，刊登原创性、以深度见长的负面报道，吸引拟上市或已上市公司的关注"①。这番话本可以载入媒体转型或者媒体融合的实践经验总结资料中的，可如今读来却是别有意味。初创的21世纪网本是一张白纸，它能有所作为其实是"利用"了《21世纪经济报道》在市场中的声望和公信力。21世纪网被选择用来充当新闻敲诈的平台，一方面可能是出自业务分工和风险切割的考虑，而更可能的原因是借助互联网新媒体的传播特点：报纸上白纸黑字一旦出版覆水难收，网站的信息才有操作空间——可以随时撤稿。据刘冬在案情审理过程中供认，2011年原来由报社经营的"上市公司"版块全部并入网站，随之而来的是"报社领导给了我们业务指标，2011年是9000万，2012和2013年是每年7000万，2014年又是9000万"②。

围绕已上市和拟上市企业的敲诈活动，21世纪网在内部形成包括选题、发布、收费、删稿等环节的工作流程，甚至在删稿之后，记者的工作绩效得到补偿都被周到地考虑在内。21世纪网向企业敲诈有两种模式。一种是封口费模式，即记者发挥新闻能力，主动挖掘、采编IPO企业和上市公司的负面信息。其基本业务流程为，在选题会议上确定没有"合作关系"的上市企业作为报道对象，财经记者仔细地爬梳公司财报，勤奋地走访公司客户和职工，希望从中挖掘可疑材料，当然他们对公司的深度调查和探究不是用来公开发表以告知市场和预警投资者，而是用来与公司商讨所谓广告费的"价格"。当网站将负面新闻报道发布后，被报道企业联系财经公关公司或者直接联系21世纪网。此时，网站就要求与该企业签订合作协议或者广告协议并收取费用。

---

① 袁国礼：《21世纪传媒敛财内幕曝光》，《京华时报》2014年9月30日，第3版。
② 同上。

在收取了封口费后，网站将负面报道撤稿。

另一种是保护费模式，即企业"拜山头"主动找到21世纪网站要求"舆论保护"。"费用在20万元至30万元之间……签订合同后，我们就会把这些企业名单给采编部门，要求他们不写这些企业的负面新闻。"[①]21世纪网在全国成立了很多"私人控股的财经公关公司"。"一些企业因为对资本市场不熟悉，就会找这些公关公司负责上市前路演、一级市场销售和相关舆论上的保护。"[②]与21世纪网合作的公关公司如上海润言、上海鑫麒麟等。

从司法机关对此案最终认定的情况来看，自2010年4月起21世纪网与100多家IPO企业、上市公司建立了合作关系，累计收取费用达数亿元。有更多迹象表明，这种行为不只存在于21世纪网，而是不少财经媒体的"潜规则"。财经媒体隐秘的产业链条裹挟了上市公司和拟上市企业、财经公关公司等诸多组织，在创造"独特"盈利模式的同时在市场中毁灭了更多的价值。

上市公司支付"有偿沉默"的费用在财务报表中留下痕迹，这为学者的研究提供了切实证据。根据规定，企业在IPO之后需要逐项披露发行费用，这些费用包括投资银行收取的保荐及承销费、会计师事务所收取的审计及验资费用、律师事务所收取的法律事务费用、证券登记公司和交易所收取的登记费用、上市初费以及发行过程中支付的信息披露费、路演推介费等，这些费用都有明确的会计披露条目。除此之外还有一个其他费用，公司支付给媒体的"公关"费用会出现在信息披露费和其他费用条目中。

有学者研究了1994—2012年期间IPO公司支付有偿沉默费的情况。"19年间平均将近1/3的公司支付了有偿沉默费，平均有偿沉默费为69.50万元，支付的有偿沉默费占总发行费用平均比重达到3%。"[③]在2012年以后，据媒体报道

①　《21世纪网新闻敲诈内幕》，《中华文摘》2014年第10期，第23页。

②　同上。

③　方军雄：《信息公开、治理环境与媒体异化——基于IPO有偿沉默的初步发现》，《管理世界》2014年第11期，第95—104页。

发行费用中信息披露费最高的是上市公司宏大爆破，高达631.98万元。和这笔支出相关的现象是"在IPO预披露期间，宏大爆破却没有什么负面新闻"[①]。用来购买媒体"有偿沉默"服务的资金出现在财务报表中信息披露费的条目中，这也堪称财经版的黑色幽默。

企业支付"有偿沉默"费用的背后是风险在证券市场中滋长和积累。"当公司存在高污染、低税负等负面情形时，其IPO更可能向媒体支付有偿沉默费用，其支付的有偿沉默费用也越高。"[②]财经媒体和"心怀鬼胎"的企业沆瀣一气，两者共谋向市场隐瞒上市公司在经营过程中所存在的风险。购买了"有偿沉默"服务的公司由于被迫跟媒体签订广告合同，它们出现在了媒体的广告甚至新闻版面中，给投资者传递了经营良好、稳健成长的光辉形象，从而对市场产生进一步的误导。中国证券市场存在的顽疾之一就是上市公司质量堪忧，成长性有限。很多企业上市之前就"带病闯关"，财务包装，业绩注水，上市之后不久就露出原形。研究也表明，"IPO支付有偿沉默费的公司，发生IPO之后业绩变脸的可能性更高，IPO之后的会计盈余质量更差"[③]。从21世纪网"新闻敲诈"案所暴露的情况来看，有超过100多家上市公司牵扯其中，"相比没有支付有偿沉默费用的公司，IPO时支付媒体有偿沉默费用的公司其股价信息含量显著降低"，这为整个市场开启了系统性风险。

二、犯罪经济学视角下的IPO报道

犯罪经济学假设罪犯也是理性的"经济人"。行为人之所以犯罪，也是他权衡犯罪所得大于因犯罪可能遭受诸如刑罚惩罚的损失时，追求利益的动机

---

① 方军雄：《信息公开、治理环境与媒体异化：基于IPO有偿沉默的初步发现》，《管理世界》2014年第11期，第95—104页。

② 同上。

③ 同上。

刺激行为人实施犯罪。种种情况表明，21世纪网的非法盈利模式与中国证券市场中IPO环节的信息环境密切相关。依托单位有组织、有计划地作案，获利金额高达上亿元的犯罪链条背后应该有一个稳定的、可持续的"受害方"市场。21世纪网新闻敲诈案作案对象波及上百家企业，这些企业有一个共同的特征，就是围绕上市环节，即正处于IPO申请环节当中的企业，甚至21世纪网最初从报社被分离出来时其目标就是"开发"IPO企业的"报道"市场。21世纪网前CEO刘冬供认，当时国内企业正以日均数家的速度大量上市，这为一些财经媒体提供了巨大的牟利空间。"报社管理层与21世纪网的业绩考核中，有一条就是要覆盖70%至75%的当年新上市企业。"[①]还有的学者认为21世纪网新闻敲诈案跟中国IPO审核制度有很大关系。

企业通过IPO进入资本市场意义重大。企业形象和品牌价值因为获得资本市场背书而有巨大提升；公司价值在上市之后由于流动性增加而被重估，前期培育企业的PE和VC等风险基金会在此时兑现投资。IPO新股发行是企业进入证券市场的"入门"关口。自中国证券市场诞生以来，IPO环节采取的是政府严格管制下的准入机制。中国新股发行历经审批制、核准制，从通道制到保荐制，监管部门始终拥有对公司上市的遴选权，更对企业发行定价、市盈率有巨大影响力。被严格控制的上市资格成为市场中的稀缺资源。有一个概念可以反映上市企业的"稀缺"属性，这就是壳资源。壳资源的意思是企业在上市后即使经营无方，产品缺乏竞争力，甚至不能创造任何的现金流，仅仅因为具有了上市企业的资格就具有的价值。"壳"价值在企业重组并购市场上有所波动，最高可以达到几十亿元，这其实就反映了IPO资格的市场化定价。壳价值在注册制出台之后出现下跌。

对企业来说，只要通过IPO通道到达资本市场，就立刻获得了数额惊人的几乎无风险收益。在利益的刺激下，等待上市的企业如过江之鲫。企业对上

---

① 袁国礼：《21世纪传媒敛财内幕曝光》，《京华时报》2014年9月30日，第3版。

市的巨大需求与证监会对上市环节的严格把控是IPO过程中的主要矛盾关系，这种矛盾关系更进一步体现在信息领域中。证监会需要收集和甄别拟上市企业的信息来评估企业的价值，以判定其是否具有上市资格，而企业则千方百计地包装相关信息以满足证监会规定的上市标准和要求。证监会与拟上市企业之间存在信息不对称。严重的信息不对称滋生了针对信息的寻租行为，近年来与中国证监会相关的几起腐败案件也多与IPO审核环节有关。[1]

按照证监会的发行规定，如果拟上市企业出现诸如拖欠工资、偷税漏税、污染、重大安全事故、知识产权等负面新闻，证监会就会要求拟上市公司做出解释和回应，而这样就会延缓企业IPO的进程，增加额外成本，甚至会导致企业上市之路的终结。21世纪网正是利用IPO环节"特殊"的信息价值来拓展"另类"的商业需求。刘冬的供述也证实了这种情况，"企业在准备上市的过程中，如果媒体出现了针对该企业的负面新闻，这个企业上市就会搁浅，或者被证监会调查而取消上市资格。所以，企业在上市之前会不惜一切代价维护正面形象，不能出现负面报道，不管这些报道是真实，还是不真实"[2]。据与21世纪网合作的财经公关公司上海润言创始人连春晖供认，当她去竞标拟上市企业客户时，对方的第一句话就是："你们和媒体的关系如何？能不能消除负面新闻？""身有隐疾"的企业都要竭力掩饰自身经营和财务中的暗点，即使是经营健康和财务正常的公司也惧怕财经媒体的恶意报道会延缓和阻碍IPO进程，财经媒体新闻敲诈的盈利模式正是依托了IPO信息包含巨大利益的市场土壤。

---

[1] 根据媒体报道，近年来中国证监会内部官员出现多起因为在IPO环节利用职务便利帮助企业上市导致行为不轨触犯法律的案例。王小石曾是中国证监会发审委工作处副处长，利用职务之便向企业售卖发审委委员名单。2005年12月，王小石被司法机关认定犯受贿罪，被判处有期徒刑13年。2010年4月，原证监会副主席王益被司法机关认定触犯受贿罪，判处死刑，缓期两年执行。王益被认定的犯罪行为之一就是其在工作中收受贿赂帮助企业发行股票。

[2] 《21世纪网新闻敲诈内幕》，《中华文摘》2014年第10期，第23页。

中国证监会曾试图引入媒体和社会力量来监督IPO企业，以此提高发行审核效率和上市企业质量。IPO信息预披露制度改革就是这种方向的努力。最初，证监会对于拟上市企业的信息披露规定是"获准公开发行股票后，发行人及其承销商应当在承销期开始前二至五个工作日内将招股说明书概要刊登在至少一种由证监会指定的全国性报刊上"[①]（证监会，1993）。在此规定下，当社会公众和媒体知晓IPO公司相关信息时，企业已经获得IPO资格，媒体几乎难以对IPO进程产生任何实质性的影响。2005年底修订的《证券法》首次新增了IPO公司预先披露制度（《证券法》，2005）并于2006年开始正式实施，其中规定："发行人应当在申请文件受理后、发行审核委员会审核前，将招股说明书（申报稿）在中国证监会网站预先披露。"[②] 在审核实践中，预先披露的具体时间是在发审委会议召开5天前。按照这个制度的规定，企业披露上市资料包括招股说明书的时间大大提前了，这为激发社会公众和媒体对IPO公司的监督提供了时间上的可能性。

在预先披露制度运行6年之后，2011年12月30日，证监会发布《关于调整预先披露时间等问题的通知》，再次将IPO企业预披露时间从发审会提前5天变更为提前1个月。"自2012年2月1日起，发行人及其中介机构对中国证监会审核部门关于发行申请反馈意见落实完毕后即安排预先披露，同时报送发审会材料。"[③]（证监会，2011）预披露制度实施后，一些经过"化装粉饰""包装注水"闯关IPO的公司如胜景山河、天能科技露出原形，上市之路戛然而止。"据统计，截至2012年6月1日新版预先披露制度实施4个多月内，共有35家企业被终止审查，包括10家主板拟上市企业和25家创业板拟上市企业。"[④]然而吊诡的是有学者通过对新上市公司会计账目中发行费用的研究发现，预披露

---

① 中国证监会官网，http://www.csrc.gov.cn/，2021年1月22日访问。

② 同上。

③ 同上。

④ 敖晓波：《35家企业上市路暂停》，《京华时报》2012年6月5日，第5版。

制度在一定程度上助长了媒体新闻敲诈行为的发生。"在2006年之后，支付有偿沉默费的公司比重以及有偿沉默费的金额都大幅上升，尤其在2008年达到顶峰，95%的公司支付了有偿沉默费，平均有偿沉默费用高达398.28万元。"[①]

在研究中，有一个发现颇有深意。拟IPO企业支付有偿沉默费用的背后可能有两种动机，一种是由于IPO对公司意义重大，在面对敲诈时企业因为耗不起时间成本而花钱买顺；另一种是企业财务报表或者持续经营确实存在问题，为了掩盖报表造假以及经营中的暗点而支付"封口费"。学者通过用IPO之后"业绩变脸"和IPO之后操控性应计利润来衡量公司信息透明度和公司质量，以鉴别IPO企业购买有偿沉默费究竟属于上述哪种动机。研究结果显示，"IPO有偿沉默与业绩变脸显著正相关，与操控性应计利润显著正相关，这表明中国资本市场的IPO有偿沉默更多地预示着企业的付款掩盖行为"[②]。

上述结论意味着财经媒体用来敲诈IPO企业的批评信息大多是真实的，并非捕风捉影的假新闻。这样的发现当然不能开脱财经媒体在敲诈行为中的罪责，可是一个显而易见的问题就值得追问：21世纪网为何不能用真相和事实去获取受众关注从而带动广告回报，毕竟这是阳光下的康庄大道。批评性报道比正面报道有更强的传播力，更容易制造热点和轰动效应。当年初出茅庐的《财经》杂志正是凭借封面文章《琼民源》《银广夏陷阱》《基金黑幕》《庄家吕梁》等一系列批评性报道刺激了杂志的发行量，一举在财经媒体市场中站稳脚跟。21世纪网出自南方报业集团，南方报业旗下的报纸曾经在中国新闻界多次创作过令人瞩目的、具有话题性的、反映民生的深度报道。如果简单地说这样的一个团队是利令智昏，肆意践踏公共利益，视国家法律而不顾的单位犯罪团伙，似乎也很难让人信服。按照经济学中的成本与收益的逻辑

---

① 方军雄：《信息公开、治理环境与媒体异化：基于IPO有偿沉默的初步发现》，《管理世界》2014年第11期，第95—104页。

② 同上。

去分析IPO报道市场，就会发现这是一个对利益相关方干系重大，却又缺乏受众注意力资源的市场。

财经话题相对于娱乐、综艺和影视等大众性内容而言只能吸引社会中对投资有兴趣的群体。在财经话题中，有关企业IPO的内容则是专业中的专业。企业在未上市之前，还未面对广泛的公众投资者。在世界其他国家和地区，如美国和我国香港的证券市场，新股上市后经常会跌破发行价，这就需要投资者在申购新股前收集与企业相关的信息，对企业经营状况有所考察。在中国证券市场现有的新股发行核准制下，发行市场一直都存在"新股不败"的神话，投资者在申购IPO企业股票时，即使没有考察这些新上市企业的信息，去甄别企业的经营质量，也可以在中签后无脑买入，然后在二级市场上抛售股票获利。媒体IPO的报道没有广泛的受众市场，也就不足以制造"热点事件""轰动效应"，因此吸引商业广告的能力非常有限。

以批评报道为核心的媒体模式会大大增加法律诉讼风险。《财经》最初创刊四年在掀起多场证券市场风暴后，2002年因报道《世纪星源症候：一家上市公司的财务报表操纵》一文遭到深交所上市公司世纪星源起诉并在一审中败诉，《财经》及作者被判侵犯名誉权。正如《财经》在随后的评论《报道权、批评权与公司名誉权》中所言"《世纪星源症候》引致诉讼事件的影响将远远超过报道本身"，"《财经》在此案中或胜或败，都不仅是一家得失；此案最终会写入历史，标识出中国当前言论自由与媒体批评权的边界"[1]。有学者对在中国被诉讼侵权的案件进行统计，结果发现媒体被诉侵权是一种全国普遍现象，在目前的法律框架下，媒体如果在被告席上，败诉概率高达63%，与此形成对比，在美国，媒体败诉率只有9%。该研究得出结论，中国年轻的媒体无法面对日益增多的侵权诉讼。"媒体在诉讼压力下要么放弃真正的舆论监督，放弃对任何人的质疑批评，只报喜不报忧，要么媒体人士就得另谋职

---

① 舒立：《批评权、报道权与公司名誉权》，《财经》2002年第7期，第6页。

业。"①

有学者将21世纪网敲诈案与在美国证券市场浑水、香橼等机构做空中概股公司做对比。同样是收集上市企业的负面信息，浑水、香橼向整个市场公开对部分中概股企业的报告和调查，信息进入市场被所有参与者所共享，看空的信息受到市场的检验、鉴别和证实，患有"隐疾"的中概股公司真相被曝光，遭到投资者抛售从而股价下跌，直至被清除出市场。浑水、香橼在这些公司的股价下跌时通过做空获得巨大收益。如果他们对上市企业的判断有误，市场并不认可，浑水、香橼们也会做空失败从而遭受损失。这种"扒粪"或者"秃鹫"行为清理垃圾公司，激清扬浊，成为市场优胜劣汰机制的一部分，市场因此受益带来效率的提升。同浑水、香橼获得阳光下的财富相比，21世纪网力图将信息置于整个市场之外，将信息私人化、利己化，用隐秘的生产链条在黑暗当中获取肮脏黑钱，在自身获利的同时为整个市场制造了信息噪声和信息地雷，最终其"看空""做空"的活动不容于市场和国家法律，使自己坠入深渊。和这种行为相比，"扒粪"一词是高尚和洁净的。

三、另一种异化的媒体

很多研究证实了大众媒体通过自身的信息传播行为可以从各方面改进市场运行机制，提高市场效率。媒体曝光是公司进行信息披露的替代机制，有利于降低证券市场中的信息不对称；媒体还可以弥补法律不足，媒体有力促成了对公司会计丑闻的揭露（Miller，2006），有13%的公司舞弊案件最初是通过媒体发现并报道出来的。媒体监督能够在一定程度上降低公司控制权私有收益（Dyck & Zingales，2004）。Dyck等（2008）进一步发现，媒体所引发的社会关注能够促使企业改正侵害投资者权益的行为。媒体还可以有效减少市

---

① 陈志武：《从诉讼案例看媒体言论的法律困境》，《中国法律人》2004年第2期。

场中各种代理问题。Joe等（2009）则将研究聚焦在媒体对董事会的影响上，他们发现缺乏工作效率的董事会名单在被媒体报道后，相关公司通常会采取积极措施来加以改进。

国内媒体并不具备这样的威力，同时媒介自身还出现了寻租和腐败的现象。学者们认识到由于历史、文化和法律等方面的差异，中国的财经媒体不能照搬其他市场中媒体的地位和角色。有学者在世界范围内进行比较之后发现："对照世界各国的经验，目前世界上大致有三种媒介体制：其一，以美国为代表的私有私营为主的媒介体制；其二，以西欧为代表的公营和私营并举的媒介体制；其三，国有国营和有限商业运作的媒介体制，大多数转型中国家属于这个类型。由于新闻专业主义、公共传播体系以及宪政法制的保障，媒介腐败与寻租较少发生在第一种和第二种体制下，而出现在第三种体制中。中国和俄罗斯目前正是处于第三种体制中。"①有的学者更进一步指出是"事业单位，企业化管理"的双轨制管理中的政策漏洞导致媒介寻租行为。

这些研究表明，媒体并不必然承担如削减市场信息不对称、促进市场公平等社会正功能，媒体自身的行为受到社会环境包括制度、法律等因素的形塑。媒体在自律之外也需要社会力量包括法律、同行和公众的监督。21世纪网从2010年独立到2014年案发暴露，长达四年时间，最后是由于上市公司举报才被绳之以法。此案还显示"新闻敲诈"这种失范行为在媒体行业从个人向集体、从普通记者向媒体管理层、从传播环节向媒体经营管理环节的延伸，这意味着媒体内部职业道德约束等自律机制已然失效。在政府法律和行政手段最终介入之前，同行竞争与监督体现为一种市场力量。新闻敲诈在激烈竞争的媒体市场中是不可能存在的。一个媒体掌握了企业内幕而没有报道，与之竞争的同行会抢先报道，信息会在媒体的市场竞争中无法被"私用"。实施

---

①　陈卫星、徐桂权：《权力衍续与媒介寻租：中国与俄罗斯的比较制度分析》，《国际新闻界》2010年第7期，第50—55页。

新闻敲诈的媒体还会由于媒体间的相互监督而被曝光，在市场中丧失公信力而最终被淘汰。

有学者对于21世纪网新闻敲诈案中"同行监督"缺位的解释是"'同行不互相批评'的潜规则使某些媒体人成为监督盲区"[1]。"中国媒体业有一个不成文的规定，就是同行之间尽可能地避免批评。媒体在批评其他行业丑恶的时候，总是抡圆了去狠批，可批评本行业问题的时候就会受到很多看不见的约束，会被戴上'同行相轻'的帽子，会被指责'借贬低和抹黑同行抬高自己'，会被威胁'等你出问题时也来狠批你'，会被警告坏了行业的规矩。"[2]这种对媒体行业"潜规则"从文化上解释具有一定的合理性，但从一个侧面更证实了社会上关于财经媒体行业中新闻敲诈活动具有普遍性的猜测。不互相批评反映了在深层次上有关证券报道的财经媒体市场不存在有效的竞争。竞争失效有两种可能性：财经媒体形成了一个关系深厚的"内部人"俱乐部，或者市场存在割裂导致所谓的竞争主体之间没有交集，这都意味着失效的市场。

就IPO报道而言，和21世纪网共处在同一个财经新闻领域的还有证券信息披露指定媒体，即中国证监会指定媒体。证券信息披露指定媒体是IPO最大的获益者。《上市公司信息披露管理办法》第六条规定："上市公司及其他信息披露义务人依法披露信息，应当将公告文稿和相关备查文件报送证券交易所登记，并在中国证券监督管理委员会（简称'中国证监会'）指定的媒体发布。信息披露义务人在公司网站及其他媒体发布信息的时间不得先于指定媒体，不得以新闻发布或者答记者问等任何形式代替应当履行的报告、公告义务，不得以定期报告形式代替应当履行的临时报告义务。"[3]同时在《上市公

---

① 刘畅：《新闻敲诈为何难以被发现》，《青年记者》2015年1月上。

② 周俊、白元琪：《新闻敲诈的失范因素和治理路径》，《新闻记者》2014年5月，第31—32页。

③ 中国证监会官网，http://www.csrc.gov.cn/，2021年6月8日访问。

司收购管理办法》中第二十一条规定："上市公司的收购及相关股份权益变动活动中的信息披露义务人应当在至少一家中国证监会指定媒体上依法披露信息；在其他媒体上进行披露的，披露内容应当一致，披露时间不得早于指定媒体的披露时间。"①在这些条文中都出现了中国证监会指定媒体，只是这些条文中并没有说明中国证监会具体指定了哪些媒体。

2019年12月，本研究通过中国证监会的主席热线进行询问并得到答复。中国证监会指定的信息披露报纸包括《中国证券报》《证券时报》《上海证券报》《金融时报》《中国改革报》《证券日报》；中国证监会指定的信息披露期刊是《证券市场周刊》；中国证监会指定的信息披露网站包括上海证券交易所网站、巨潮网站（深交所指定网站）、深圳证券交易所网站。这里的"六报一刊"的主办和所属机构的情况如下。

《中国证券报》由新华社主办。

《证券时报》从深圳证券交易所转交由《人民日报》主办。

《上海证券报》在1996年由上海证券交易所转交新华社上海分社主办。

《证券日报》于2000年10月18日创办，由经济日报报业集团主办。《经济日报》是由国务院举办、中宣部领导和管理的以经济宣传为主的综合性中央级党报。

《金融时报》于1987年5月1日创刊，由中国人民银行、中国工商银行、中国农业银行、中国银行、中国建设银行、中国人民保险（集团）公司、交通银行、中信实业银行联合创办。

《中国改革报》是由国家发展和改革委员会主管、中国改革报社主办的全国性综合类日报。

《证券市场周刊》创办于1992年3月，由中国证券市场研究设计中心（联办）主办。

---

① 中国证监会官网，http://www.csrc.gov.cn/，2021年6月8日访问。

"六报一刊"的主办和所属单位主要有三种,第一种是《人民日报》、新华社、《经济日报》这样的央媒,如《上海证券报》;第二种是国家政府部门和事业单位如国家发改委和联办,如《中国改革报》;第三种是国有金融企业集团,如《金融时报》。

证券信息披露指定媒体制度赋予了"六报一刊"对上市公司信息披露垄断性的市场地位,这意味着稳定而可观的收入。拟IPO企业按照信息披露规定要在这些媒体上发布招股说明书和企业形象广告。证券市场每增加一个上市公司,意味着这些指定媒体多有一份新的收入来源。一个上市公司一般情况下有四大类信息必须披露,分别是年报、季报、半年报和其他有关信息。截止到2021年6月,中国证券市场有约4300家上市公司,有100多家基金公司8000多个基金产品,每个上市公司一般每年为信息披露所支付的费用有10万~15万元,这还不包括上市公司有活动时的临时公告费用。基金公司按照《公开募集证券投资基金信息披露管理办法》也要将基金招募说明书、基金托管协议、基金资产净值等信息在"指定报刊"上披露。初步保守估计,这些上市公司和基金的信息披露市场规模也会在200亿元至400亿元之间。

在上市公司信息披露市场占据份额最多的是三大证券报,即《上海证券报》《证券时报》《中国证券报》,又以《上海证券报》居首。正是得益于信息披露费用的增长,据CTR媒介智讯的数据,2011年中国报业达到发展的巅峰,此后报业整体进入衰退。"受益于上市公司信息披露业务大增,证券类报纸营业收入和利润总额大幅增长。"[①]《上海证券报》和其他的证券信息披露指定报纸成为不断衰退的报业中的亮点。

为了探究新股发行对证券信息披露指定媒体与非指定媒体的影响,本研究选择了非证券信息披露指定媒体——21世纪网的母报《21世纪经济报道》

---

① 国家新闻出版署:《2017年新闻出版产业分析报告(摘要)》,《中国出版》2018年第16期。

与《上海证券报》进行比较。中国证券市场从2012年10月到2014年1月曾有过长达14个月的IPO暂停，这是史上最长的一次新股发行暂停。本研究试图考察此次IPO暂停对《上海证券报》和《21世纪经济报道》版面及广告的影响。由于发行量和广告收入都是报纸的"隐私"，难以有公开真实的数据。研究者采取了最为"原始"的方法，在国家图书馆提取了两份报纸在2013年上半年和2014年上半年所有过刊，采取人工计数的方式统计广告版面和信息披露版面数量的变化情况。

统计表明，新股发行重新开闸对《21世纪经济报道》并没有产生任何影响，而对《上海证券报》意义重大。2014年上半年《21世纪经济报道》与2013年相比，总版数保持一致，而广告版面数量下降了13.2%；同期《上海证券报》的总版面数量增加了23.8%，而其广告版面却下降了37.6%。广告版面的下降对《21世纪经济报道》来说意味着收入减少，经营压力陡然上升，而对《上海证券报》来说并非如此。在广告版面之外，《上海证券报》信息披露版面增加了61.4%。

从2014年1月17日A股在IPO重新开闸后的第一个新股纽威股份上市，到2014年6月30日国内A股市场共有52家企业成功上市。《上海证券报》总版面中的新增全部来自上市公司的信息披露内容，信息披露版面同比增加了34.4%。从《上海证券报》的版面结构来看，在2014年上半年，信息披露版面总数占到总版面数的80%，是同期新闻版面的6倍，是同期广告版面的142倍。最典型的是2014年3月28日的《上海证券报》，这期报纸的总版面是444版，而信息披露版就有428版，同一期报纸广告版面不到一个整版。

其次，从广告版内容来看，《21世纪经济报道》版面中有奢侈品、酒店、高端电器、商学院招生、房地产、高级服装、酒类、互联网金融、饮料、银行理财等更为多样的广告，与此相比，《上海证券报》的广告版面不仅数量少且内容单一，以财经会议和基金发行为主，几乎没有财经媒体上常见的高端消费品广告。广告投放是报纸发行量和受众状况的晴雨表。精明的广告商在投放广告前会评估媒体所吸引的注意力数量和人群特征。《上海证券报》缺乏广告投放从一个侧面反映了报纸发行的尴尬。想象一下，400多版的报纸即使不考虑其零售价格，1kg左右的重量也让读者负重不便，其发行状况可想而知。研究者在居住区附近的报摊一一询问，摊主告知并不售卖《上海证券报》。"超重"的报纸给发行物流带来更高的成本。发行赔钱依赖广告收入是报纸行业的经营模式，而报纸的收入不来自广告的话，最优的策略就是放弃发行市场即放弃读者。

有一个细节更为有趣。研究者到离居住区最近的一家公共图书馆去调查《上海证券报》的阅读情况，发现在阅览区，报栏架子上的《上海证券报》非常薄。经过翻阅，研究者发现近两天的《上海证券报》都没有信息披露版。图书管理员告知研究者，由于每期的《上海证券报》报纸版面太多，报栏的夹子根本夹不住这么厚的报纸，所以每次在《上海证券报》上架时，信息披露版全都被撤了下来，而只将新闻消息版放在报架上供读者阅览。研究者问询是否有读者会特意要求看某日的信息披露版面，得到的回答是并没有。

同样从犯罪经济学的动机来看，《上海证券报》这样的证券信息披露指定媒体不会出现组织性和制度性的新闻敲诈，制度规定的信息披露收入足以让这样的媒体躺赢，其违规的机会成本高昂。更进一步说，这样的媒体趋向靠近市场的动力也不足，这从与信息披露版不成比例的广告版面就窥豹一斑。实际上，证券信息披露指定媒体制度就是媒体行业的双轨制，指定媒体资格就是一条鸿沟，它将财经媒体市场划分为两个阵营，这两个阵营在共同面对证券市场的事件时，反应迥然不同。传媒行业的"双轨制"不是市场的割裂，而是指定媒体就不在市场之中。媒体之间连竞争都谈不上，就更谈不上相互批评和同行监督。

从某种意义上来说，《上海证券报》已经变成了"信息披露纸"。信息披露版的内容也让读者毫无头绪。多达上百版的上市公司和基金信息对读者来说查找困难，而这些信息如果是在电子网页上，轻点搜索键就能瞬间解决问题。报纸经营运行跟市场脱离，其收入不依赖广告，其发行也不依赖读者。虽然每天的《上海证券报》仍然有新闻和消息的内容，但因为内容触达读者困难，新闻的价值和意义也大打折扣。这是财经媒体的另一种异化。

既然证券信息披露指定媒体是IPO环节的最大受益者，那么这样的媒体是不是能超越IPO报道市场的局限，更好地为证监会分忧，更好地对拟上市公司执行舆论监督功能呢？现实状况也并不是如此。表9-1为2008年至2016年在证券市场中影响较大的由于媒体的报道而被终止或者延滞了IPO进程的企业（不完全统计）。从中可以看出，进行"揭黑"报道的多是在市场中较为边缘的财经媒体与来自互联网的财经网站和自媒体，只有一例来自证券信息披露指定媒体《证券市场周刊》。

表9-1　2008年至2016年因新闻媒体报道影响IPO的公司

公司名称	时　间	事　件	相关媒体	结　果
立立电子	2008年6月	被质疑掏空另一家公司浙大海纳资产	每日经济新闻	证监会否决申请，首次做出撤销发行决定
胜景山河	2010年12月	被曝光其招股书披露不实，涉嫌虚增销售收入	每日经济新闻	证监会发审委表决未通过
苏州恒久	2010年2月	被质疑其招股说明书中称拥有的四项专利造假	国家知识产权局	被终止上市资格。六年后改名为恒久科技重新上市
西林科	2011年3月	被质疑公司实际控制人违规、核心技术造假	凤凰网	证监会否决其二度上市
天能科技	2012年2月	被质疑虚增利润	每日经济新闻	证监会取消上市审核
财富趋势	2012年5月	被质疑招股说明书窜改财务数据、粉饰业绩、隐瞒关联交易	大众证券报财新网	证监会取消上市审核
新大地	2012年5月	被质疑其存在虚增利润、隐瞒关联交易、财务数据造假等问题	每日经济新闻	证监会取消上市审核

续表

公司名称	时 间	事 件	相关媒体	结 果
宏良股份	2013年6月	被质疑存货造假，隐瞒关联交易	和讯博客财务专家浑水	被暂缓发行，三年后转去新三板
海尔施	2016年8月	被质疑子公司涉嫌商业贿赂	证券市场周刊21世纪经济报道	被暂缓IPO，以后重新上市
天马科技	2016年11月	被质疑虚增采购量和销售额	界面新闻网站	被暂缓IPO，以后重新上市

　　这其中最突出的、值得一提的是2008年5月12日在成都成立的《每日经济新闻》，隶属于成都传媒集团。《每日经济新闻》成立伊始，就成为IPO的把关"悍将"，一如当年刚成立的《财经》杂志。2008年6月24日至26日，该报头版以《江作良、王敏文、马骏暴赚数亿揭秘》《立立电子上市　李立本、王敏文、江作良的资本腾挪术》《立立电子今日申购　同一资产"二次上市"》三篇报道爆料正在IPO中的立立电子涉嫌掏空上市公司浙大海纳的资产，同一资产包装后二次上市。2009年4月，证监会发审委在核查后否决了立立电子的上市申请，该公司所募集资金按发行价加同期存款利息被返还投资者。2010年12月16日至18日，《每日经济新闻》又以《胜景山河涉嫌"酿造"弥天大谎　巨额销量存疑　产品难觅踪迹　IPO招股书涉嫌虚增销量收入等不实披露》《胜景山河厂区暗访：铁皮墙设备锈，工人稀，生产闲》《胜景山河最大经销商原料商：神秘小公司难寻踪迹》三篇"扒粪"式报道使得胜景山河在即将上市之前半小时被紧急叫停。2011年4月，证监会在经过调查之后做出否决胜景山河上市的申请，该公司所募集资金按发行价加同期存款利息被返还给投资者。2012年2月，《每日经济新闻》又以一篇《天能科技涉嫌造假上市》揭开了又一家IPO在途企业虚报利润、财务作假的真面目。天能科技在主动撤回上市申请之后仍然受到证监会处罚，公司董事长秦海滨等人被实施行政罚款和终身证券市场禁入。天能科技成为首例在撤回IPO申报材料情况之下仍然被追究责任和处罚的公司。

2012年5月，《每日经济新闻》报道"中国茶油第一股"《新大地涉嫌造假上市　创业板首例》。证监会在立案稽查之后，认定"新大地通过资金循环、虚构销售业务、虚构固定资产等手段，在2009—2011年年报中做了财务数据的虚假记载"[1]。证监会终止新大地的上市审核，并对相关责任人作出罚款和市场禁入的处罚。此事对监管工作产生震动，"证监会创业板发行部已全部暂停手头上的审核工作，全面反思审核新大地事件的疏漏，而预审环节的财务部分也一律暂停"[2]。

立立电子、胜景山河、天能科技、新大地这四家劣质企业通向证券市场的IPO之路都因为《每日经济新闻》的报道而被阻断。证券市场少了四个雷区，投资者因此免受损失，《每日经济新闻》因此赢得了市场的公信力。总的来看，这是多方共赢的结果。

证券信息披露指定媒体，21世纪网和《每日经济新闻》是IPO报道市场中三种不同的模式。

小　结

2019年6月13日，科创板开板，中国证券市场迎来了注册制。2020年10月9日，国务院印发的《关于进一步提高上市公司质量的意见》提出将全面推行、分步实施证券发行注册制，支持优质企业上市。新股发行注册制（New Shares Issue Registration System）是美国、日本等成熟的证券市场所普遍采用的证券发行制度。简单地说，它与目前在我国证券市场上正在实施的新股发行核准制（New Shares Issue Approval System）的区别在于：在核准制中，监管部门要对企业是否具有上市资格进行实质性审查，要对上市公司的投资价

---

[1]　中国证监会官网，http://www.csrc.gov.cn/，2020年9月20日访问。

[2]　钱文俊：《证监会反思"新大地事件"创业板审核暂停》，《理财周报》2012年7月16日，第3版。

值作出判断。注册制是形式审查，监管部门只对上市公司披露内容的真实性进行核查与判断。投资者根据企业所披露的信息进行交易，风险自担，亏损自负。

注册制将改变中国证券市场的生态，也会改变IPO报道的信息格局。从注册制实施两年来的情况看，上市资格的稀缺性得到极大缓解。所谓"壳资源"的价值也逐步降低。对财经媒体而言，这些都从制度层面上根除了新闻敲诈的土壤。注册制是资本市场牵一发而动全身的改革，它还需要退市制度、做空机制等配套的市场制度同时向前推进。证券市场中媒体机制的改进也是其中应有之义。

2020年9月11日，中国证监会公布了《关于证券市场信息披露媒体条件的规定》（第60号公告），自公布之日起施行。这个规定可以看成伴随注册制的实施对证券市场中媒体制度所做的调整和改进。这个规定以及有关规定的起草说明显示了管理者对媒体新的态度和动向。这个规定称："对从事证券市场信息披露业务的媒体实行动态监管。有关媒体不再具备规定条件或出现违法违规情形的，中国证监会、国家新闻出版署对名单进行调整并重新公布。""根据成熟市场的经验，集中的电子化披露是证券市场信息披露的发展方向。"[①]

这个规定对于符合证券市场信息披露媒体资格的条件设定比较笼统，"（一）由中央新闻单位主管、经国家新闻出版署批准从事经济类新闻采访报道的日报以及其依法开办的互联网站；或者是在本规定发布之前，已经具有依法依规从事证券市场信息披露业务经验的日报以及其依法开办的互联网站；（二）上一年度经国家新闻出版署核验合格；（三）近三年内未因业务行为受过中国证监会或国家新闻出版署行政处罚"。"从事信息披露业务的媒体应当遵守法律法规，恪守职业道德，强化自律管理，尽力降低信息披露义务人的

---

① 中国证监会官网，http://www.csrc.gov.cn/，2021年6月11日访问。

成本，自觉承担社会责任。"①

　　在同一天，中国证监会还发布了《具备证券市场信息披露条件的媒体名单》（第61号公告），该公告称："以下媒体具备《关于证券市场信息披露媒体条件的规定》规定的条件，可从事证券市场信息披露业务：金融时报、经济参考报、中国日报、中国证券报、证券日报、上海证券报、证券时报，以及其依法开办的互联网站：www.financialnews.com.cn，www.jjckb.cn，www.chinadaily.com.cn，www.cs.com.cn，www.zqrb.cn，www.cnstock.com，www.stcn.com。"②这由原来的"六报一刊"变成了"七报七网站"，两家报纸《经济参考报》《中国日报》为新增。《经济参考报》为新华社主办，《中国日报》是由国务院外宣办管理。七家网站全部为新增，分别是七家指定报纸的网络版。报纸与报纸的网络版共同获得证券信息披露资格为上市公司电子信息披露铺平了道路。《具备证券市场信息披露条件的媒体名单》是中国证监会第一次以正式公告的形式向全社会公开了指定媒体的名单，这是巨大的进步。

① 同上。
② 中国证监会官网，http://www.csrc.gov.cn/，2021年6月11日访问。

第十章　投资新文化

　　中外金融在千年之前的分流就标示出不同的政治、思想和文化体系。欧洲从古希腊开始，众多领地、公国、封邑和城邦国家网状交织，在政治形态上是多元分散独立的碎片化主权。15世纪之后，在形成民族—国家的过程中，各个政治中心开始重组聚合，但最终没有出现绝对的中心模式。伴随着商业贸易和经贸活动，对私有产权的尊重和契约保护成为社会共识，民间信用成长为商业流动的基础要件。资产阶级的公共空间和市民社会得以出现，这是社会自发性金融的前提条件。在欧洲不同地域，金融沿着不同的路径发展和创新。在中国历史上，国家对社会形成超强的控制力，国家主导型金融吸取社会金融资源。国家信用成为王的信用，而民间信用难以生长。由于缺乏分散和对冲机制，国家与社会之间高度重合使得风险一旦积累，最终以社会动乱和冲突的形式出现，中国历史在治乱循环中周而复始。中国民间也由于缺乏自组织的力量，民众主体意识和精神缺乏孕育和训练的场景和土壤，在与政府的博弈中进入"一放就乱，一收就死"的模式中。

　　韦伯在《新教伦理与资本主义精神》中强调社会文化和心理对于资本主义发展的重要形塑作用。欧洲国家在文艺复兴和宗教改革之后，追求物质财富成为信仰的一部分，契约意识和保护私有产权成为民众共同信念，重视个体价值，科学和理性成为文化基调，法治成为普遍的社会观念，这些正是西方金融系统发展的社会环境。证券市场是伴随着欧洲产业革命之后社会化大生产、现代股份制公司而出现的。在其制度演进过程中，在证券市场内部形成了以企业价值为核心，以理性、科学和将风险数据化为特征的投资体系，在外部辅之以完善的法律体系和尽职"扒粪"的新闻媒体。股东文化是证券市场文化中的核心内容。在不确定性中获取收益是投资者的思维惯习，适应风险、利用风险甚至主动拥抱风险是以冒险精神和气质为前提的。

证券市场作为当代中国社会外来的、强制性的制度嵌入，中国传统文化并没有内生出与这种市场制度相配套的文化谱系。中国传统文化中的儒家思想，倡导"仁"和"礼"，重视家庭伦理，讲究三纲五常，在亲疏有别的差序格局上编织家族、宗族和乡邻关系。中国社会网络中以关系为重、以群体为导向的个体以遵从权威、长辈为行动准则，集体主义文化使个体的个性和价值受到抑制。人际金融是以血缘和地缘纽带作为人格化的、非正式的隐形利益担保，来完成养老、抚孤、扶贫、互助、借贷、救济等社会功能。儒家文化同心圆结构中，"熟人"按照亲疏远近之序分享利益。

中国人资产选择偏好明显受到传统儒家文化的影响。中国社会储蓄率高举世皆知，中国人均储蓄率高于主要发达国家，也高于其他新兴经济体。中国普通居民偏好存钱，中国企业也同样习惯持有高比例现金资产。有研究表明"企业受到儒家文化影响越大，现金持有水平显著越高"[①]。另外，中国家庭股票市场参与率只有8.84%，这不仅与西方发达国家相去甚远——美国持有股票的家庭在社会中占到50%，也与现代投资组合理论中所假设的家庭股票资产配置的比例有差距，这种现象被称为中国家庭股票市场有限参与之谜。有研究检验了儒家文化对家庭股票投资的影响，发现儒家文化观念会显著降低家庭的股票市场参与度，"在家庭受儒家文化影响越多的城市，家庭参与股票市场投资的比例越低。具有传统儒家文化观念的家庭中，股票市场参与比例

---

① 李万利、徐细雄、陈西婵：《儒家文化与企业现金持有——中国企业"高持现"的文化内因及经济后果》，《经济学动态》2021年第1期，第69页。

为7%"①。儒家思想奉行中庸的行事信条，要求人们谨言慎行，不走极端，不偏不倚，不鼓励冒险，是风险厌恶型的文化。

中国证券市场需要制度变迁，也处在文化变迁当中。"社会主义市场经济的发展不仅是一种新的经济制度确立和完善的过程，还应是一个形成现代经济精神的过程。"②马克思在《资本论》中清晰地指出了资本的虚拟性。证券市场中的交易是虚拟交易，虚拟交易对信用、对社会信任、对社会共识的要求高于物质产品的交易。这些都应该是投资文化中的应有之义。根植于农业和耕作的以儒家文明为底色的中国传统文化不缺乏有关信用和信任的非正式约束，只是在社会人群的适用性上与西方基督教文化的普适性有所不同。另外，证券市场也是中国社会思想和心理状态的一面镜子，沪深综合指数大起大落和市场换手率畸高是投资者的群体心理和文化表征。在这个市场中曾生长出"庄家文化""赌场文化""政府崇拜""救市情结""内部人控制"等。中国证券市场中的交易活动体现了东方和西方、传统和现代的思想交流和文化碰撞。建设具有中国特色的社会主义投资新文化是时代赋予新闻传播学的新课题。

① 闫竹、王鹜然：《儒家文化与中国家庭股票市场参与》，《中央财经大学学报》2020年第12期，第37页。

② 陈力丹：《舆论学：舆论导向研究》，中国广播电视出版社1999年版，第232页。

一、虚拟交易的"义""利"观

《股民老张》[①]是在中国投资者当中广泛流传的一首歌。歌曲以戏谑的方式反映股市现状，吐露股民心声。歌词中有一句"我来到这里的动机并不算高尚，我起到的作用却能兴国安邦，揣着一分梦想和九分坚强，六千万里有我一位股民老张……"[②]2005年，尚福林履新证监会主席，在一次会议上感慨说："这句话反映了目前扭曲的股市文化。到股市来怎么就不高尚了呢？"尚福林以买国债为例进一步阐述："在计划经济的时候说'买国债支援国家建设光荣'；现在市场经济时代则说买国债'功在国家、利在个人'；那么进入股市有什么目的不高尚的？在市场经济的环境下，进入市场的目的就是赚钱。搞

---

① 《股民老张》的歌词如下：九点半上岗，十五点离场，星期一到星期五天天都挺忙，炒股为哪桩？咱没太大理想，庄家要是吃了肉哇，跟着喝口汤，不涉抢和偷啊，不沾毒赌黄，买进卖出两头纳税拥护党中央。炒股票的感觉，究竟怎么样？听我给你仔细地说个端详。赚钱不容易，被套很平常，一年三百六十天经常是满仓，浅套快止损哪，深套就死扛，四季转换风水轮流早晚被解放。股票一赚钱，心就有点慌，不知到底该了结还是该加仓，蒙上一匹大黑马哪，那叫一个爽。一天一个涨停板，感觉忒膨胀。指数一横盘，是谁都没主张，不温不火不上不下，抻着牛皮糖，要问钱在哪呀嘿，就在你身旁，看不见摸不着就让你听个响。秋风吹又凉，大地一片黄，主力资金往外撤年底要结账。飞流直下三千尺，一看是股指，挤泡沫的感觉，就是心尖拧得慌。研究基本面，不能傻算账，银广夏和全国人民都敢耍花枪。蓝田股份、东方电子，造假能怎样，严打黑庄一审判，嘿没见着吕梁。投资要理性，价值第一桩，ST的股票总是翻着倍地涨。资产重组老生常谈，年年月月讲哪。公司不仅卖业绩，还能卖想象，消息很重要，可咱耳朵不够长，报纸电视收音机外带互联网。股评家们两片嘴，左右都是理，红嘴黑嘴黄牙白牙，各唱各的腔。跟庄不入门，时间开了窗，坐在家里盯着K线，慢慢数波浪。江恩、布林、巴菲特呀，谁来帮帮我？金叉、死叉、KDJ，是越整越迷茫。这里没有地狱，没有天堂，这里不是赌场，也不是银行，离不开的股市，下不了的岗，这是我们发展中的证券市场。我来到这里的动机并不算高尚，我起到的作用却能兴国安邦。揣着一分梦想和九分坚强，六千万里有我一位股民老张，六千万里有我一位股民老张，走啊，抄底去。

② 同上。

工厂、办银行都要赚钱才行，不是不高尚。在股市投资，同样是'功在国家、利在个人'，没有什么不光彩，都是光荣的社会主义市场经济建设者。"①

投资者在证券市场中购买企业的股票支持社会主义建设，为国家上缴印花税，盈实了国库。据统计，A股再次成为全球最大的融资市场。沪深两市成为全球前两大IPO交易所。②这些数据的背后都是投资者兴国安邦的贡献，然而投资者在心中却惭愧"动机并不高尚"？《股民老张》的歌词反映了中国投资者的心态，也反映了中国社会对证券投资活动的态度和看法。证券投资活动是为了追逐利益。在中国人的文化中，自利的行为和动机远称不上高尚。

义利之辩在中国文化中始终是一个核心主题。在儒家学说中，"利"通常是和"义"放在一起进行讨论的，孔子认为"君子喻于义，小人喻于利"（《论语·里仁》），并且主张"罕言利"（《论语·子罕》），反对"不义而富且贵"（《论语·述而》），希望人们树立"见利思义"（《论语·宪问》）的美德。孟子承接发展，有"王何必曰利，亦有仁义而已矣"（《孟子·梁惠王上》）。以后，大史学家司马迁肯定人是好利的，"天下熙熙，皆为利来；天下壤壤，皆为利往"（《史记·货殖列传》）。思想家用统一的态度对待义利关系。

从汉朝开始，在社会占主流的思想意识中，越来越把义和利对立起来，例如，董仲舒将义利之辩表达为："正其谊不谋其利，明其道不计其功"（《汉书·董仲舒传》）。以后对于利的表达就演变为带有越来越浓的贬抑和否定的色彩。在经典言论中，我们经常能够听到的说法是"重义轻利""视金钱如粪土""富贵于我如浮云"等。耻于谈钱，羞于言利，这从一定意义上体现了中国人对待金钱的传统财富观念。

中国古代"重农抑商"的观念并非来自儒家，而是来自历史上的法家。

---

① 魏陵：《证监会急招专家入京　尚福林再吐真言》，《第一财经日报》2005年8月22日，第1版。

② 中国证监会官网，http://www.csrc.gov.cn/，2020年7月2日访问。

法家在秦国注重耕战，其国家策略是以农业为基础，军事为优先。在汉武帝时期，桑弘羊提出盐铁专营，利用国家垄断民生重要行业的方式将社会财富留在国库，防止私人控制更多的社会资源。士农工商的社会等级排序中，商人再有钱也处在边缘地带，社会主流价值观鄙视商人。与这样的"义""利"观相对应，在中国历史中，更多的笔墨是关于志士仁人、英雄豪杰、帝王将相、绿林好汉还有才子佳人，鲜见投资者或投资家的形象。

到了计划经济时代，在高度集中的计划体制下，无论是个人还是群体，几乎不存在追求利益的可能和机会。整个社会对金钱的态度仍然是传统观念的一种延续和肯定，并没有创造出完全不同的与社会主义发展相适应的新的财富观念。新中国成立之初，人民政府确立了正式商人和投机商人的标准："凡在国家的政策法令之下，从事于调剂工农产品，促进城乡物资交流的经营者，都叫正当商人。反之，为谋取高利，而囤积居奇（投机），玩弄价格（倒把），波动物价，捣乱市场，破坏国家的政策与法令的，就是投机商人。"①以后，投机倒把成为严重的政治罪名。直到2011年，投机倒把罪的相关条例才从各项法律中被废除。

政治意识形态的抑制让人们对于财富和利益心怀不安，"大家并不喜欢贫困，但又十分担心富裕，大家参与的几十年的那场社会革命，是以改变贫困为号召的，改变贫困的方式是为了剥夺富裕，为了说明剥夺的合理性，又必须在逻辑上把富裕和罪恶画上等号"②。受到政治化的道德规范的约束，人们不知逐利，也不敢逐利。蔑视金钱是一种时尚，逐利会使人自然产生"负罪感"，心里隐隐不安。人们对于利益的追求和渴望还被当作社会主义的对立面加以排斥。自利就被描绘为金钱至上、巧取豪夺、尔虞我诈、弱肉强食和无

---

① 华北人民政府工商部：《正当商人与投机商人怎样区别》,《人民日报》1949年4月13日，第2版。

② 余秋雨：《文化苦旅·抱愧山西》，长江文艺出版社2014年版。

政府主义等。在很多人的观念里，自利甚至是同自私放在一起，当某人或者事情违反集体或者大多数人的利益时，我们对此批评说："这样做是自私自利。"

改革开放后，人们认识到在市场经济体系中自利活动有着完全不同的意义和作用。所谓"自利"（self-love）从经济学的角度讲，是指在全社会的范围内，每个人都应该在充分尊重别人利益的前提下，去追求自己利益的最大化。亚当·斯密于1776年出版的《国民财富的性质和原因的研究》即《国富论》被誉为经济学的第一部伟大的著作。在这部被认为是市场经济理论的奠基之作中，亚当·斯密着重阐述了"自利"原则。

亚当·斯密首先认为，追求自我利益或个人利益，源于每个人的本性，个人自利或自爱在不违背法律、不损害他人利益的情况下，是完全正当的，虽然它不值得大加赞扬，也不值得大加贬抑。更重要的是，亚当·斯密把利己心当作经济秩序的基础，将个人追求私利的行为置于经济学的中心地位。人的自利活动构成了"看不见的手"。"看不见的手"所奉行的理论逻辑就是：如果我们每个人都寻求自己福祉的最大化，那么通过市场交易，人们追求自身利益最大化的同时实际上也促进了社会公共利益的增长。个人的自利行为导致的后果却有利于他人和全社会。承认自利，尊重他利，发展互利，构筑了整个西方经济学发展的基础。

市场经济是对中国社会利益意识的启蒙。中国经济学界接受和承认了自利乃人的天性，是经济学的出发点。市场经济的本质是交换，而交换是以人的自利为前提的。只有每个人在公平的市场中进行自利的活动，才可能形成一个真实的价格，而市场经济的一大优势就在于能形成市场价格这个"看不见的手"来指导社会的经济活动。"要使社会富裕，价格是必不可少的，人必须自利，并且有一个公平竞争的市场。相反，如果放弃价格这一信息，或者人们不追求自利，或者不能保证市场的公平竞争，社会必定是穷困的。"①

---

① 茅于轼：《中国人的道德前景》，暨南大学出版社2005年版，第145页。

证券市场是一个利益的博弈场，所有的投资者接踵而至皆为"利"。中国证券市场相关法律和制度对于投资者的保护还很不完善，某些上市公司的坑蒙拐骗，大股东的蛮横侵占，经济学家吴敬琏因此公开称之为"连赌场都不如的地方"。在2006年之前，股权分置问题一直困扰着市场长达五年的时间，投资者们都在熊市中备受煎熬。尽管如此，仍然有很多的投资者留在这里博取利益。每当行情有所好转，新开户投资者人数就会直线上升。明知道有相当比例的上市公司是将业绩注水，进行包装上市，但是证券市场新股发行很少失败过，有一只发一只，每一只都有大量的资金在追捧，其原因就是新股上市之后一般能得到可观的差价，大家都明知这是"击鼓传花"的游戏，只是希望鲜花变成垃圾之前把它传出去。人们的自利动机在这个市场上被表现得淋漓尽致。

中国主流的意识形态领域对于证券投资行为有一个态度左右摇摆的过程。证券市场发展之初，上市公司深发展发行原始股时，自愿购买的人很少，政府就要求党员带头购买，口号是支援国家建设。某单位甚至为完成发行任务，规定凡认购者每股个人出钱0.5元，单位补贴0.5元，非党员每人1000股，党员须认购2000股。当然，这样的状况维持时间很短暂。以后，人们开始认识到股票所蕴含的财富效应，新股首发成了香饽饽，不用党员带头人们也抢着要。深圳市在1992年发生的"8·10"风波就是因新股申购而起。

与最初动员党员带头购买原始股来了个180度大转弯。1997年2月，中共中央颁布《中国共产党纪律处分条例（试行）》，禁止政府工作人员和党员进行股票买卖活动。这个条例的第九十一条规定："违反廉洁自律规定买卖股票的，给予警告或者严重警告处分。经批评教育后仍拒不悔改的，给予撤销党内职务处分。违反国家规定购买或者利用职务上的便利为他人购买企业内部职工股的，给予警告、严重警告或者撤销党内职务处分。"[①]当时政府机关工作

---

① 中共中央：《中国共产党纪律处分条例（试行）》，1997年2月27日。

人员也被禁止买卖股票。这样的限制虽然只针对党员和政府工作人员等社会上人数不多的群体，其所带来的示范效应和隐含其中的对于证券投资活动的否定、负面意义的评价却蔓延和辐射到了整个社会。

2001年4月，中央办公厅、国务院办公厅发布了《关于党政机关工作人员个人证券投资行为若干规定》，这个规定放宽了对党政机关工作人员买卖股票的禁令，在一定条件下允许党政机关工作人员个人依法投资证券市场，买卖股票和证券投资基金。2002年11月，中国共产党第十六次全国代表大会修改了党章，第一次在党章中正式承认通过劳动和资本（如货币资本、智力资本和管理资本）取得的收入都是正当的。借鉴这个章程，2004年，《中国共产党纪律处分条例》最后修改定稿时，将第九十一条关于违反廉洁自律规定买卖股票应受党纪处分的内容删除了。至此，证券交易合法性有了明文规定。从禁止买卖股票到资本收入合法的转变是中国意识形态领域对于资本市场思想认识上的巨大突破，但是要想从文化上和社会态度上得到人们的认同还需要更长时间。

2007年10月，党的十七大报告提出创造条件让更多群众拥有财产性收入。"居民可支配收入包括工资性收入、转移性收入（养老金等）、经营性收入和财产性收入。对绝大多数城镇居民而言，工资性收入具有相对刚性，转移性收入规模小且不可控，经营性收入并不适用，对既有财产进行运营是唯一可能较快实现财富升值的路径。"[1]2018年，我国居民人均可支配工资性收入、经营性收入、财产净收入和转移净收入占比分别为56.08%、17.19%、8.43%和18.31%。中国证监会前主席尚福林认为："财产性收入必然会涉及各种投资，除了实业投资等，还包括投资金融产品，涵盖了储蓄、债券、保险和股票等。"中国证券市场将是居民增加财产性收入最终实现共同富裕的重要场所。

---

[1] 高辉清：《新发展阶段：从小康社会走向共同富裕》，《中国经贸导刊》2021年第6期，第78页。

中国传统的观念认为只有通过劳动所得的收入才是正当的。财产性收入是非劳动收入，证券投资作为虚拟经济活动，离传统意义上的劳动相去甚远。资本市场不直接创造财富。有些投资者在特定时间内在证券市场上获得财富的速度远远超过了其他劳动所获得的经济收益。社会的主流舆论对这种仅仅通过"买进卖出"就获得财富的活动没有作出过很好的解释，这就造成了很多人意识里，证券投资活动完全就是投机甚至是赌博的代名词，有些人甚至还得出了在证券市场上所获财富是不义之财的观念。即使获得财富，投资者对自己从事的活动仍有很多的困惑。曾经造假上市公司频频被曝光，很多投资者因此损失惨重，却因为法律制度的不完善没有得到应有补偿，这更在人们的意识中形成了"投资股票有罪"的观念。在中国社会树立与财产性收入相匹配的财富观念和舆论是当务之急。

中国的证券市场未来是否能出现巴菲特式的人物？巴菲特是全球资本市场上的一面旗帜，他靠投资起家，以财富扬名。全球金融界都要留心他的一言一行，他对经济运行走势或者行业的言论和看法都会让市场产生波动。他还曾应美国内布拉斯加州州政府的邀请担任该州经济顾问。在巴菲特的投资及其创富过程中，几乎找不出任何违法的瑕疵和道德诉病。在合法性问题上，美国证券交易委员会曾经两次检查巴菲特的投资行为和公司运作，没有发现违法现象。巴菲特及其伯克夏公司也从未受到过法律处罚。巴菲特一生节俭，在2006年宣布将其资产的大部分都捐赠给了盖茨—梅琳达慈善基金。全世界的投资者钦佩他，不仅因为他充满智慧的投资哲学，还因为他将财富回馈给社会。

二、投资与投机

证券投资被诟病多因投机而起。物质产品的交易也会引起投机行为的评价，虚拟交易中投机和投资纠结在一起，难解难分，其中没有清晰的界限。

证券市场最基本的功能是融资，人们的投资行为可以为企业贡献源源不断的建设资金，从而促进经济的繁荣和发展。在投机活动中，交易者并不在意企业的内在价值，买进股票的理由是为了用更高的价格将它卖出去，从而赚取差价。投机活动也有其市场功能："投机活动能大大增加市场的流动性，提高交易量，增加了市场的参与者，而这恰恰有助于确保市场产生最公正的价格。"[1] 投机活动中飞涨的股票价格与人性的贪婪互相助燃，"击鼓传花"的游戏最后导致股票价格虚高，产生市场泡沫，直至最后的崩溃。在华尔街的历史上，"投机者经常被看成资本主义市场发展进程中的寄生虫，他们并不创造财富，却能从中牟利"，"投机者一向是华尔街上一切不幸的'替罪羊'，他们总是被指责为每一次市场狂热以及必然随后而来的熊市的罪魁祸首"[2]。

投资和投机，人们对前者抱有褒赞而对后者充满鄙视，在道德上也予以谴责。从概念上，两者似乎很好区分："所谓投资是指在知道或确信一只股票的价值高于价格时才买进那只股票；或在知道或确信一只股票的价值低于价格时才卖出那只股票。而投机则是在明知或根本不知道一只股票的价值低于价格，却抱着别人会以更高的价格从手中把股票再买走的心理买入那只股票；或在明知或根本不知道一只股票的价值高于价格，却抱着别人会以更低的价格卖出这种股票的心理而卖出股票。"[3] 这个标准的核心是价值，投资和投机都涉及价值的判断，而价值的内涵不是唯一的、恒定的。投资者对价值的评估因人而异，因时而异。在市场中，股票的价格趋势和投资者心理时时产生互动影响，"一阳改三观""一阴毁三观"，心理随着市场波动起起伏伏，这就使得投资和投机难以区分。

其他的维度被引入诠释投资和投机。有的是从心理的层面，认为对市场

---

[1] 约翰·S.戈登：《伟大的博弈——华尔街金融帝国的崛起》，祁斌译，中信出版社2005年版，第52页。

[2] 同上。

[3] 胡振齐：《中国机构投资者的构成分析》，《人民日报·海外版》2002年1月12日，第7版。

活动感性参与的为投机，注重理性选择的为投资；有的是以风险的角度来区分，认为高风险的交易为投机，低风险的交易为投资；还有的是从持有股票时间长短来区分，持有股票时间长的为投资，持有股票时间短的为投机。

这些标准也存在问题。比如感性和理性，这两个概念本身很难区分。还有对风险的界定，风险和价值一样都是相对的，股票的价值与风险的大小互为消长，此起彼伏。既然价值是一个不确定的概念，那么风险也是一样。持有股票时间长短似乎是一个客观的标准，但在实际中也有例外的情况。如果一个投资者认为某只股票具有价值，从而买入打算长期投资，但是这只股票在短期内却有了可观的升幅，股票价格已经大大超过其价值。如果该投资者在此时还不抛出股票就可视为投机，因为他在这时持有股票实际上是期待着别的投资者还会出更高的价格将其手中股票买走，这不是投机是什么？

投资和投机从本质上来说，两者都有逐利性，都有增值的目标。它们之间只是一个度的区别，而度的制定和评判根据不同的时代背景、经济状况和市场环境又有不同的范围。有人说，投机很像色情，给它下个定义或许很难，但明眼人却一眼能辨别出来。20世纪初，英国金融家欧内斯特·卡塞尔（Ernest Cassel）爵士说："当我年轻的时候，人们称我为赌徒；后来我的生意规模越来越大，我成为一名投机者；而现在我被称为银行家。但其实我一直在做同样的工作。"[1] "无数政府的精英一直想寻找到一条区分'受人尊敬的投资者和恶棍之间的区别'，但两个多世纪以来，他们的努力所得到的充其量不过是一个喜忧参半的结果。"[2]

每次人们去指责投机行为时，也会连带上投资行为。华尔街的历史表明，当政府每次采取严厉的手段去打击投机时，受伤害的却是整个资本市场，甚

---

[1]　约翰·S.戈登：《伟大的博弈——华尔街金融帝国的崛起》，祁斌译，中信出版社2005年版，第60页。

[2]　约翰·S.戈登：《伟大的博弈——华尔街金融帝国的崛起》，祁斌译，中信出版社2005年版，第31页。

至国家的经济。市场监管者每次针对投机的惩罚措施都会宣告失败。经过无数经验，人们终于认识到投机是难以避免的，投机根植于人性深刻的欲望，人类缺乏耐心"慢慢变富"而虚妄快速变富，甚至一夜暴富，投机始终与市场同在。

电子媒体技术让股票交易更方便快捷。在互联网上，投资者可以时时观察行情走势，随时下单交易。有数据表明当电话和互联网引入证券交易系统以后，投资者换手率都增加了。投资者比以前交易次数更多更频繁，收益率却明显下降了。智能算法和大数据技术进一步提升交易的速度和频率，高频交易、日内交易，这些交易方式依据的是市场价格，与公司的价值无关。新技术的使用促进了市场的流动性，也加剧了市场的投机气氛。社交媒体出现后，散户投资者聚集在财经论坛和炒股社区，彼此之间更容易交流信息。2020年美国华尔街出现了散户逼空机构投资者的事件。在财经论坛Raddit上有一个叫WallstreetBets的主题小组，这里交流和传播的口头语是"All In"（全仓干）、"YOLO"（You Only Live Once，你只能活一次）、"God decide my fate"（听天由命），散户们情绪高昂，前呼后应，任性自嗨，追求宣泄的快感，投资娱乐化趋势明显。

美国共同基金创始人约翰·博格[①]批评当今华尔街是"升级版的赌场"，充斥短期投机之风，投机文化成为主流，这严重侵蚀了美国资本市场注重长期投资的传统。约翰·博格对此忧心忡忡：证券市场正在成为投资活动最大的干扰，稳输的投机战胜稳赢的投资。约翰·博格还质疑金融媒体热衷去追逐报道市场短期信号助涨市场的投机活动。"金融媒体为何要专注报道股票市场的短暂行情变化，把突然的价格涨跌视为大肆报道的新闻，虽然这类交易活动只不过反映股权由某个投资人转移到其他的投资人。媒体为何不把注

[①]　约翰·博格（John Bogle, 1929.5.18—2019.1.16），美国指数基金教父，先锋基金集团创始人。

意力摆在金融部门正在发生的大趋势或逆流，而不要每季定期报道过去短期（或者长期）绩效最佳的基金？"①

中国证券市场投机气氛浓厚，其特征表现为宽幅波动和换手率畸高。2006年至2007年，在历史性的股权分置改革完成之后，市场最大的系统性风险得以消除。随着企业经营状况不断改善，很多上市公司的价值得到提升，但是上市公司的信息披露还存在诸多问题。上市公司透明度不高，投资者无法对上市公司的价值有合理准确的判断。在避险心理的驱动下，投资者会选择短期而非长期持有上市公司股票。在这种市场状况下一味地去指责股民的投机行为并不公允。很多上市公司在不具备投资价值的情况下，投资者理性的方式只能是短线投机；即使是经营状况良好的公司，也会出现利用会计科目隐瞒真实利润，进行利益输送。中国股市中一个流行语是进行价值投机，意思是即使针对有价值的上市公司，也要用投机的方式去操作，而不是长期持有。

三、价值判断与道德判断

国际资本市场中有社会责任投资（Socially Responsible Investing，SRI）基金和罪恶股（Sin Stock）。社会责任投资强调投资人要有社会关怀，在挑选投资标的时不仅出于收益回报，还要考虑道德义务，趋善避恶，让资金发挥更多的社会效益。社会责任投资在进行资金组合时首先要剔除罪恶股。罪恶股是在西方的宗教文化中因涉足烟、酒及赌博"三大罪恶行业"（the Triumvirate of Sin）而得此恶名。以后军工股由于制造的产品威胁人类安全也被纳入了罪恶股之列。

---

① 约翰·博格（John Bogle, 1929.5.18—2019.1.16），美国指数基金教父，先锋基金集团创始人。

　　有趣的是，有数据统计了社会责任投资基金与罪恶股的投资回报。图 10-1是美国先锋基金（Vanguard）旗下社会责任投资基金和罪恶基金从2003 年到2015年的统计数据。如果2003年在社会责任投资基金1元钱，到2015年就 变成了2.7元，但是同期的罪恶股投资，从1元钱变成了3.5元，收益率要高出 23%。罪恶股投资回报要好于社会责任投资。

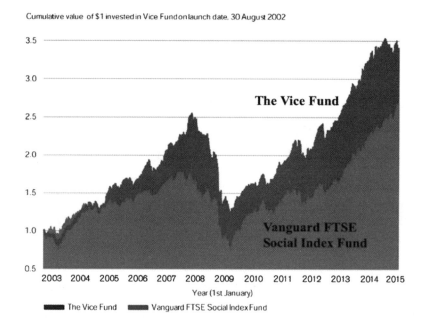

图10-1　美国社会责任投资基金与罪恶股投资回报比较（2003—2015）

　　另有来自21个国家或地区的市场38年的数据（见图10-2）表明，基本上 所有的国家，罪恶股的收益率都要比市场的平均回报率高，甚至宗教信仰越 强的那些国家，罪恶股的收益率相比也越高。

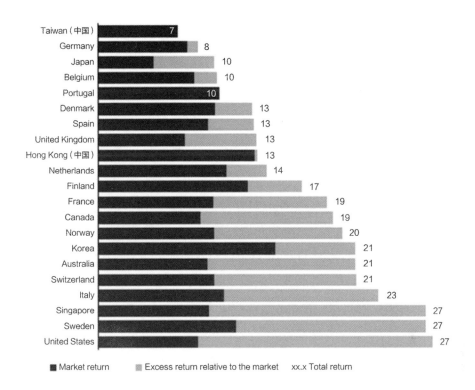

图10-2　21个国家或地区罪恶股投资回报比较（1970—2007）

中国大陆烟草公司没有上市，也没有赌博类的上市公司，酒类公司一直都是A股市场中的牛股。由于文化的差异，中国人喝酒自带社交属性，并没有西方文化中的"罪"（sin）感。中国没有西方宗教中"罪"的文化，证券市场中也没有"罪恶股"的提法。西方证券市场中的投资者接受基督教文化的深浅不同，罪恶股会因为道德上的瑕疵而受到打压，而有的投资者则基于价值判断利用市场的机会来套利。"罪恶股"的提出本身就说明证券市场中有关利益的博弈从来都会受到文化心理和道德判断的影响。

与西方相比，中国证券市场的道德判断更多受到政治的影响。在股权分置改革时期，国有资产管理局企业司司长管维立写作了3万余字的《中国股市的荒唐一幕》，代表非流通股东抨击股权分置改革致使国有资产流失。他在媒体访谈中公开声称:"我并不非常同情流通股东,大部分人想通过投机取巧,不劳而获,想今天10块钱买明天12块钱卖,流通股股东也不需要公司治理,不需要什么大股东诚信,只要让我10块钱买12块钱卖,我就喊你万岁,当然最好是14块钱卖。"[1]此番言论引起中小投资者强烈不满。中小投资者认为非流通股股东虽然代表的是国家权益,但同样追求自身利益最大化。国有股不顾市场意愿进行高价减持导致市场几近崩溃,这难道是道德的?同样是自利行为,为什么衡量的标准就不同?

在证券市场上无法绕开利益做道德判断。有学者认为证券市场的道德标准中要厘定多高的收益水平才是正常的、健康的、道德的。马克思在《资本论》中写道:"一旦有适当的利润,资本就胆大起来。如果有10%的利润,它就保证到处使用;有20%的利润,它就活跃起来;有50%的利润,它就铤而走险;为了100%的利润,它就敢践踏一切人间法律;有300%的利润,它就敢犯任何罪行,甚至冒着绞首的危险。"[2]有学者因此得出结论,认为暴利不仅血腥,也失德,资本要获取暴利必然会挑战和践踏道德规范与法律规范。资本的道德应该视高收益为歧途。

这种观点值得商榷。虚拟交易得益于信息传播的时空扩展,资金的聚集效应对财富有倍数级放大作用。在传统社会里需要几十年、上百年完成的资金积累,在虚拟市场中短时间内甚至瞬间可得。金融杠杆工具的使用让财富积累更是加速。进入互联网时代,一方面,互联网平台企业显示出商业价值指数级的网络效应,规模增长的速度和广度都远超传统的经济实体;另一方面,风险资本对于企业的投资和介入提前到初创时期,甚至在项目计划书阶段就"催化"企业。高收益是对高风险的对冲,成功项目的高收益与高失败概率如影随形,无法分割。最早投资互联网巨头如谷歌、腾讯、阿里和京东

---

[1]　吴君强:《股权分置改革何去何从》,《中华工商时报》2005年8月22日,第2版。

[2]　马克思:《资本论》,人民出版社1998年版,第289页。

的投资者都获得了上百倍甚至上千倍的回报。腾讯给早期的投资者带来了令人咂舌的8000倍回报。新技术造富大多是依法合规的，合乎监管和规则要求的，并不是"铤而走险"以"绞首"为代价，不是不择手段的。

在中国的市场上也出现过"股神"级的人物，他们都是个体投资者，仅凭自身的智慧、经验和运气成功地运作股票，在交易生涯中也获得可观的资产。这些人按章纳税，在阳光下交易，不能说他们是不道德的，设定和道德挂起钩来的盈利上限也有违虚拟资产的运作规律。

中国媒体在资本市场之外会塑造助人为乐、无私为公、舍己为人的道德楷模和典型。虚拟市场的道德不同于其他领域。这里是利益的博弈场，如果出现大公无私、毫不利己的参与者，都意味着资源的不可持续。参与者更注重市场风险、成本和回报，在博弈中斤斤计较。有些媒体报道交易活动时就有意避开道德维度。《证券市场周刊》的前总编方泉认为："对经济活动本身和证券市场而言，我们应该更多地做价值判断，尽量少做道德判断。""我们（《证券市场周刊》）做的只是中性的调查报道，在解释这件事情的真相。我们不做道德判断和是非判断，只做价值判断——比如，这件事情对大家有什么意义，有什么可以借鉴的，通过这个分析，对读者的投资有什么影响？我关心的是这个。"[1]

方泉认为做好价值判断，给投资者提供决策参考是财经媒体的立身之本。中国证券市场具有鲜明的新兴市场的特征，各种制度、政策都在逐步完善过程当中。对投资者来说，他们是适者生存，他们的行为在很大程度上是被外部环境塑造的，在这样的场景中，用简单的道德判断去进行批判，不如用准确而有预见性的价值判断为投资者提供更好的信息服务，通过准确的价值判断从而为读者和受众创造价值，这就是《证券市场周刊》报道思路。

中国证券市场曾经出现过"涨停板敢死队"。这是在浙江某证券营业部潜

---

① 肖鸿扬、吕金奇：《方泉：只做价值判断》，《英才》2004年第4期。

伏的一股上亿元的市场资金，他们专门在强势股票上做涨停板。拉涨停后，一般次日高开后就出货，快进快出。"涨停板敢死队"以交易的凶悍和敏捷震动市场。有很多人批评说，这种股票的操作手法是典型的投机。"涨停板敢死队"通过短期的市场波动来获利，而不是对有发展潜力的企业进行长期投资。《证券市场周刊》在报道这股"神秘资金"时，只是把重点放在揭秘上，报道"神秘资金"背后的操作手法以及它可能对行情和板块带来的影响，对所谓的批评未置一词。方泉认为能做到价值判断的媒体必须具有足够的专业性。"这是一本专业的新闻杂志，专业性是第一位的，其次是新闻性。专业性就体现为专业眼光，专业眼光的价值在于——我们的读者能够通过杂志的启发，使自己的资金和财富实现增长，使已有的财富得到存续，不致减少。""我们的眼光能否被读者接受，关键看它是否能为投资者创造价值。"①

　　《证券无限周刊》以"要做价值判断，尽量少做价值判断"的口号切入反对吴敬琏"股市赌场论"的论战。在股市大讨论中方泉的观点受到严厉质疑。张维迎对此针锋相对地指出："我不认为像有些人讲的，吴敬琏是从一个道德的角度来评价。如果我们从更深一层来看的话，实质上道德的标准和经济学的标准并没有实质的区别。"在经济学中，道德判断和价值判断是统一的，资源得到合理利用的经济也是符合道德的。亚当·斯密所著的《国富论》成为经济学的奠基之作，而他的《道德情操论》成为伦理学的巨著。英国经济史专家埃里克·罗尔说："我们不能忘记《国富论》的作者就是《道德情操论》的作者。如果我们不了解后者的一些哲学知识，就不可能理解前者的经济思想。"经济学对资源配置的研究始终都缠绕着道德的审视和判断。经济学家基于同情心在经济结构的深处发现了不道德，威廉·配第发现过度税负是不道德的，马克思批评对剩余价值的占有是不道德的，萨缪尔森认为导致效率低下的垄断是不道德的，而持有效市场假说的法玛认为信息不对称是不道德的。

---

① 肖鸿扬、吕金奇：《方泉：只做价值判断》，《英才》2004年第4期。

同样，吴敬琏的"股市赌场论"认为中国证券市场的诸多乱象不仅标志着深刻的道德危机，也是资源错配的低效经济。上市公司对招股说明书、配股说明书以及增发意向书虚假包装，对广大投资者丧失信用，也没有起码的道义感。他们将公司的发展前景吹嘘得天花乱坠，当巨额资金到位后不是频频改变募股资金投向，就是将大量的资金用于短期投资或委托理财，这其实是一种资源浪费。机构投资者甚至包括公募基金在内操纵股价，套牢不明真相的中小投资者，这类价值取向是标准的强盗逻辑、丛林逻辑。管理团队不思为投资者创造回报，反而大搞利益输送，中饱私囊。还有会计事务所、审计事务所等中介机构与上市公司沆瀣一气，造假坑人。异化的媒体将报道作为勒索的工具，向企业索取封口费以增厚自身的业绩。如果对于这些用既不道德又不合法的方式所获得的价值，媒体视而不见，以所谓的专业性为借口迎合、适应环境，放弃对行为不轨者的法律追究和道德审判，那么媒体将违背对社会责任和公共利益的坚守，媒体的价值判断也最终会失去公信力。

那么证券市场又需要什么样的道德标准？虚拟市场中的道德是建立在规则基础之上。投资者在承受了高风险的情况下因为获得高收益受到谴责有违市场公平。通过欺骗获得一分钱也不道德，而合法的交易即使获得更多的财富也是值得肯定的。"三公"即公平、公正、公开的原则不仅是证券市场法律规范的诉求，也应该是证券市场最基本的道德取向。构建起与证券市场相适应的道德观念和道德准则，是市场各方需要考虑的。在缺乏道德的沼泽地里，不可能构筑现代市场经济的文明大厦，也不可能有成熟的、富有国际竞争力的证券市场。在这个急速变迁的年代里，道德的信念弥足珍贵，媒体应当在这个方向上有所追求。

四、建设具有中国特色的社会主义投资新文化

巴菲特说投资不是智商160战胜智商140的竞争，投资需要的是"稳定的

情绪和独立思考的能力"。长期而稳定的情绪就具有文化的意味，甚至可以体现为信念和价值观，这对于投资者个体和群体都是有意义的。在美国，有一项研究发现，证券市场的趋势变化和社交网络上的一种情绪高度相关，这就是冷静（calm）。简单来说，社交媒体上，国民情绪冷静平和，那证券市场就会表现稳定；如果国民情绪与calm相反，股市就容易震荡。

优秀的投资者从历史的大趋势中获利，对趋势的坚守来自洞见，也来自信念和文化，投资家邓普顿说，克服恐惧最好的办法就是有一颗感恩的心。巴菲特多次强调自己能成功无非是中了"子宫中的彩票"。巴菲特在20多年来致股东的信中不断重申热爱祖国，对美国充满信心的主题："查理和我向来认为，'赌'美国继续繁荣下去是确定性非常高的事情。""你去问问过去的238年中（美国建国以来），有谁是通过押注国家衰落而成功的？……确定无疑的是，美国明天会更好。""美国的运数始终是确定的：富足程度将不断增长。""苍天垂青，我和查理（芒格）生来就是美国公民，我们对这一天赐之福般的'美国人优势'永怀感念。"[①]国家的繁荣是伟大投资的基础。只有对国家的前途充满信心，坚定信念，长期投资，才能稳定获利。巴菲特的这些言辞足以改变以往对投资者唯利是图、奉利润回报为圭臬的印象。

制度是明示的文化，文化是隐性的非正式规范和约束。制度在短时间内可以模仿复制，文化需要长期的积累和沉淀。中国证券市场相对于西方成熟市场上百年历史尚处于初级阶段，制度的建设与日更新，而文化的建设任重道远。有学者大声疾呼倡导建立投资新文化。建设具有中国特色的社会主义投资新文化也必将随着中国证券市场制度的建设完善而趋于成熟、理性和科学。

---

① 沃伦·巴菲特：《巴菲特致股东的信：股份公司教程》，陈鑫译，机械工业出版社2007年版，第36页。

1. 弘扬信用文化

信用在传统社会中是信任。中国传统道德中很多有关诚实和守信的做人原则，如君子爱财，取之有道；君子一诺千金；童叟无欺，等等，这些都成为人际和社会关系网络中构建信任的基础。传统社会在血缘、地缘、族群、宗族等"熟人"世界里凭借信任完成借贷、互助、保险、赈灾、扶贫、救济孤寡的社会功能。进入现代社会，信任关系由于有了货币、资本等金融媒介得以被标准化和量化，这种关系超越血缘、地缘，也超越时空产生了市场流动性。信任有了更大的"用途"，被转化成了信用。

虚拟经济的实质是信用（credit）经济。在虚拟市场中，信用相当于货币。货币是有形的信用，而信用是无形的货币。"在金融界，人们在处置金融资产时从事着不同的活动，每个人的福祉从很大程度上取决于对这些资产的管理和应用，但是每天所发生的数以百万计的金融交易与相当高的诚信水准连在一起。"[①]整个金融业就是一个建立"信用"，衡量估算"信用"，并使其产生流动性的行业。每次金融危机到来，危机的核心都不是资金，而是信心，是信用崩塌导致市场溃散。

在证券行业，信用的获得除了传统的方式，如人人口耳相传而形成的口碑和多次博弈而积累的认知，还依赖制度的保证和更有效率的市场方式，这其中就包括专业的第三方中介机构所提供的信用评级，以大数据为基础的信用记录。证券市场作为超级信用结点，是市场参与各方信用的链接和传递。对中国资本市场而言，投资新文化首先是一种有关信用的文化。

中国社会的信用结构是以政府的信用为绝对主导。国家控制了金融资源，也垄断了社会信用。在证券市场中，由于政府干预企业上市的所有环节，包括定价、发行数量甚至股东人数，上市的企业意味着得到政府的背书，企业信用的背后就是国家信用和政府信用。上市公司利用信用"溢价"可以从银

---

① 博特赖特：《金融伦理学》，静也译，北京大学出版社2002年版，第125页。

行得到更低利率的资金，可以进行更具风险的扩张，甚至为所在集团输送利益。每当上市公司出现"假冒伪劣"，投资者通常不会"愿赌服输"，自己承担责任，而是寻求政府的救助和解决方案来兜底损失。中国证券市场退市之难的症结也在于此。

政府作为最后的"救赎者"承担了巨大的经济风险和政治风险。每当中国证券市场出现危机和股灾时，要求政府"救市"的呼声就格外响亮。2020年在上海科创板实施注册制，其核心就是让政府从对企业价值的信用背书中脱身出来，而只对企业信息的真实性负责，由投资者"对自己的决策负责"（买者自负），真正承担交易的风险，自负盈亏，自担损失。

互联网时代对于中国社会建立民间信用和个人信用生态有积极的意义。数字化为个人金融提供了技术条件和广泛场景，人们购物、消费、投资活动迁移到线上，留下的痕迹、记录成为个人信用的大数据，这些大数据形成了芝麻信用分、微信支付分，还有银行的个人征信分数。个人信用得分在入职、升迁和寻找配偶时都成为可查之依据，老"赖"在信用的大数据网络中无所遁形。一个人可能因为水、卫、煤、电这样生活费用支付上的小事"失信"失去好的工作机会，失去重要的商业伙伴。恶意逃债者无法使用电商平台和乘坐高铁、飞机。

对于信用得分高的个体，也会有相应的奖赏机制——更便捷的贷款通道、更低的融资成本、更多的资源获取能力。在数字化的世界中，良好的信用可以跨越更大的地理空间和更远的时间维度进行估值，转化成流动的资金。例如，支付宝允许芝麻信用高分用户免押金在图书馆借书，租用充电宝，租借汽车，还有酒店房间也可以"信用住"，无须交纳押金。有数据统计，截至2020年，芝麻信用在租赁行业已经为用户免去了超过2000亿元的利息，这是信用即财富最生动的体现。个体信用商业化、资本化的大潮中，中国社会也逐步接近"细颗粒"的信用社会。

2018年，证监会正式颁布了《证券期货市场诚信监督管理办法》。根据这个规定，中国证监会在官方网站建立证券期货市场失信信息公开查询平台，为社会公众提供违法违规失信信息查询服务；建立了违法失信数据库，全面记录市场中各类失信主体及其失信行为，并在官网上对失信主体及行为进行公示并提供查询和搜索服务。这标志着证监会运用大数据执法，对屡查屡犯者进行严厉打击。

在国际资本市场上，"王"的信用受到了来自国际评级机构的评估和对比。2017年5月24日，国际信用评级机构穆迪将中国主权信用评级从A3下调至A1级别，并将前景展望从"稳定"调为"负"。穆迪这样做的理由是中国债务水平潜在财政风险。2017年9月21日，标准普尔将中国主权信用评级由"AA-"下调为"A+"，展望由负面调整至稳定。中国财政部对此回应标准普尔此举是错误决定。新华社发表文章认为标准普尔评级所采用的理论跟不上中国经济的发展，难以及时、客观、全面呈现中国经济发展现状，更无法指明中国经济发展趋向，但该机构指出的一些问题确实可以作为"善意的提醒"，比如，深入推进去杠杆，并加强防范地方政府债务风险等。

国际评级机构的影响力可以从其对其他国家主权信用的影响中可见一斑。2020年，国际著名评级机构惠誉将美国信用评级前景展望由"稳定"调至"负面"，下调原因是美债占其GDP的比重已经超过了130%，而在疫情防控期间美国公共财政恶化，在2020年第二季度美国的财政赤字创下过历史最高。巨大的财政赤字意味着美国政府的还债能力成疑。这并不是评级机构第一次调低美国主权信用评级。在2011年8月6日，标准普尔曾将美国AAA级长期主权债务评级下调一级至AA+，评级前景展望为"负面"。当时标准普尔甚至声称可能在未来两年内把美国长期信用评级进一步降为AA级，这是自1941年标准普尔开始主权评级以来，美国首次丧失3A主权信用评级[①]，打破了美国

---

① 国家主权信用评级（Sovereign rating）是指评级机构依照一定的程序和方法对主权机构（通常是主权国家）的政治、经济和信用等级进行评定，并用一定的符号来表示评级结果。主权信用评级一般从高到低分为AAA、AA、A、BBB、BB、B、CCC、CC、C，AA级至CCC级可用+号和−号，分别表示强弱。

维持最高评级的神话。受到这一消息的影响，道指随后暴跌5.6%，单日下跌点数为2008年12月1日以来最高纪录。随后时任美国总统奥巴马在新闻发布会上表态说："市场有起有落，但这里是美国。不管一些机构说什么，我们一直是也一直会是AAA国家。"

在资本全球化的背景下，中国的主权信用要跟世界对话，必然会遭遇到西方经济思维和评估框架下"另一种信用"力量的审视和挑剔。在这个过程中，"王"的信用要适应任何金融实体的信用被量化、被评估、被比较，甚至被降级。"善意的提醒"代表异质的信息。另外，如何解构和消弭评级机构话语霸权所产生的负面金融冲击是我国媒体对外传播中需要面对的课题。

2. 尊重中小投资者[①]的股东文化

2020年10月25日，上市公司贵州茅台发布公告，宣布四项总计8.2亿元的捐款，其中包括：给贵州省见义勇为基金捐资200万元，为建设酒类火灾处置专业队捐资1200万元，为建设生活污水处理厂捐资2.6亿元，为建设习水县习新大道捐资5.46亿元等。此公告一出，便引起了贵州茅台中小投资者强烈不满，就此向证监会提出诉讼。

中小投资者质疑贵州茅台出于以下理由：首先，金额如此庞大的慈善捐赠未经股东大会审议，公司治理不健全，程序不合规；其次，在此次捐赠中，上市公司贵州茅台出钱，而控股股东茅台集团"冠名"，涉及利益输送；最后，贵州茅台数额特别巨大的捐赠项目涉及当地基础设施工程项目，这本属于当地政府建设，上市公司与当地政府关系不明。还有投资者另外发现，贵州茅台在2020年慈善捐赠数额高达13亿元，比2019年的全年慈善捐赠数额高出数倍。2021年2月9日，贵州茅台发布公告，决定终止前述所有捐赠事项。

---

① 根据《深圳证券交易所上市公司规范运作指引（2020年修订）》第2.2.7条规定，中小投资者是指除公司董事、监事、高级管理人员以及单独或者合计持有公司5%以上股份的股东以外的其他股东。

这一事件被市场解读为中小股东历史性胜利。

截至2021年6月，中国证券登记结算有限公司披露的数据显示中国投资者账户数共1.89亿，其中，自然人投资者数量占比99.77%，机构投资者数量占比0.23%。考虑到沪、深两市账户重复计算，股市中投资者人数约有9500万。2021年被称为"全民买基元年"，无论是基金规模还是基民人数都大幅增长。基金业协会数据显示，公募基金总规模突破21万亿元，创下历史新高，基民数也已经增至6亿人，中小投资者成为中国证券市场中最大的群体。

"中小投资者仍处于弱势地位，风险意识和自我保护能力不强，容易受到侵害。"[1]保护中小投资者是各个国家证券市场监管工作的重中之重。我国证券市场对中小投资者的保护也走过了一条曲折之路。在证券市场建立之初，本着将前进的矛盾最小化的策略，为避免意识形态方面的矛盾和干扰，对投资活动和投资者未能给予政治上的肯定和明确身份。有关"投机倒把"、食利阶层、不劳而获、黄牛、倒爷等扰乱市场价格的负面标签始终困扰着投资者。证券市场的定位为国企脱困而服务，导致"我国资本市场在制度设计中更多偏重于融资，对中小投资者权益保护重视不够，有针对性的制度安排少，形成了融资者强、投资者弱的失衡格局。中小投资者保护制度及规范原则笼统，缺乏可操作性，权利行使存在很多障碍，甚至形同虚设。部分上市公司及控股股东、实际控制人在公司重大决策中，不尊重中小投资者意见，不重视他们的利益和合理诉求"[2]。

证券市场初期一系列的造假案，从最初的原野股份、红光案、琼民源案，到亿安科技、中科创业、银广夏等，投资者损失惨重，却诉讼无门。1999年7月1日《中华人民共和国证券法》正式颁布生效。《中华人民共和国证券法》

---

[1] 《把维护中小投资者合法权益贯穿监管工作始终》，肖钢在证监会加强中小投资者保护工作会议上的讲话，中国证监会官网，2014年1月16日。

[2] 肖钢：《保护中小投资者就是保护资本市场》，《人民日报》2013年10月16日，第2版。

生效后第一例刑事诉讼案件是成都市人民检察院对红光实业董事长以及其他高管证券欺诈案提起公诉。2000年11月14日，法院对此案判决，认定红光公司"欺诈发行股票罪"成立，相关责任人获刑。尽管如此，投资者因为不能进行民事诉讼而无法得到赔偿。无论是投资者向红光实业相关责任人提出的民事诉讼，还是投资者对亿安科技启动民事赔偿诉讼，由于当时没有相应的司法解释，法院将这些诉讼案一一驳回，不予受理。至2001年9月，最高法院做出暂不受理涉及虚假陈述、内幕交易、操纵市场三类民事赔偿案件的决定，对已受理的中止审理。

2002年1月15日，最高法院发布了《关于受理虚假陈述引发的民事侵权纠纷案件有关问题的通知》，原来悬置的嘉宝实业、红光实业、渤海集团、大庆联谊、ST九州等诉讼陆续得到审理和判决。2004年12月23日，黑龙江省高级人民法院对大庆联谊案作出终审判决，大庆联谊对433起投资者赔偿883.7万元。这是众多证券赔偿投资者案件中首个终审判决。东方电子案、银广夏案以受害投资者接受调解协议的方式结案。2003年1月9日，《最高人民法院关于审理证券市场因虚假陈述引发的民事赔偿案件的若干规定》出台，这是最高人民法院公布的审理证券民事赔偿案件适用法律的第一个系统司法解释。2013年5月，在万福生科案中，作为保荐机构的平安证券出资3亿元成立"万福生科虚假陈述事件投资者利益补偿专项基金"，以此赔偿因该虚假陈述事件给股民带来的损失，此举创下了中国证券市场首个以第三方责任人为虚假陈述过失对投资者进行民事赔偿的案例。

2013年12月25日，国务院下发了《国务院办公厅关于进一步加强资本市场中小投资者合法权益保护工作的意见》，进一步明确将保护中小投资者作为中国资本市场的基石，即"保护中小投资者就是保护资本市场，保护中小投资者就是保护全体投资者"[①]。意见共九个部分，分别从健全投资者适当性制

---

① 肖钢：《保护中小投资者就是保护资本市场》，《人民日报》2013年10月16日，第2版。

度、优化投资回报机制、保障中小投资者知情权、健全中小投资者投票机制、建立多元化纠纷解决机制、健全中小投资者赔偿机制等方面，为中小投资者提供全方位的权益保护。

经过30年的发展，中国证券市场逐步建立和完善了中小投资者保护制度。这些制度覆盖了投资者交易活动的全过程：交易前实施投资者适当性管理，对于不具备专业投资能力和风险承受能力的投资者，即使自愿也不允许从事交易。交易中要求卖方承担充分的说明义务，有关中介机构勤勉尽责，承担忠实代理义务。交易后建立风险补偿制度。

文化的建立相比制度是更漫长的过程。股东文化是所有权至上的文化，尊重中小投资者是限制市场特权、霸权，保护他们完整的市场权益，这些权益既包括用脚投票也包括用手投票的权益。中小投资者权益保护除了法律保护、监管保护、市场保护，还有最重要的就是自我保护。投资者对自我权益的清醒认识，对自我身份的认同也要来自社会舆论这面"镜子"的提示和导向。从万恶的资本家到投资也光荣，从投机钻营到财富英雄，价值取向的变迁在现实媒体空间中交错纠缠，叠加相映，在不同时期的政治和经济需求之下呈现出不同的形态。投资者只有形成稳定的社会心理预期，对自我身份认同并有职业意识，才能在投资中奉行长期主义，进行价值投资。社会主义证券市场的文化建设中应该包括投资者群体主动地、积极地参与社会事务，表达心声，对社会主义建设事业有所贡献。

3. 普及科学、理性的投资文化

证券市场中存在着反馈环（Feedback Loop）现象。[①]这个反馈环代表着市场从牛市到熊市之间周而往复的循环。最初在证券市场的运作中有一些催化因素，如经济增长、通货膨胀率下降等，这些消息引起股票价格上涨，投资

---

① 　罗伯特·J.希勒：《非理性繁荣》，廖理、施红敏译，中国人民大学出版社2001年版，第58页。

者的注意力开始聚焦于这些利好消息。这时投资者的投资需求增加，推动股价进一步上升。在从众心理的推动下，加上媒体的报道使股价上升的财富效应以极快的速度传播，人们产生了更为乐观的预期和新的投资交易，前一轮价格上涨又放大反馈到后一轮的上涨。如此不断重复，正向反馈，最终股价达到"投机泡沫"，远高于催化性因素刚开始时的价格水平。

投资者对股票的需求不可能永远扩大下去。当需求增长停止时，价格上涨也将停止。此时投资者预期到股票价格不会继续上涨开始卖出股票，负向反馈环由此启动。最初价格下跌使投资者感到失望，而机构投资者出于停损动机的抛售引发更大幅度的股价下跌，这使投资者感到恐惧。在对"股灾"的过度恐惧心理及从众心理的作用下新一轮抛售被激发，导致股价进一步下跌。在这样负向反馈放大作用下，股价会一直下跌到不可能继续下跌的价位。此时，投资者开始尝试再次进场购买股票，信心恢复，人气聚集，市场在贪婪和恐惧中又开始新一轮循环。在这个循环当中，证券市场总会出现过度上涨或者下跌，其背后的主要原因就是投资者的恐惧和贪婪，追涨杀跌，更加剧市场的波动。反馈环的过程周而复始也反映了市场信息和投资者心理之间的互动。

极端反馈环就是金融泡沫。历史上有很多著名的金融泡沫，比如，17世纪荷兰的郁金香狂热，18世纪英国的南海公司泡沫，20世纪30年代的全球经济大萧条，20世纪90年代的日本房地产泡沫，20世纪末的美国互联网泡沫，以及2008年的美国次贷危机。在贪婪和恐惧的社会情绪驱动下，金融泡沫一次又一次地挑逗人们的梦想，随之又带来巨大痛苦。

行为金融学打破了"理性经济人"的假设和迷思。人是理性的，这一判断本身就是不理性的。在证券市场中，投资者的非理性以急速和激烈的市场后果展示其影响力。每一次泡沫的出现都是投资者非理性情绪进行共振，形成对市场的撞击和破坏。在泡沫形成的反馈环中，同时存在博傻行为（greater fool behaviour）和聪明钱效应（smart money effect）。所谓博傻，就是把股票交易想象成一个击鼓传花的游戏，交易者购买股票，并不在乎公司的内在价值和盈利状况，而只是预期在未来把股票卖给更笨的傻瓜。交易者之所以愿意做"傻瓜"，是因为预期还有"更傻"的人。聪明钱是指那些清楚无误地知道市场有泡沫却与泡沫共舞（ride with the bubble）的资金。他们知道当市场一个浪潮来袭的时候，这个浪潮会滑行一段时间。有证据表明，在美国互联网泡沫破裂之前，对冲基金的持有比率远远大于泡沫破灭之后，而持仓是在临近泡沫破灭时被大幅地降低了。博傻行为和聪明钱效应都是股市泡沫的一部分。

在中国，反馈环效应由于证券指数的大起大落而格外突出，中国投资者的从众心理和羊群效应会被市场力量所利用。中国证券市场上曾经盛行"庄家文化"。"庄家"一词来自赌场和牌局，指游戏中某一局的主持人，股市中的庄家指能操纵股价的巨额资金，这其实是市场违规甚至是违法行为。中国证券市场曾经有一段时期，中小投资者把"有庄""无庄"当成是否具有投资价值的标准，甚至对庄家的判别达到了系统化和理论化的程度，比如，庄可以分成"善庄""恶庄""长庄""短庄"等。庄家的出现和横行必须有一定的"群众基础"，散户、庄家构成了彼此共生的股市生态。随着国外机构投资者进入中国证券市场充当了价值投资理念传道士和启蒙者，也随着中国本土机构投资者的壮大，"与庄共舞"的市场风气有了很大改观。

中国投资者中还存在"政府崇拜"的文化。投资者考量政府、政策的意愿远大过关注公司业绩，这是投资者理性应对政策市的结果。中国股市每一次上涨的背后都有政府和央行的推动。为了吸引民众参与市场，政府会出台各种措施来活跃股市。投资者发现政府有意愿推高股市，就会一拥而上，争先恐后跑步进场希望尽快套利。市场情绪一旦形成，股市就会快速上涨。市场的非理性状况让政府感到不安。投资者时刻探寻监管层发出的信号，有风吹草动就离场跑路。理解和预判政策动向是中国投资者的重要功课，《人民日报》和新华社的报道和评论就成为市场预判政策信号的风向标。

投资新文化肯定是科学、理性的投资文化。投资者能独立思考，不盲目跟风投机，自觉辨别、抵制市场各种传言和偏见，能够识别各种证券欺诈、操纵市场等违规行为，增强自我保护意识和法律意识。教育投资者也是文化建设的必由之路。媒体对投资者的教育主要体现在两个方面：一是通过常规的新闻报道向投资者提供最新的市场资讯，帮助投资者掌握最新的市场动向；二是专门开辟投资者教育专栏节目或板块，普及证券投资基础知识、证券监管政策法规，进行风险教育和风险提示等。互联网比之传统媒体在投资者教育方面有很多优势，其内容的设置不受版面、时间等条件的限制，更丰富且更具有针对性。互联网上有关理财投资的培训，形式也更灵活，既有系列的文章和讲座，也有投资者互动、交流的平台，能达到更好的传播效果。

2021年，基金投资的话题在各大社交平台上升温，借用娱乐圈的术语出现了顶流经理、投资大神的概念。很多投资网红、理财UP主热衷于给网民分享关于基金债券的话题，分析市场行情走势，分享自己的投资经验，这些内容中难免有错误，其中还充斥着网友们的段子和调侃。证券基金投资从一个较为专业小众的财经领域，开始在各种通俗化、大众化演绎和网友的搞笑、调侃声中混淆了与娱乐话题的界限。2021年3月，多家公募基金的基金经理被传将参与某个人气极高的娱乐节目录制，被中国基金业协会叫停。中国基金业协会紧接着发布了《关于公募基金行业投教宣传工作的倡议》，要求公募基金管理人员发挥专业价值，审慎合规地开展投教宣传活动。在财经新闻传播和投资者教育中存在专业化与大众化两个方向，为了便于大众理解财经证券知识，对专业性内容进行通俗化是有必要的。娱乐化则是歧途，会对社会大众形成误导，贻害无穷。

4. 营造有利于证券市场建设的社会舆论环境

很多普通人对股市的最初印象来自有关股市题材的文学作品、电影、电视剧等。茅盾的《子夜》是我国现代文学中几乎唯一的涉及证券、股票内容的作品，它以民族工业资本家吴荪甫为中心人物，以吴荪甫与买办金融资本家赵伯韬的矛盾为情节主线展开故事。小说是以民族资本的失败，吴荪甫的破产而结束。这部作品中的部分篇章真实地描述了旧中国股市交易的一些状况。《子夜》的片段被收入中学课本，成为尽人皆知的作品。很多中国人有关证券市场最初的概念也由此得来。

改革开放后，我国有关股市题材的影视作品中，较有知名度的有电影《股疯》、电视剧《坐庄》《大时代》《股市情潮》《猎护》等。这些影视剧的主创人员对证券投资并不熟悉，作品本身对证券投资活动的再现不准确，其中细节跟实际的证券交易相去甚远。这些影视剧的共同点就是其中的主人公好逸恶劳，都是白日做梦的投机分子，股票投资更是同复仇、情爱等恩怨纠缠起来，其中充满了阴谋、狡诈和算计。文学和艺术题材的故事借用股市天地中戏剧冲突的元素进行演绎，而这些与严肃的投资活动关系不大。

如果回顾大众媒体对于证券市场的报道，最早有证券市场"姓社"还是"姓资"的大讨论，以后有"基金黑幕"引起的轩然大波。多位经济学家有关"股市如赌场"的公开争论沸沸扬扬。媒体中上市公司爆炸性的丑闻轰炸受众视听，远的像银广夏、蓝田股份、中科创业，近的如绿大地、万福生科、紫光古汉等。企业在上市时会获得知名度溢价，这种聚光灯效应在负面信息出现时其传播效果也格外显著，只要跟证券市场产生牵连的新闻，媒体就会将相关上市公司作为第一落点。牛奶行业的三聚氰胺、白酒行业的塑化剂事件、医药行业的毒胶囊和假疫苗事件、娱乐行业的各种花式演艺明星丑闻都会引起相关上市公司地震。

除此之外，就市场其他参与各方来说，有监管部门工作人员收受贿赂的丑闻，有券商"乌龙指"扰乱市场，有基金公司老鼠仓的黑幕，有企业高管行为不检，还有中小投资者因为投资失误亏损要么四处上访静坐、示威、游行，要么跳楼自杀的社会新闻。证券市场是新闻的万花筒，转来转去都是光怪陆离的丑恶和不堪。投资者可以为了追逐利益留在市场当中，但对整个社会而言，这样的市场形象让追求长期稳定收益的资金望而却步。形象工程当然要"内外兼修"。随着股权分置改革完成，证券市场结构性缺陷得到彻底纠正。建设一个健康、公正、充满智慧和活力的股市新形象的任务被提了出来。对媒体来说，为了股市的长远发展，就要注意做好"外功"，在舆论上营造一个有利于证券市场发展的舆论环境。

首先，媒体报道要注意规范证券专业用语，净化股市语汇。中国股市初期很多有关股票的著作来自台湾，台湾股市的用语多从赌场术语衍生而来。类似"洗牌""跟庄"这样的赌场语言就出现在股市相关新闻报道中。学者刘纪鹏曾统计过在有关证券市场的新闻报道中，至少充斥着20个赌场常用术语，如"筹码""发牌""洗牌""庄家""出局"等。刘纪鹏认为赌场术语泛滥的股市舆论氛围"使人们投资股市如置身于赌场之中。不仅买股票的人谈到股票投资总是不能理直气壮，而且其投资行为也是以跟风撞大运取代理性分析和判断"[①]。

2005年以后，国外机构投资者进入中国，他们倡导价值投资理念，注重研究公司内在价值、基于财务报表的分析来判断企业盈利前景。市盈率、市净率、净资产收益率等专业的财经术语和标志着宏观经济景气指数的消费者价格指数、银行间拆借利率等指标已经取代了赌场名词占据媒体空间，股市语言乱象有了很大改善。

其次，进行传播符号的全面更新。最初证券报道中，证券市场人格化的符号就是大大小小的庄家，其典型代表如吕梁、德隆等。庄家时代随着正规基金业的发展已逐渐消失，新一代证券市场的符号体系逐步建立起来。从西方成熟市场的经验来看，绩优上市公司才是市场的中流砥柱。美国的证券市场既有像可口可乐、花旗银行、保险公司这样的百年老店仍然在为股东创造价值，还有像亚马逊、特斯拉这样的成长性公司给投资者带来丰厚的回报。

---

① 刘纪鹏、吴学军：《创建股市新文化——中国股市新文化理论探讨之一》，中国民商法律网，2006年6月。

这些公司的一举一动都受到媒体的关注，占据财经报刊的头版头条，成为某个行业甚至国民经济的景气指数的"晴雨表"。在美国，联邦储备委员会的主席、明星基金经理和证券分析师总是媒体上活跃的角色，市场的走向总是唯这些人马首是瞻。

随着中国证券市场上市公司整体质量的不断提高，财经媒体报道的焦点也逐步跟随国际潮流，挖掘市场中真正的绩优蓝筹股，像格力电器、招商银行这样的公司，它们都是在中国整个国民经济腾飞的背景下，能在很长时间内保持高速增长的，并且能够给投资者带来真正效益的优质企业，这样的上市公司才是中国证券市场的核心价值。中国证券市场中也建立起一套以央行官员、基金经理及企业家为代表的符号体系，引导投资者从上市公司的内在价值来判断股票的价格，崇尚长期投资、理性投资，那些天天都在推荐股票的股评家的形象被逐渐弱化。

最后，大众传媒应通过新闻报道树立证券市场稳定的形象。中国经济的高速发展少不了证券市场这个助力器，投资者在市场中通过正当的投资分享企业成长和国家经济发展所带来的收益。对于市场中出现的震荡和波动，尽量少用"大牛市""崩盘"之类耸人听闻的字眼来蛊惑人心，使本已躁动不安的市场更加处于失控的状态。媒体在进行舆论引导时，还应该注意导向的客观公正、科学合理，而不要让舆论为某些利益集团所"劫持"，成为牟利的工具。

结　语：建设有利于投资者群体的社会舆论氛围

在普通人所获得的经济角色中，消费者的角色与生俱来，其代表了人的自然性；生产者是人社会性的体现，多数人在获得生产者角色时更多体现为接受社会的选择，是被动的一方；而投资者角色更能体现人的自主性，他们要求分享经济增长的成果，"试图通过对资产的理性经营获得经济和生活的自由"。2022年2月25日，中国证券登记结算公司宣布，A股投资者数量已达到2亿。证券投资一般会以家庭为单位来进行，这意味着受到A股影响的人数可能会更多。另外，中国证券登记结算公司的统计数据还显示，截至2020年底，全国公募基金自然人投资者数量超过了6.7亿。考虑到中国公民要到18岁才能开设证券和基金的投资账户，2亿股民和6.7亿基民的数字都表明直接和间接投资国内A股的人数在人口中占有相当的比例，且投资者群体无论从经济实力还是从社会行动能力来说都是社会中的主流人群，中国社会从未有过这么庞大的投资者群体。投资者运用投资思维并不可避免地将这种思维方式和投资文化带入日常生活实践和社会关系中。投资者群体的增长显示了中国社会向商业社会转型持续迈进。

国家通过证券市场动员调配社会资源促成国家目标的实现，社会和民众对国家目标的意愿和协同可以借助证券交易来表达，证券市场成为国家和社会之间的共享和对话机制。中国证券市场已经成为社会财富配置的重要场所。数据显示，截至2022年2月25日A股总市值为91.98万亿元，这一数值接近2021年中国GDP经济总量114.4万亿元。中国证券市场舆论场的利益相关者群体其辐射力可以延伸到社会的每个角落，就如同证监会主席易会满所言，资本市场直接关乎上亿家庭、数亿人的利益，尊重投资者、敬畏投资者、保护投资者，是资本市场监管工作人民性的具体体现。尊重、敬畏和保护投资者，就要在全社会营造有利于投资者的舆论氛围。

（一）建立利益和道德统一的现代财富伦理观

资本获利的秘密在于压榨工人的劳动，将工人的剩余价值转换为利润。资本主义生产关系的本质是剥削。这是中国社会所熟知的有关资本的劳动价值理论。这个理论因为写进了中学的政治学教材而成为普遍的社会意识。最初证券市场在中国发轫之时，开创者们也被此困扰，备受质疑。证券市场能破茧而出，突破了意识形态上"姓资""姓社"二元对立的政治框架，代表了改革者的勇气魄力和思想解放。证券市场随后在"不争论"的思想主导下，一路跌跌撞撞前行，用增长搁置了最基本问题的梳理和探讨。股权分置改革的意义不亚于市场重建，它在制度上结束了国有股和非国有股在基本经济权利责任上的区别对待，将国有资本纳入市场运行的框架中。中国证券市场超越了为国有资本扶危济困的经济功能和作为国有资本的代表性意义。

证券投资本质是有关资本的交易，是典型的商业行为，遵循商业逻辑，力图以最小的资源投入获取最大的回报。中国的历史长期处于以土地为核心的农业社会，重本抑末、重农抑商一直是中国社会占主导地位的经济思想。传统文化中充满了对利益、商业和商人的忽视、轻视甚至贬抑。孔子"小人喻于利"和孟子"何必言利""舍生取义"之论在伦理学意义上构成了对商人的否定。荀子基于"工商众则国贫"的基本认识，明确提出了"省商贾之数"的建议。道家学派虽不提倡重义却主张轻利，庄子为达到与时俱化、无待游心的逍遥境界，坚决反对为物所役，鄙弃功名利禄，其道法自然的哲学观从根本上否定了商人的存在价值。墨子在先秦诸家中有别于其他学派，提出"贵义"和"尚利"，力图在理论和行为上肯定义与利的统一性，但是墨子所谓的"利"特指利人而非利己，提倡"有力者疾以助人，有财者勉以分人，有道者劝以教人""利人乎即为，不利人即止"的行为准则与"摩顶放踵利天下"的道德实践，也难以构成对商人的支持。

美国历史学家约瑟夫·列文森用"业余精神"来描绘中国传统社会的文人理想。他认为中国古代士大夫阶层希望成为自由的、全面发展的君子，而不是适应功利社会的、专业化的人才。这种精神在儒家文化中可以追溯到孔子。孔子说"君子不器"——一个合格的君子并不追求成为一个有用的器具。儒家文化希望培养的，是具有完整人格的君子而不是适应某种实际需要的专家，似乎这是一个更面向未来的人生理念，而只是错过了工业化和现代社会的历史桥段。列文森指出不仅儒家文化如此，几乎中国所有的人文主义传统都有这样的理想，这种思想也许强调人和物之间的根本差别。中国的儒家将业余精神贯穿到了社会的各个层面，尤其是文化艺术上。古代的文化精英在诗词歌赋、琴棋书画上投入心力互相砥砺激赏，却不追求职业化和专业化，他们对于有具体实利和功用的工作颇为轻视。这种生活态度和理念从精英知识分子的上层蔓延至全社会，成为对中国人具有影响力的文化价值观。

文化记忆叠加政治话语影响中国对证券投资交易的社会心态。社会心态是在特定时期社会环境和文化影响下形成的，社会中多数成员表现出的普遍的、一致的心理特点和行为模式，并成为影响每个个体成员行为的模板。社会心态是影响舆论内在的因素，舆论是一定社会心态的表现和反映，是生活于一定的社会结构、形成某种社会心态的民众在某种特定情感下的意见表达。针对证券投资，目前中国社会心态中有两种负面态度。一是证券投资是投机倒把，是贪图享乐的人走捷径，企图不劳而获。二是证券投资不能为社会创造财富，是在赚别人口袋里的钱。前者事关投资者的形象，后者事关投资的逻辑。这两种态度的底色是资本即剥削的政治叙事和生产实物为本交易为末的传统思维惯习，形成了对投资者不友好的社会舆论氛围。

马克斯·韦伯在《新教伦理与资本主义精神》中论述了新教伦理与资本主义起源背后社会意识及其观念之间的生成关系。在这本书中，韦伯展示了既能提供强劲的追求财富动力，又对财富的获取和使用形成节制约束的新教伦理。不管在什么地方，只要资本主义精神登台亮相，并全力以赴，它就会创造出自己的资本和货币供给，来作为达到自身目的的手段。推动这一变化的人通常并不是那些我们在经济发展史的各个阶段都能遇到的胆大妄为、毫无节操的投机商和经济冒险家，也不单单是那些大金融家。恰恰相反，他们是些在艰难困苦的生活环境中成长起来的人，怀着严谨的资产阶级见解和原则，既工于算计，又敢想敢为，最重要的是他们无不稳健节制、诚实可信、机敏精明，全力以赴地投身于事业之中。新教教徒视获得财富为自我救赎之路，从而激发了"永动"的经济创造力，在"天职"观的信仰下，新教教徒可以将艰苦劳动、积极进取、精明的经商手段和极度的虔诚融为一体，"在以苦修来世、禁欲主义、宗教虔诚为一方，以身体力行资本主义的获取为另一方的所谓冲突中，最终将表明，双方实际上具有极其密切的关系"。

韦伯认为资本主义精神的本质是一种理性的精神加上伦理原则。新教教徒群体信奉入世禁欲主义，这使得他们的经济活动以严谨的计算为基础，也以远见和谨慎为后盾去追求物质财富。资本主义精神是合理的谋利结合了尊重伦理的生活态度。新教教徒以合乎道德的方式如诚实、守信的手段经商谋利，合乎理性地组织劳动，把勤劳节俭当作天赋使命。韦伯对于资本主义精神的美化受到质疑和争议。当代西方世界经济的发展也证明了资本逐渐具有独特的人格，成为一种独立的力量，不再需要新教伦理那种精神上的支持。资本漫无边界，渗透到每个现代人的毛孔当中。现代人不是为了履行天职而工作，而是为了活着而工作。人们在积累或者追求财富的过程中，早已把原有的宗教和伦理观念抛在了脑后，变得越来越世俗、庸俗。其实与马克思一样，韦伯对资本无序扩张也给予了严厉的批判。韦伯预见到西方文明的衰落跟资本主义精神的消失有关，他认为丧失了道德原则的资本发展到最后的阶段，一定是"专家已没有了灵魂，纵欲者也没有了心肝；但这个废物却在幻想着自己达到了一个前所未有的文明水准"。这一表述被称为"韦伯焦虑"。"韦伯焦虑"对当下的中国具有现实意义。

中国证券市场要建设具有现代精神的、有利于投资活动的义利观包含两个基本命题：首先，合理解释资本获利逻辑并予以社会肯定；其次，将对资本进行节制的要件嵌入财富伦理价值观中。后者并非抑商主义的现代翻版。考虑到守信、节俭是中国传统文化中的核心要件，那么前者的确立就显得更为重要。

中国证券市场走到了今天，被认为是用30年的时间走过了西方发达市场百年历程。中国证券市场从当初创立时为国企"扶危解困"与融资的单一功能，已经发展成为国民经济系统的核心动力，成为中国社会创新、创造的强劲引擎。习近平总书记在谈到北京证券交易所时就表示，成立北京证券交易所是"支持中小企业创新发展","打造服务创新型中小企业主阵地"。创新、创造、创业都意味着打破常规、旧格局，进行颠覆式破坏，要面临巨大的风险。资本在支持创造、创新，支持承担高风险所获得的经济回报是否是合理的，是否需要社会给予肯定？建立有利于投资者的社会舆论，其首要前提是对资本在参与经济增长中所取得的经济回报给予合理的解释。

随着投资者群体的扩大，投资者群体对自身交易活动的认知、观念会逐渐成为社会整体意识和共识。投资者对于自己的获利是认定为在赌场中所得，还是认定为分享企业增长和国家繁荣的红利；是认定为自己对社会做出贡献应有的回报，还是剥削压榨他人的不义之财，这些问题对于始终处在道德天平上的个体而言，不仅决定了其在市场的波动起伏中采取的是短期还是长期的投资策略，还决定了其从个体利益角度向社会瞭望看到国家与自身所在位置。价值投资型的投资者其实持有个人、企业和国家利益一致性的坚定信念，就如同巴菲特所说投资就是投国运，投资家就是伟大的爱国者，与国家共赢是投资的最高境界。投资是拿真金白银去爱国，爱国的投资者实现了个人道德与个人利益的完美统一。中华民族的伟大复兴应该造就更多的中国"巴菲特"。

（二）建立以投资者为主导的证券信息系统

中国证券市场正在从以融资为主导的市场转型为以投资为主导的市场。中国证券市场的制度建设目前围绕两个重要的主题：投资者保护和注册制。有关集体诉讼和投资者补偿等制度的出台都表明中国证券市场的投资者保护在切实推进。2021年5月，据人民网报道，我国首例证券纠纷普通代表人诉讼案宣判，被告飞乐音响被判赔偿1.23亿元，315位股民人均获赔39万元。这是中国证券市场首例引入集体诉讼并成功获赔的案例。2022年3月，证监会、财政部联合研究发布了《关于证券违法行为人财产优先用于承担民事赔偿责任有关事项的规定（草案）》(以下简称《规定》)，并向社会公开征求意见。

《规定》明确违法行为人所缴纳的行政罚没款用于承担民事赔偿责任的具体工作机制。[①]《规定》在未来得以施行有望切实保障投资者的权益。

2022年3月5日，《政府工作报告》提出："全面实行股票发行注册制，促进资本市场平稳健康发展。"在此之前，2019年注册制落地科创板；2020年创业板引入注册制；2021年，北京证券交易所设立同时试点注册制。新股发行注册制（New Shares Issue Registration System）是美国、日本等成熟的证券市场所普遍采用的证券发行制度。简单地说，它与目前在我国证券市场上正在实施的新股发行核准制（New Shares Issue Approval System）的区别在于：在核准制中，监管部门要对企业是否具有上市资格进行实质性审查，要对上市公司的投资价值作出判断。注册制是形式审查，监管部门只对上市公司披露内容的真实性进行核查与判断。投资者根据企业所披露的信息进行交易，风险自担，亏损自负。一方面，在注册制下，监管部门的工作重点将从对企业是否具有上市资格的价值判断改为企业披露信息真实与否的事实判断，证监会对新股审核的工作难度降低了。另一方面，注册制保证了投资者"承担更高风险甚至亏损的自由"，有利于培育投资者担负主体责任，提高接受信息并分析判断、理性投资的能力。注册制要保证投资者能获取真实、准确而全面的信息来做出投资决策，这对于证券市场信息质量、信息效率和信息系统的

①　按照我国《证券法》规定，如果行为人违反了《证券法》规定，应当承担民事赔偿责任和缴纳罚款、罚金、违法所得，如果违法行为人的财产不足以支付的，优先用于承担民事赔偿责任。但在实践中，却经常出现投资者赢了官司却拿不到钱的情形。主要是因为，行政处罚决定往往先于民事判决作出，一些行政处罚案件特别是大额行政罚赔款案件中，违法行为人缴纳罚没款后，剩余财产往往难以支付民事赔偿款，导致民事赔偿责任无法落实。尤其在当前"零容忍"打击证券违法行为背景下，违法行为人被开出大额罚单将更为常见，其财产不足以同时承担民事赔偿责任和缴纳罚没款的问题更加凸显。为了落实《证券法》的民事赔偿责任优先原则，《规定》明确了具体的工作机制，具有较强的实操性，即当投资者因证券违法行为人的行为遭受损失时，可以通过一定的机制安排，使其尽快获得经济赔偿。

稳定性都提出更高的要求。

以投资为主导的市场需要建立以投资者为主导的信息系统。以投资者为主导的信息系统意味着以投资者的信息需求为优先考虑。首先，中国证券市场要建立以互联网为平台的集中统一的证券信息披露系统。中国投资者人数的增长伴随着互联网的普及。中国A股第一个1亿投资者的积累大概花了26年，第二个1亿投资者的积累大概用了6年。互联网特别是智能手机的出现降低了证券市场进入的门槛，带来了大量新生代投资者群体。互联网改变了证券交易网络，投资者对证券信息的接收依赖证券交易平台和互联网财经网站，他们还在财经社交媒体上交流市场信息和投资经验。投资者对信息的需求具有时效刚性、方便易得、集中化和定制化相结合的特点。这些需求只有在互联网的平台上才能得到更好的满足。纸质报纸媒体时效慢且内容难以检索成了昨日黄花，被投资者弃之不用。指定信息披露报纸高达上百页且根本没有受众的版面还在收取上市公司和基金公司的信息披露费，增加了上市公司、基金公司的财务成本。中国证券市场的上市公司、基金公司以及市场交易数据都分散在证监会、证券交易所、证券登记结算公司、指定披露媒体等不同的市场管理部门及市场机构的电子网站，格式不统一，内容不统一，造成了市场信息的混乱，也给投资者带来风险。

其次，中国证券市场将公共信息与媒体"私用信息"区分开，要建立类似于美国证券市场的EDGAR系统，方便投资者低成本地获取信息。中国证券市场在实施注册制后，上市公司的价值评估更多由投资者来做决定，信息的公共属性更进一步提升。上市公司、基金公司的相关财务报表和公告信息可以作为公共产品由政府提供。EDGAR（Electronic Data Gathering, Analysis and Retrieval System），是美国证券市场的电子化数据收集、分析及检索系统。EDGAR有以下几点值得中国证券市场借鉴和参考。第一，EDGAR隶属于美国证监会信息技术办公室管理，是上市公司、基金公司进行信息披露的合法渠道，是上市公司、基金公司的基本数据资料库。第二，EDGAR公开向市场免费提供信息查询、下载和传送等服务。EDGAR系统从1983年开始建设，不断利用网络技术进行升级改造。据估算，该系统在1998年到2006年间就耗费1亿美元进行系统升级。EDGAR不断与时俱进，升级换代就是为了给投资者提供基本信息，保证市场的公开、透明和效率。EDGAR被誉为美国上市公司的基因库，是纳税人资产项目（Taxpayer Asset Project）上的明珠。

最后，注册制的成功取决于投资者准确评估上市企业的价值并做出正确的投资决策。投资者的决策效率与所获得信息的质量高度相关。目前已经实施注册制的科创板和北京证券交易所其功能定位都是服务于科技创新企业的融资业务。科技创新企业投入大，回报周期长，研发要遵从科学规律，其结果难以掌控，具有更多不确定性，这些都给投资者带来更大的风险，投资者将更加依赖信息为他们甄别企业，降低风险。富有活力的、竞争性的媒体市场才能提供给投资者丰富而全面的信息。当证券市场的基础数据如上市公司财报和公告等信息披露作为公共产品，由市场管理部门向市场进行提供，指定信息披露媒体的特权被取消，真正的具有竞争性的媒体市场才能出现。加强财经媒体的舆论监督功能能够帮助市场发现真正的价值。

参考文献

1. 阿马蒂亚·森:《伦理学与经济学》,王宇、王文玉译,商务印书馆2000年版。

2. 埃利奥特·阿伦森:《社会性动物》,郑日昌等译,新华出版社2001年版。

3. 伯顿·马尔基尔:《漫游华尔街》,苏云等译,四川人民出版社1999年版。

4. 陈汉文主笔:《证券市场与会计监管》,中国财政经济出版社2001年版。

5. 陈志武:《媒体、法律与市场》,中国政法大学出版社2005年版。

6. 陈乃进主编:《破解全流通谜局》,新华出版社2004年版。

7. 陈力丹:《舆论学:舆论导向研究》,中国广播电视出版社1999年版。

8. 成思危主编:《诊断与治疗:揭示中国的股票市场》,经济科学出版社2000年版。

9. 董贵昕:《金融泡沫的形成、运行与控制研究》,复旦大学出版社2005年版。

10. 费孝通:《乡土中国》,生活·读书·新知三联书店1985年版。

11. 风笑天:《社会学研究方法》,中国人民大学出版社2005年版。

12. 傅勇:《中国证券信息传播研究》中国人民大学博士学位论文,2001年。

13. 博特赖特:《金融伦理学》,静也译,北京大学出版社2002年版。

14. 高先民主编:《上市公司的秘密》,世界图书出版公司2001年版。

15. 韩杰:《证券新闻学》,中国经济出版社1998年版。

16. 赫伯特·斯宾塞:《社会静力学》(节略修订本),张雄武译,商务印书馆1996年版。

17. 贺宛男、佟琳、唐俊:《财经专业报道概论》,复旦大学出版社2006年版。

18. 贺宛男:《证券法与股市新理念》,中国纺织大学出版社1999年版。

19. 赫尔南多·德·索托:《资本的秘密》,于海生译,华夏出版社2007年版。

20. 江晓东：《非理性与有限理性——中国股市投资者行为实证研究》，上海财经大学出版社2006年版。

21. 杰里米·J.西格尔：《投资者的未来》，李月平等译，机械工业出版社2007年版。

22. 卡尔·基林兰：《股市大众心理解析》，李若愚译，机械工业出版社2001年版。

23. 约翰·梅纳德·凯恩斯：《就业、利息和货币通论》，徐毓枏译，商务印书馆1963年版。

24. 理查德·斯威德伯格：《经济社会学原理》，周长城等译，中国人民大学出版社2005年版。

25. 李国秋：《证券市场信息作用机制》，武汉大学博士学位论文，2002年。

26. 罗森堡、小伯泽尔：《西方致富之路》，刘赛力等译，周兴宝校，生活·读书·新知三联书店（香港）1989年版。

27. 罗伯特·J·希勒：《非理性繁荣》，中国人民大学出版社2001年版。

28. 罗伯特·门斯切：《市场、群氓和暴乱——对群体狂热的现代观点》，郑佩芸、朱欣微、刘宝权译，上海财经大学出版社2006年版。

29. 李茂生、苑德军主编：《中国证券市场问题报告》，中国社会科学出版社2003年版。

30. 李心丹：《行为金融学——理论及中国的证据》，上海三联书店2004年版。

31. 刘伟：《信息技术与证券市场》，上海财经大学出版社2005年版。

32. 茅于轼：《中国人的道德前景》，暨南大学出版社2005年版。

33. 米尔顿·弗里德曼、罗斯·弗里德曼：《自由选择：个人声明》，胡骑、席学媛、安强译，商务印书馆1982年版。

34. 玛丽亚·巴蒂罗姆、凯瑟琳·弗雷德曼：《股市传闻——华尔街专家教你判断股市信息》，杨殊、柴志春、严政英译，中信出版社2002年版。

35. 马克思：《资本论》（第一卷），人民出版社2000年版。

36. 《马克思恩格斯全集》（第十二卷），人民出版社1972年版。

37. 潘伟荣：《职业股民——股市精英透视》，社会科学文献出版社2005年版。

38. 斯蒂芬·格林：《中国股市：玩家、制度与未来》，郑建明译，东方出版社2004年版。

39. 宋建武：《中国媒介经济的发展规律和趋势》，中国人民大学出版社2005年版。

40. 水皮：《僵持：中国股市十万个为什么》，中华工商联合出版社2005年版。

41. 唐润华：《傲视财富——世界顶尖财经媒体透视》，南方日报出版社2002年版。

42. W.宣韦伯：《传媒信息与人》，余也鲁译述，中国展望出版社1985年版。

43. 王安：《股爷您上坐——大话中国证券市场十年》，华艺出版社2000年版。

44. 汪丁丁、叶航：《理性的追问——关于经济学理性主义的对话》，广西师范大学出版社2003年版。

45. 吴敬琏：《十年纷纭话股市》，上海远东出版社2001年版。

46. 熊澄宇主笔：《信息社会4.0》，湖南人民出版社2002年版。

47. 尹晨：《探寻阳光下的理性繁荣》，南京大学出版社2004年版。

48. 约翰·诺夫辛格：《投资中的心理学》，中国人民大学出版社2008年版。

49. 罗伯特·D.爱德华、约翰·迈吉：《股市趋势技术分析》，李诗林译，东方出版社1996年版。

50. 约翰·S.戈登：《伟大的博弈——华尔街金融帝国的崛起》，中信出版社2005年版。

51. 约翰·麦克米兰：《市场演进的故事》，中信出版社2006年版。

52. 张志雄主编：《泡沫与唾沫——重建股市信用与规则》，中国财政经济出版社2002年版。

53. 张志雄：《放量：中国股市事变亲历记》，海口：海南出版社2001年版。

54. 周长城主编：《现代经济社会学》，武汉大学出版社2003年版。

55. 中国记者杂志社、上海证券报编：《中国证券新闻论文集》，新华出版社1996年版。

56. 李幛喆：《终于成功——中国股市发展报告》，世界知识出版社2001年版。

57. 刘骏民：《从虚拟资本到虚拟经济》，济南：山东人民出版社1998年版。

58. 沈联涛：《十年轮回——从亚洲到全球的金融危机》，杨宇光、刘敬国译，上海三联书店2020年版。

59. 郑颂：《资本人物访谈录》，海口：海南出版社2006年版。

60. 约翰·柏格：《文化冲突：投资，还是投机？》，寰宇出版股份有限公司2007

年版。

61. 陆一：《闲不住的手——中国股市体制基因演化史》，中信出版社2008年版。

62. 陆一：《陆一良心说股事：你不知道的中国股市那些事》，浙江大学出版社2013年版。

63. 罗伯特·席勒：《金融与好的社会》，束宇译，中信出版社2012年版。

64. 杨怀定：《做个百万富翁——杨百万自述》，上海人民出版社2002年版。

65. 菲利克斯·马汀：《货币野史》，邓峰译，中信出版社2015年版。

66. 卡比尔·塞加尔：《货币简史——从花粉到美元，货币的下一站》，栾力夫译，中信出版社2016年版。

67. 戴维·欧瑞尔、罗曼·克鲁帕提：《人类货币史》，朱婧译，中信出版社2017年版。

68. 威廉·戈兹曼：《千年金融史——金融如何塑造文明，从5000年前到21世纪》，张亚光、熊金武译，中信出版社2017年版。

69. 理查德·L.彼得森：《交易情绪密码：大数据揭示投资群体心理》，郑磊、郑扬洋译，机械工业出版社2018年版。